伟大的
经济思想家

[英] 乔纳森 · 康林 编　　张云 译
Jonathan Conlin

GREAT ECONOMIC THINKERS

人民东方出版传媒
People's Oriental Publishing & Media
東方出版社
The Oriental Press

图书在版编目（CIP）数据

伟大的经济思想家 /（英）乔纳森·康林 编；张云 译．— 北京：东方出版社，2020.5
书名原文：GREAT ECONOMIC THINKERS
ISBN 978-7-5207-1094-7

Ⅰ.①伟…　Ⅱ.①乔…②张…　Ⅲ.①经济学家—生平事迹—世界　Ⅳ.①K815.31

中国版本图书馆 CIP 数据核字（2020）第 023266 号

伟大的经济思想家
（WEIDA DE JINGJI SIXIANGJIA）

编　　著：[英] 乔纳森·康林
译　　者：张　云
责任编辑：王　端　叶　银
出　　版：东方出版社
发　　行：人民东方出版传媒有限公司
地　　址：北京市朝阳区西坝河北里 51 号
邮　　编：100028
印　　刷：北京市大兴县新魏印刷厂
版　　次：2020 年 5 月第 1 版
印　　次：2020 年 5 月第 1 次印刷
开　　本：680 毫米 ×960 毫米　1/16
印　　张：22.75
字　　数：281 千字
书　　号：ISBN 978-7-5207-1094-7
定　　价：65.00 元
发行电话：（010）85924663　85924644　85924641

目录
CONTENTS

引言

德马里斯·科夫曼

《伟大的经济学思想家》这本书，暂且不说各个章节的作者刻画了诸多经济学家的生平与成就，它更是表明了经济学家们的著作对于经济决策产生的重大意义。或许，凯恩斯的一段话能够恰当而清楚地将这些传记的主题联系起来（除了米尔顿·弗里德曼和小约翰·纳什那一章）：

> 经济学家和政治哲学家的思想，无论正确与否，都比通常所理解的更有分量。事实上统治世界者，就只是这些思想而已。实干家自以为不受任何学理之影响，却往往当了某个已故经济学家之奴隶。目空一切的暴君，其狂妄荒诞的念头，也往往是从学术界数年前的涂鸦之作中剽窃而来。[1]

本书讨论的所有经济学家都远超于那些“学术涂鸦人”，他们每一个人对于市场干预与规范、税收、贸易与货币政策都有着深远的影响。同样地，他们提出了诸多理论——如劳动分工，比较优势，剩余价值，边际效用，国家税收，总需求，理性选择理论，纳什均衡，认知偏见与前景理论，社会选择理论与信息不对称，在此我仅举几个最有影响力的例子，这些理论为我们组织经济和社会生活搭建好了框架。那么，经济学家和历史学家应该如何对待这些作者及其著作呢？本书第六章的作者给出了一种可能性。

约瑟夫·阿洛伊斯·熊彼特（Joseph A. Schumpeter）区分了“经济思想史”与“经济分析史”，他的这种区分常常被忽视，但却提供了有益的指导。在熊彼特的阐释中，前者关注的焦点是经济理论的内容而非其形式结构、经济思想和历史内涵的关系以及经济概念及其学术影响之间的关系。而后者，首先关注的是学科内部的历史、理论的公理化结构以及某种理论公式的演化与发展。从根本上来讲，这两种认识对经济学中的科学革命有着完全不同的观点。经济思想史倾向于将理论“置于语境中”，以便使多重的、而非总是相互兼容的影响因素对其发挥作用。在这种情况下，有点矛盾的是，我们通常会假定发展的基本连续性，而发展的断裂往往被看作是外部历史的结果，而不是内部动态的结果。

另一方面，经济分析史往往认定任何特定研究线路都具有连续性，但忽略了不同研究线路和知识传统的不连续性。换句话说，该学科的相对自主性受到广泛承认，断裂（“科学革命”，如托马斯·库恩[Thomas Kuhn]提出的那些[2]）被认为是从范式转换中出现的，范式转换将该学科从一条研究线转移到另一条研究线。值得一提的是，这些转换是经济的一种结构规范让位给另一种结构规范的转折点，从而改变了理论的主要关注点和其解释领域。经济学研究需要一种新的方法，这一普遍的共识表明：适用于特定时期的经济法则，在经历了（数学模型中规定的那种）制度变化后，在另一时期可能会失去其核心的因果过程和相关性。

今天的经济学家研究经济文献的历史演变，更可能遇到的是经济思想史，而不是经济分析史。这意味着，他 / 她通常会遇到对过去理论的描述性叙述（通常被视为对当前经济理论的一个或另一个方面的预测），但很少会遇到对过去理论的逻辑（形式）结构的分析性叙述。这只会强化辉格党人关于经济观念演变的概念，以及对经济进步可能性的相当天真的态度，这种态度可能最终会使历史意识变得多余，从而提供了一种目的论观点，认为科学进步会导致经济学的“历史终结”，而这正是在过去的 40 年这门学科发生的事情。“有效市场假说”的拥趸们认为他们拥有“最终话语权”，因此，他们认为之前的经济学家都不值得受到关注。

人们越来越意识到，新的经济思想必须建立在充分了解史实的基础上，但是为了充分发挥后者的效力，有必要深入探索过去理论的分析结构，这往往同当前理论一样，对逻辑有一定的要求。只有这样，才有可能合理地对比不同理论框架，经济学家才能从全面的经济理论中汲取经验，包括过去和现在的，这些理论都适用于特定的历史背景。

本书一系列文章的优势在于汇集了一群经济学家和历史学家，他们将这两种方法结合了起来，从而丰富了读者对经济写作的连续性和不连续性的理解；在某种程度上，书中刻画的思想家们对于知识有着共同的兴趣，他们为我们提供了真正的原创的见解，这些见解都是独属于他们所处时代的特定问题的产物。

亚当·斯密（Adam Smith）之前的先驱者

从某种程度上看，任何一个古典经济思想的历史，可能开始的时候都有些随意，因为许多这些思想的起源可以追溯到古代。更直接一点来讲，文艺复兴和宗教改革时期的欧洲，“君主宝鉴”这一文学体裁正盛，朝臣试图在政策和政治问题上更广泛地箴规君主。到了 16 世纪，受到马基雅维利（Machiavelli）的《君主论》（*The Prince*）的影响，“帝鉴文学”幻想（于恶政中提出执政建议和方法）或多或少地让位于论战型写作。尤其在英国，这种写作传统与“提案活动”一起蓬勃发展，因此，许多新近受过教育的平民向国王提议了一些有获利潜力的“项目”，提案范围从发展渔业，到排干沼泽地，到开办土地银行，甚至是开拓新的殖民地。

最常见的提案是鼓励贸易和税收改革，这些提案往往阐释清晰，理由充分，强调公共利益。这些提案作者中的少数被称为重商主义者，因为他们强力主张英格兰应保持贸易顺差以维持繁荣，并确保国王的库房中有足够的金属硬币供应。他们的提案在双重背景下应运而生：大型半国营股份交易公司的兴起，比较典型的如东印度公司，以及军事革命的财政需求，这增加了军队在战场上的规模和费用。确保领土和宗教的安全取决于以何种方式支付雇佣兵的佣金，从而使他们与其他大国的雇佣军进行战斗，以及确保英国船只能够安全航行于世界各地。

托马斯·孟（Thomas Mun）的著作《论英国与东印度的贸易》（*A Discourse of Trade from England unto the East Indies*，1621）、《英国得自对外贸易的财富》（*England's Treasure by Foreign Trade*），或是《对外贸易的平衡是我们的财富法则》（*The Balance of Forraign Trade is the Rule of Our Treasure*），都是詹姆士一世时期重商主义的典型代表，既包含对如何应对詹姆士一世时期由三十年战争（1618—1648）导致的经济放缓的整体建议，同时也含有对于东印度公司的歉意，他本人曾经是该公司的董事。托马斯·孟坚定地要求实现贸易顺差，并且十分欣赏荷兰商人。孟的著作《英国得自对外贸易的财富》于1664年首次印刷出版（该书于17世纪20年代以手稿的形式流传），这引发了新一轮的争论。约西亚·柴尔德（Josiah Child）爵士的《关于贸易和货币利息的简要观察》（*Brief Observations concerning Trade and the Interest of Money*，

1668）和《贸易新话题》（*New Discourse of Trade*，1668）直接涉及了孟的观点。

尽管柴尔德推崇保护主义（他是《航海条例》[*the Navigation Acts*]的捍卫者），但是他不赞同孟反对贵金属出口的想法，甚至提倡一种受限版本的自由贸易学说，这种学说更常与亚当·斯密联系在一起。后来的重商主义作家查尔斯·达芬南（Charles Davenant），最初是国家的消费税专员，后来担任海关督查长，他本人也提倡贸易顺差，但更关心不断增加的国家债务的可持续性，这主要体现在他早期的作品中，如《论英国国家财政收入及贸易》（*Two Discourses on the Public Revenues and Trade of England*，1698）。然而，在《论使人民在贸易差额中成为得利者的可能方法》（*An Essay on the Probable Means of Making the People Gainers in the Balance of Trade*，1699）中，达芬南提出了一个和李嘉图的比较优势理论类似的学说。不管怎么说，不同于之前的重商主义者，达芬南认为“贸易的本质是自由的，它遵循自身规律，并能够指引自身发展”。[3]

另外还有两位作家值得一提。其中一位是一个野心勃勃的“提案者”，曾代表查理二世进行地籍测量的威廉·配第（William Petty），他既是商人，也是经济学家。他可以说是政治经济学之父。年轻的配第在卡昂（Caen）接受耶稣会士的医学培训，回英国后成为托马斯·霍布斯（Thomas Hobbes）的私人秘书。作为一名经济学作家，配第将弗朗西斯·培根（Francis Bacon）的经验主义与霍布斯理性主义相结合，为其“政治算术”理论奠定了正式严谨且强而有力的论据基础。他的每一部著作——《关于税收与捐献的论文》（*Treatise of Taxes and Contributions*，1662），《献给英明人士》（*Verbum Sapienti*，1655 年）以及《货币略论》（*Quantulumcunque concerning Money*，1682）——即使今天读来，也使人获益匪浅。配第对于国民收入的计算，启发了格里戈里·金（Gregory King）对此进行更加详细的研究，而配第关于补偿性税收、货币流通和流动速度、市场利率和经济政策的想法，启发了斯密和马克思，并且受到了凯恩斯的赞赏。配第的价值理论形成了国民经济核算体系（该体系在弗朗斯瓦·魁奈［François Quesnay］的发展下正式形成于法国）。深受配第《关于税收与捐献的论文》的影响，杜尔哥（Turgot）和斯密以该书的结构和目录表作为自己写作的模板。与其他经济学家相比，配第显得有些默默无闻，这并非因为他的思想不够深刻，而很可能是缘于他作品的多样性，以及准确定位其研究领域的困难性（他涉猎广泛，包含历史人口统计学、地理学、经济学、经济政策、政治哲学等）。

与配第类似，大卫·休谟（David Hume）也凌驾于同时代人之上，并且也无法在现代学科中将其准确定位。他的《政治论文集》（*Political Writings*）中的货币理论尤为重要，因为该理论详细地解读了洛克（Locke）的货币数量论，建立了价格—现金流动机制，为温和的通货膨胀货币政策提供强有力的论据。同样，休谟的“均衡”概念也预见了现代经济模型。休谟是斯密的朋友，也是他的遗著保管人，同时又是法国重农主义者的传播者。

重农学派的创始人弗朗斯瓦·魁奈，和配第一样，也曾经作为一名医生接受过培训，甚至以这一身份为法国宫廷服务。他在他的专著《经济表》（*Tableau économique*，1759）中，建立了首个正式的宏观经济模型，模型将经济划分为两大行业：农业和制造业。对于魁奈和其追随者来说，一个国家的财富是其土地的“净产品”，因为他们的模型假设，制造业只是将投入转化为产出，并没有增加价值。由此，重农主义衍生出两个主要的政策目标：消除农产品贸易的内部壁垒，同时废除法国直接（土地）税和间接（商品）税相结合的复合税制，因大部分的复合税都由国王以高昂的代价包给了私人包税人，所以重农主义者赞成对土地征收单一税，这种做法被称为“单一税制”。他们试图破除中世纪的规章制度和特权，包括强迫农民劳役（通常是铺路），并且抨击垄断组织和特许贸易公司，他们的这些做法赢得了自由放任主义经济学家的认可。

魁奈死于1774年，在他的崇拜者亚当·斯密的《国富论》（*The Wealth of Nations*）出版之前，杜尔哥（Turgot）以魁奈的模型为基础写就了《关于财富的形成和分配的考察》（*Réflexions sur la formation et la distribution des richesses*，1769）一书，他与重农主义者结盟，因担任过法国财政大臣而广为人知。他对农业劳动、手工业劳动和食利者的区分为19世纪的政治经济学界所熟悉，他对洛克自然法概念的执着使他深受包括休谟和斯密在内的英国重农主义传播者的喜爱。他对如何最好地监管（或解除）“玉米”贸易（即农产品市场的管制）十分关注，这种关注在18世纪晚期法国、英国、意大利和普鲁士作家中也很普遍。杜尔哥试图引进“单一税制”的做法使他成为包税人的敌人，这种做法也最终导致了他的悲剧结局。就本书而言，值得读者关注的是，杜尔哥的《关于财富的形成和分配的考察》一书与《国富论》在组织结构上有很多相似点。

概说十三位伟大的经济思想家

任何对亚当·斯密及其追随者的影响力的总结，都无法公正地对待欧洲启蒙主义经济著作的全部内容。本书也不得不略去了普鲁士和瑞典的国家“官房学派”，那不勒斯启蒙运动的作家们（及他们的前辈，安东尼奥·塞拉［Antonio Serra］）以及那些服务于奥地利约瑟夫二世朝廷的经济学家。虽然这些作者很重要，但他们的影响力与本书中经济作家相比还是稍逊一筹。

从斯密时代到斯蒂格利茨时代，只选择十三位经济学家，这并非易事。本书的后半部分中论述了六位诺贝尔奖得主，而这六位经济学家是从近五十位该奖项得主中选出的。之所以称这十三位经济学家为“伟大的经济思想家”，绝不是因为他们激进的行为或是新奇的观点，而在于他们对现代经济思维的知识体系作出了一定程度的贡献，而这一点也是大多数读者所公认的。即使如此，许多读者可能会发现，这种选择有些不妥：如果是讨论大众认知的经济学，那么为什么没有保罗·萨缪尔森（Paul Samuelson）？如果纳什被列为影响主流经济学的数学家，为什么不选择架构了一般均衡理论的里昂·瓦尔拉斯（Léon Walras）？如果是考虑宏观经济政策制定问题，约翰·希克斯（John Hicks）当仁不让，他发展了为大学生们熟知的“希克斯–汉森模型”，他是否也应当被收入本书中呢？在此，我们能够提供的最合适的解释就是，本书中的经济学家们不一定是最伟大的十三位经济学思想家，但他们有望代表伟大的经济思想。

在第一章亚当·斯密传记中，乔纳森·康林对斯密的研究主题所产生的各种各样的学术影响展开了简要的回顾。他把斯密的经济著作与他的道德哲学《道德情操论》（*Theory of Moral Sentiments*）和他 18 世纪的关注焦点放在一起。康林将经济思想史和经济分析结合在一起，向读者展示了斯密是如何在没有现代微观理论假设的基础上对现代微观经济学进行分类的。斯密的经济生活理想与“经济人”假设相去甚远。

在第二章，海伦·保罗考察了大卫·李嘉图（David Ricardo）是如何在斯密的劳动分工理论的基础上阐明他的国际贸易比较优势理论的。她认为，该理论是李嘉图对现代经济学概念的主要贡献。而在方法论上，他的主要贡献包括创建了“谷物模型”，这个模型被用来批判“谷物法”（Corn Laws，或称“玉米法案”），这种模型是在他与马尔萨斯（Malthus）通信的过程中产生的，在通信中他们讨论了国家的农业生产能够在多大程度上支撑人口体系。正如保罗传达给读者的那样，皮耶罗·斯拉法（Piero Sraffa）出版的李嘉图的著作和书信，重新树立了其死后的声誉。李嘉图对于现代经济学的另一个重要贡献在于提出了“李嘉图等价定理”（Ricardian Equivalence），该理论在提出后150年受到了罗伯特·巴罗（Robert J. Barro）的赞誉，他将李嘉图视作弗里德曼货币主义的先驱。李嘉图观察到，立即增加税收以支持战争，或是通过长期增税为政府举债以支持战争，对于在这两者之间如何选择，纳税人可能并不关心，因为他们会预测到未来税收的增长，并相应地减少自身消费。达芬南在一个多世纪前的一篇文章中也表达了同样的担忧。他同样声称已经预料到，关于议会霸权凌驾于国家财政之上会在多大程度上催生公共财政廉洁的“可信承诺”的问题，会引起诸多争论。巴罗的货币理论、罗伯特·卢卡斯（Robert Lucas）提出的“卢卡斯批判”、芬恩·基德兰德（Finn E. Kydland）和爱德华·普雷斯科特（Edward C. Prescott）的“政策制定的时间不一致性”，这些理论认为，私人部门对未来经济政策的预期会影响政府当期决策，李嘉图对此并不认同。正如保罗所言，李嘉图的自由主义源于不同的关注点。

在第三章中，约瑟夫·佩尔斯基探讨了约翰·斯图尔特·穆勒（John Stuart Mill）的经济著作是如何从他对于工业革命所带来的结构性经济变化的理解中得到启发的，穆勒通过周围的环境观察到这种变化，它代表着与过去一个世纪的经济和社会生活的决裂。正如佩尔斯基所说，穆勒的经济作家身份通常被忽视，他的思想被认为是马尔萨斯、李嘉图甚至是斯密思想的衍生物。为了恢复穆勒的声誉，佩尔斯基阐述了他对财富的信念以及对国家重新分配财富能力的信任，他的积累和经济增长理论，以及他对后资本主义社会的终极渴望，这些理论共同构成了一个连贯的经济计划和“进步的政治经济”。

在第四章中，保罗·普鲁承担了介绍马克思这一艰巨任务。一方面，他希望能够揭开马克思的神秘面纱，但是另一方面，他希望能够为那些熟悉马克思主义经济学的读者提供一些新的内容。本章的第一部分重点关注马克思的历史主义方法，并将其置于马克思在德国的大学教育和其人类学研究取向的语境中。因此，普鲁对于马克思主义关于资本主义社会中劳动与生产资料“异化”的理论的阐释，是建立在对马克思主义的阐释策略的讨论之上的。马克思主义的商品交换和积累思想是马克思剩余价值理论的基石。根据普鲁的描述，《共产党宣言》（*The Communist Manifesto*）是在 1848 年大革命之后仓促完成的。传记文体这种较为概略的形式不足以恰当地描述马克思的成果，然而，普鲁也暗示了人们在对待这样一个问题时可能会采用许多不同的方式。

凯蒂娅·卡尔达对阿尔弗雷德·马歇尔（Alfred Marshall）的概述构成了第五章的基础。根据卡尔达的描述，马歇尔的主要研究动机是了解和解决贫困问题（包括工人居住的住房和环境条件的问题），这与他的数理经济学紧密相关。她描述了马歇尔如何慎重地创立了剑桥大学所实行的经济学学科，以及他如何改革了道德科学专业。卡尔达主张，与他的许多追随者形成鲜明对比的是，马歇尔在他的主要著作中对他的数学推理轻描淡写，把他的公式、表格和图表都贬低为学术性的副文本。正如卡尔达所认识到的，马歇尔对现代经济学最持久的贡献似乎主要在于他留给现代经济学的分析工具，尤其是需求和供给曲线、边际效用递减、局部均衡和供求弹性。这些对新古典主义微观经济学具有十分重大的意义。读者在阅读马歇尔时，如果能够更多地关注其对 19 世纪晚期英国的广泛评论，而不是那些众所周知的概念，那么卡尔达的目的就达到了，因为这些内容在她看来很微妙，但充满矛盾。

在第六章，马里奥·格拉萨·穆拉向读者介绍了约瑟夫·熊彼特，熊彼特开创了经济分析学科，认为创新和创业精神是资本主义发展的动力。在熊彼特的理论机制中，完整的经济分析史应包含四个子领域：

经济史、统计学、经济理论和经济社会学。在熊彼特的描述中，创新是在生产过程中内生的，能够为经济体系提供必要的手段以适应外生冲击。直至今日，熊彼特的观点仍然具有重大意义，激发了比尔·杰奈威（Bill Janeway）和玛丽安娜·马祖卡托（Mariana Mazzucato）等人的灵感，他们想要了解的是国家在促进创新方面的作用。同时，格拉萨·穆拉还认为熊彼特的经济周期理论与他的前辈相比有了重大的进步，这些前辈包括一些不在本书讨论范围内的经济学家，如克里门特·朱格拉（Clément Juglar）、珍·莱斯屈尔（Jean Lescure）、艾伯特·阿夫达里昂（Albert Aftalion），甚至是阿瑟·塞西尔·庇古（A. C. Pigou）。格拉萨·穆拉考察了熊彼特的社会经济学理论，该理论遵循的逻辑与马克思的经济决定论截然不同，后者认为社会阶级是根据是否占有生产资料而划分的。如果熊彼特的理论不及凯恩斯或是马克思那样普及，这在很大程度上是因为他公然反抗现代大学的分科体系。

在本书的第七章，维多利亚·贝特曼介绍了约翰·梅纳德·凯恩斯（John Maynard Keynes），她注意到，尽管凯恩斯在知识和实践方面取得了丰功伟绩，但他受到了自由市场资本家和马克思主义社会主义者的严厉批判。凯恩斯的目标是保留资本主义，而不是废除资本主义，因为他发现，在两次世界大战之间的欧洲，资本主义之外的制度是不可取的。尽管凯恩斯对于经济学作出了巨大贡献，但是贝特曼在本章的重点是宏观经济政策制定下的凯恩斯革命。对此，她强调，凯恩斯的关键性成就在于，他意识到了当价格黏性和工资黏性导致经济缺乏自我修复能力时，政府可以进行干预以推动国家总需求。贝特曼发现，这些机制仍然是现代社会争论的焦点，因为凯恩斯的继承者们更愿意把注意力放在他对风险与不确定性的观点上，以此去解释经济活动的参与者们未能推动经济回归平衡的原因。尽管“新兴凯恩斯学派（New Keynesian）”，“新凯恩斯学派（Neo-Keynesian）”，“后凯恩斯学派

（Post-Keynesian）”的区别对于他们的实践者来说十分重要，但是大多数主流经济学家对其中的细微差别并不特别感兴趣。相比之下，凯恩斯与古典自由主义者和货币主义者之间的分歧更为重要。

在第八章，斯科特·谢尔向读者介绍了凯恩斯的反对者弗里德里希·哈耶克（Friedrich Hayek），哈耶克获得了1974年诺贝尔经济学奖。本章之后的其余思想家也都获得了这一奖项。哈耶克是古典自由主义的主要支持者，他与奥地利学派的关系最为密切。与本书中的许多作家相同，哈耶克的研究动机来自他对心理学和经济学交叉领域的兴趣，而他方法论上的个人主义正是从这一交叉领域产生的。和凯恩斯一样，哈耶克想要理解经济周期中的不平衡，随着时间的推移，他成为均衡理论的主要批评者。哈耶克是第一个认识到凯恩斯主义政策的潜在通胀的人，并坚决反对任何形式的经济计划。然而，他最关注的是在社会层面上如何去理解知识的获取和协调，以及经济学作为一门学科有其局限性，并不足以指导政策制定。谢尔得出了这样的结论：正是哈耶克的怀疑精神和对其他领域的开放态度使他成为伟大的经济学思想家。

在介绍了凯恩斯之后，维多利亚·贝特曼在第九章中回归，为读者介绍了米尔顿·弗里德曼（Milton Friedman），弗里德曼因其对于货币理论的贡献获得了1976年诺贝尔经济学奖。对于非经济领域的人来说，弗里德曼因其对自由市场资本主义的有力捍卫以及他对各种形式的凯恩斯主义的强烈反对而闻名。贝特曼首先讨论了弗里德曼的方法论，这种方法论代表着他与之前那些将经济学视为一门道德科学的经济学家的断然决裂。弗里德曼希望将经济学重建为一门和物理学或是化学学科一样的实证科学。然而，鉴于经济现象的复杂性，将经济学简化为一系列数学模型的做法显然是非常困难的。弗里德曼的经济学方法论基于这样一种信念，即神秘的市场规律将永远占上风，即使它们不能完全为经济学所解释。在他的实证研究中，他针对宏观经济政策制定过程中不可避免的“滞后性”，辩称政府干预稳定经济最好的结果是不发挥作用，而最坏的结果是引发通胀。于是，在高通胀的 20 世纪 70 年代，弗里德曼的货币主义占据了上风。然而，贝特曼也承认，与后来许多主流新古典主义经济学家相比，弗里德曼对于凯恩斯的批判显得更为微妙。贝特曼认为，致力于市场的自我平衡仍然是弗里德曼的思想核心。

在本书的第十章，凯伦·霍恩介绍了小约翰·福布斯·纳什（John Forbes Nash Jr），这对霍恩来说是一个具有挑战性的任务。不同于本书中的其他思想家，纳什对经济学的贡献（他最终在 1994 年获得诺贝尔经济学奖）在很大程度上是无意的，是将他的“博弈论”应用于一个同类的领域。纳什的贡献是建立了 n 个参与者的非合作、非零和博弈的理论。他的论文导师阿尔弗雷德·塔克（Alfred Tucker）推广了这一被称为“囚徒困境”（Prisoner's Dilemma）的解决方案，即“纳什均衡”。尽管霍恩指出了这个概念的一些局限性，但它为经济学家提供了一种革命性的新工具，可以用于描述市场失灵，以及当经济主体（家庭和公司）理性地试图最大化自身效用时产生的次优结果。霍恩指出，纳什的非合作博弈同样激发了人们对经济学中的战略思维的兴趣。霍恩对纳什的病情以及他最终的康复所作的充满同情心的描述十分令人感动。大多数读者都是通过罗素·克劳在电影《美丽心灵》（*A Beautiful Mind*）中塑造的人物形象而了解纳什的。

我们如何利用经济模型？英国统计学家乔治·博克斯（George Box）以一句妙语而闻名：“所有模型都是错的，但有些模型是有用的。”托勒密（Ptolemaic）的天体模型（以地球为中心，而不是太阳）之所以一直存在至今，是因为它对那些负责维护罗马教会礼仪日历的人很有用。哥白尼革命（The Copernican Revolution）则始于对更好的日历计算方法的追求。同样地，在主流经济学中，“现实主义”也未必是关键点。与生活中的实景模型不同，判断经济模型优劣的标准是它们是否具有充分预测经济现象的能力，而并非它们能否充分描述现实。纳什对这些非合作博弈的描述之所以对经济学家有用，是因为其简约的本质。认为一个模型不“现实”，实际上是说它忽略了一些重要的东西。

在本书的第十一章，米歇尔·巴德利为读者介绍了丹尼尔·卡尼曼（Daniel Kahneman）。卡尼曼将心理学和经济学结合了起来，特别是他对人类在不确定条件下如何作出判断与决策方面的贡献，使他获得了2002年诺贝尔经济学奖，简而言之，他意识到了经济学遗漏了一些重要的东西。巴德利对卡尼曼的背景进行了动人的描述，卡尼曼童年生活在被纳粹占领的法国，其父母是从立陶宛迁居到巴黎的犹太人，之后卡尼曼在以色列度过了青少年和成年时期。巴德利描述了卡尼曼如何与他珍爱的合作伙伴阿莫斯·特沃斯基（Amos Tversky）通过对认知偏见和启发法的研究，建立了行为经济学，并由此产生了卡尼曼的前景理论。巴德利对卡尼曼后期作品的讨论，强调了卡尼曼试图在经济学的核心理论中将期望效用（或卡尼曼的“获得效用”）之外的各种效用理论化。正如她所指出的，“经验效用”和“记忆效用”可能有很大不同，这种不同可以用来丰富行为经济学中“双曲贴现”等概念。巴德利还提到了卡尼曼对实验经济学的贡献以及他的跨学科贡献。

乔纳森·康林再次执笔，在第十二章对阿玛蒂亚·森（Amartya Sen）进行了描述，森因其对于福利经济学的贡献获得了1998年诺贝尔经济学奖。康林将森对福利提供和饥荒预防经济学的兴趣，归因于他童年经历的孟加拉饥荒。那场饥荒夺去了200万孟加拉农村人口的生命。森将这一问题表述为“交换权利的失败”，这将人们的注意力从农业经济学中有关饥荒原因的传统理论转移到了交换关系上。但是康林观察到，森的声誉源于更广泛的基础，因为他对社会选择理论的贡献不仅是方法论上的，而且是具有实质性的。森最重要的成就是创立了“能力方法”，因为该方法关注人的能动性，并将讨论从平等转向公平。正如康林总结的那样，森的经济思想是一种对行动的号召，是对弗里德曼拒绝的规范经济学的回归。

艾曼纽·贝尼库尔特在第十三章对约瑟夫·斯蒂格利茨（Joseph Stiglitz）的批判性描述为本书画上了圆满的句号。她在介绍斯蒂格利茨时提到了他不屈不挠的行动主义，以及他对传统主流经济学的意识形态束缚的反对。但是，贝尼库尔特指出，斯蒂格利茨的科学成就，包括获得了 2001 年的诺贝尔奖，在于他对微观经济学的贡献，尤其是他与罗伯特·阿克洛夫（Robert Akerlof）和迈克尔·斯宾塞（Michael Spence）合作的关于不对称信息导致市场失灵的研究。在贝尼库尔特的描述中，斯蒂格利茨虽然打破了传统观念，但他与贝特曼所描述的凯恩斯一样，致力于改革和纠正资本主义的过度行为，而不是推翻资本主义秩序。作为主流经济学家的斯蒂格利茨反对新自由主义。虽然贝尼库尔特可能不同意这一点，她认为她的研究对象所使用的许多模型都是程式化的和“不现实的”，并且因此反对他，但斯蒂格利茨与本书的大多数作者都持同样的观点。

从这个意义上说，弗里德曼对“规范经济学”的反对在很大程度上是经济思想史上的一个插曲。在大衰退（2007—2012 年）和 21 世纪初不平等程度上升之后，如果说经济学正在发生“道德转向”，那么这本书的大多数作者都不会对此感到意外。从上面提到的重商主义作家到斯蒂格利茨本人，大多数经济学家都关心经济政策的制定，即资本主义适应人类生活的过程。希望这本书能帮助读者理解，这种立场已经成为经济学的主流。如果在此基础上，读者对伟大的经济学思想的品质和丰富性也产生钦佩之情，那对于我们来说则是一种双重的成功。

第一章　亚当·斯密

乔纳森·康林

1778 年 1 月的一个清晨，亚当·斯密离开了位于爱丁堡坎农盖特的家，沿着皇家大道走向交易广场的海关大楼。这是他担任海关专员的第一周。在办公室里，他的面前是一块大木板，上面列着所有的违禁品，现在他的责任是追捕并销毁这些违禁品。几个世纪以来，本国商人在外国竞争面前苦苦挣扎，他们现在成功地游说统治者限制外国商品进口。他们认为，如果不实施进口禁令、进口关税和出口奖励（即国家补贴），外国经济的繁荣将以牺牲本国经济为代价。海关专员们不仅征收关税，还起诉那些不顾这些禁令试图进口货物的人。

作为著名的自由市场经济学之父，斯密加入海关的想法有些蹊跷。斯密反对保护主义关税和税收，以及限制工人从一种贸易流向另一种贸易的行业公会和其他机构。他认为，如果能消除这些壁垒，一只“看不见的手”将引导劳动力和资本投入到最适合的行业中，从而提高产品质量，鼓励创新，降低商品价格并提高所有人的生活水平。这种对人类如何投入时间、精力和金钱进行干预的力量，不仅是对天赋自由的一种侵犯，而且没有任何一个统治者能够智慧地使用这种力量。

如果需要证明贸易限制是无效的，斯密就不必看得太远了。站在海关大楼的那个早上，斯密从木板上往下，开始审视自己的衣橱。后来，斯密写信给国会议员兼贸易大亨威廉·伊登（William Eden），斯密发现“我的领结、领巾、衬衫褶边或是手帕几乎都是在英国被禁止使用和佩戴的”。“因为我希望树立一个榜样”，他继续写道，“所以把它们都烧掉了”，斯密戏谑地建议伊登不要去检查“自己或者太太的服装或家里的家具，以免陷入和我一样的境地中”。[1]

尽管本意是幽默地自嘲，但斯密还是从中吸取了教训：贸易禁令总是无法产生预期的效果，因为这些外国商品比国内产品的价格更低，质量更好。被禁货物仍然会进入本国，尽管是走私者携带的违禁品，这种情况下海关无法对其收取关税。不仅如此，斯密的法国褶边最终使他花了更多钱，因为要补偿走私者避开海关视线而产生的额外费用。

对新上任的专员斯密来说，起诉走私者肯定是一项特别令人不快的任务，因为斯密认为走私者是诚实的人，是草率的立法将他们定罪。一项旨在提高英国羊毛产量的法规，使羊毛出口成为可以判处死刑的罪行。“就像德拉古（Draco）的法律一样，”斯密厉声指出，“这些法律可以说都是用血写的。”[2]保护主义认为国际贸易是一场以邻为壑的游戏。它鼓励欧洲国家对全球大部分地区提出排他性要求，以供东印度公司（East India Company）等无能的垄断贸易公司利用。

建立在保护主义关税基础上的帝国主义制度滋生了数不清的暴力、奴役和破坏。它反映了一种“商人和雇主们卑鄙的贪欲和垄断精神，他们既不是也不应该成为人类的主宰”。[3]作为一个强烈的反帝国主义者，斯密看到了像英法七年战争（1756—1763年）这样的军事冲突使这些贪婪的商人得到了更多的“奖赏”。1776年，正当美国独立战争开始时，斯密甚至敦促英国部长们不战而退，放弃北美殖民地。很明显，这场冲突是由对茶叶征收新关税引发的，这些关税旨在帮助苦苦挣扎的东印度公司。这使得斯密在波士顿的海关同事们的生活变得相当不愉快，他们被涂满焦油并裹以羽毛，生活得备受煎熬。

1776 年，斯密出版了《国民财富的性质和原因的研究》（*An Inquiry into the Nature and Causes of the Wealth of Nations*），简称《国富论》，该书共两卷，长达 1000 多页。而 17 世纪和 18 世纪早期的英国作家，如威廉·配第和约翰·洛克（John Locke），写过一些关于贸易政策、税收、货币等问题的不同寻常的小册子或论文。尽管如此，斯密同时代的人立刻意识到《国富论》代表了一种新的流派。"你已经形成了一个有规则而连贯的体系，这是政治学最复杂、最重要的部分之一。"苏格兰历史学家威廉·罗伯逊（William Robertson）写道。同时，他预测这部著作"将彻底改变政策和财政方面的几项重要条款"。[4]

在斯密所处的时代，尽管"经济性"（oeconomy）这个术语已经存在，但是"经济学"（economics）和"经济学家"（economist）这两个术语还不存在，"经济性"主要用来指对家庭进行高效、节俭的管理——"经济性"（oeconomy）一词的词源 *oikos* 在希腊语中是"家庭"的意思。该术语也有隐喻的作用，指的是整个自然界的农牧业。"自然生态经济"是一种包罗万象、令人敬畏的自然现象，它向人类揭示了造物主的无限关怀和智慧。要确定资源（如人力资源、煤炭和小麦）分配和人类互动的模式，就必须了解造物主的本性和造物计划。

19 世纪期间，"经济学"分立为一门学术学科，拥有自己的学术地位、研究团体和特定的术语。经济学是一门科学，是一门社会科学学科而非自然科学学科。它的研究对象是租金和效用等概念，这些概念无法在构思它们的人类思维之外独立存在。它的实践者将斯密的《国富论》奉为他们学科的基础，即使他们很少阅读前几章以外的内容。[5] 20 世纪的经济学家也纷纷效仿，尤其是芝加哥学派的米尔顿·弗里德曼和乔治·斯蒂格勒（George Stigler），他们把斯密视为新古典主义和自由市场经济学的鼻祖。

他们声称，斯密正确地将市场描述为“一个道德虚无区”，在这里，所有主体都寻求自己的效用最大化，而他的“看不见的手”似乎表明，有必要将国家的角色限制在国防和维护法治上。[6]任何逾越斯密所描述范围的举动，都会通过阻碍自私的个体行为从而阻碍经济增长，而个体之间的互动揭示了一种至高无上的智慧：不再是上帝，而是“市场”的智慧发挥着作用，人们对后者表现出了同样的敬畏之情。支配着人们日常生活的法则和规范不能也不应再适用，似乎“市场”就是一个完全不同的领域。那些认为这种对比没有吸引力的人，往往被认为是不成熟的、过于理想化的。正如奥利弗·斯通（Oliver Stone）在1987年的电影《华尔街》（*Wall Street*）中塑造的角色戈登·盖柯（Gordon Gekko）在无情地抨击了竞争对手之后所说的那样：“生意就是生意，如果你需要朋友，那就养条狗吧。”

然而，从20世纪90年代开始，对斯密理论的阐释开始出现分歧，杰里·埃文斯基（Jerry Evensky）将上述的对斯密的解读称为“芝加哥斯密（Chicago Smith）”[7]。其中包括重新考量了亚当·斯密的《国富论》和他的第一本书《道德情操论》（*The Theory of Moral Sentiments*，1759）之间的关系。《道德情操论》对人类情感的讨论，尤其是对同情的核心作用的讨论，似乎很难与《国富论》对利益和市场的关注联系起来。许多人同意芝加哥学派经济学家雅各布·瓦伊纳（Jacob Viner）的观点，这位经济学家在1926年提出，任何试图解决“斯密悖论”的尝试，对这两本书来说都会有失公允——尽管如此，他的结论是《国富论》是更为“成熟”的作品。[8]这种共识遭到了近年来很多学者的挑战，他们认为，亚当·斯密的《道德情操论》和《国富论》是相互补充和完善的关系，斯密的人类行为模式是建立在一个社会本能和习俗的网络上的，而不是（像斯蒂格勒说的）“建立在冷酷无情的自我利益上”。[9]

柯克沃尔海关

哲学家不是天生的，而是被造就的。至少斯密是这么认为的。他认为，一个哲学家和“普通的街头搬运工”可能会表现出“最截然不同的性格”，但性格、收入和才能的差异“与其说来自天性，不如说是来自习惯、习俗和教育”。[10] 一个男孩不是因为他非凡的大脑而成为哲学家，另一个男孩也不是因为他生来就有适合搬运东西的强壮肌肉而成为搬运工。和我们所处的时代一样，在斯密的时代，孩子未来的收入主要是由其父母的收入决定的，而不是与生俱来的智力或“天赋”。

但是，我们发现，承认这一点并非易事。我们对效用最大化的渴望，鼓励我们把哲学家和搬运工看作是原本就“适合”他们各自位置和本性的身份。就斯密而言，“习惯、习俗和教育”似乎比“本性”发挥了更大的作用。运气也同样发挥着作用，无论是封建农牧业向集约化农业的转变，还是家庭手工业向工厂化生产的转变。斯密出生的这个福斯湾的小镇，教会了这个观察力敏锐的年轻人很多东西。

今天，柯克沃尔有 4.6 万人，主要靠生产油毡为生。1644 年，查理一世将该市定为皇家自治市，使其摆脱了当地封建地主邓弗姆林修道院的控制，获得了行政独立。然而，在苏格兰的其他地方，中世纪的封建土地制度依然存在，尤其是在高地部落中。这些民族的统治是基于个人对氏族首领的忠诚，而不是契约。农民和牧羊人跟随他们的首领投入战斗——这是灾难性的 1745 年，当各部落纷纷支持主张英国王位的雅各宾派时，邦尼王子查理（Bonnie Prince Charlie）却在卡洛登战役中被乔治二世的专业部队击败。

柯克沃尔一度摆脱了封建束缚，发展了混合经济。除了畜牧业、林业和农业外，还有原始工业（农民利用空余时间将亚麻织成亚麻布）、工业（钉厂、造船厂）以及地方贸易和国际贸易。斯密的父亲观察到了这些经济活动。当然，这也是他的职责所在，因为当时他是柯克沃尔的海关官员。老斯密是劳登第三伯爵的秘书，在劳登伯爵帮助下，他在海关找到了一个职位。这种恩惠使得斯密父子不得不服务于拥有土地的苏格兰贵族中的一个特殊阶层。这些伯爵和公爵支持1707年苏格兰和英格兰君主政体的联合，由此建立了大不列颠联合王国（United Kingdom of Great Britain）。尽管英格兰上流社会的精英们很快就开始用方格呢短裙和吟游诗人来浪漫化正在消失的苏格兰宗族世界，但是斯密意识到"联合是一种为这个国家带来无限好处的措施"。[11]

除了像伯爵的恩惠这样的"习惯和习俗"，教育对斯密的成长同样重要。1723年，柯克沃尔镇议会建造了一所只有两间教室的学校。苏格兰的教区学校体系以及优质的大学反映了其对于教育的普遍尊重，这足以使几乎所有的苏格兰父母付出必要的金钱及其他代价（包括损失了孩子的劳动，其本身也是一个有价值的商品）送孩子去上几年学。在学校里，斯密不仅学了阅读、写作和算术，还学了拉丁文和一些希腊语。

有一本18世纪版本的《释义手册》（*Encheiridion*），上面写着斯密的名字。这本由1世纪希腊哲学家爱比克泰德（Epictetus，斯多亚学派代表人物——编者注）的一个学生编写的《释义手册》或称《手册》教导我们，只有当我们有能力控制自己的内心状态时，才能摆脱我们对自己身体、财产或其他外部事物拥有权力的幻想。我们通过自我认识来获得真正的自由和安宁，抑制那些可能奴役我们的欲望，控制我们的情绪。斯多亚学派和其他伟大的古代哲学家留下的思想伴随着斯密终生。

1737年，斯密进入格拉斯哥大学（the University of Glasgow）深造。在大学期间，斯密深受其道德哲学教授阿尔斯特长老会教徒弗朗西斯·哈奇森（Francis Hutcheson）的影响。哈奇森参与了长老会所谓的“新光”运动，该运动试图使得苛刻的加尔文主义人性观变得温和。哈奇森的讲座鼓励斯密将人性视为值得研究的焦点，视为具有自身结构的、而不是注定要陷入无序的罪恶中的东西。人性是一个由“弹簧”、“零件”、“欲望”以及“奇妙的自然感染力”组成的网络，这种“奇妙的自然感染力”使我们与人类同胞分享我们的激情。

在牛津大学完成学业后，斯密回到柯克沃尔，在爱丁堡附近发表了一系列广受欢迎的修辞学讲座。这些讲座对付费用户开放。哈奇森（他用英语授课，而不是平时说的拉丁语）在格拉斯哥大学推行的改革，迎合了精英阶层和中产阶级对哲学思考的兴趣。投机，在过去似乎是危险的异端邪说，或者仅仅是枯燥无味的，但现在却成为男人甚至女人在茶桌和咖啡馆里的谈资。1751 年，斯密被任命为格拉斯哥大学的教授，他继承了哈奇森的遗志，成功地说服了一些贵族把他们的儿子送进大学。大学不再仅仅是为那些注定要从事法律或教会工作的人准备的了。

情感的“交易”

斯密的《道德情操论》于 1759 年问世。这本书试图将人类的全部情感进行分类，并确定一种某类行为或某个人应该受到表扬还是责备的机制。斯密发现这种机制存在于人的行为中，存在于“自然”所建立的本能中，而不是存在于上帝“启示”给某些先知的一套神圣戒律中，就像摩西十诫一样。对于斯密来说，“自然”是否揭示了造物主的思想似乎不是一个紧要的问题。而当斯密的密友、哲学家大卫·休谟公开挑战宗教，并因此受到迫害时，斯密变得更为谨慎。

斯密的伦理学是建立在同情的基础上的，哈奇森注意到这种“感染力”，但并不认为它很重要。今天，同情本身常常被理解为一种情感，是对他人遭受苦难所表达的一种悲伤。对于斯密来说，同情并不是一种情感，而是我们意识到其他所有情感的途径。同情地分享情感会带来快乐，哪怕在分享的似乎是不愉快的情绪，比如悲痛。然而，这种分享情感的渴望受到了挑战，因为很显然，一个人永远无法完全共情于另一个人的情感“高度”。因此，斯密解释说，我们每个人都从年轻时就学会了将自己情感的“高度”“调节”到别人会同情或“赞同”的程度。

这种程度因情感的种类而异，以一种有利于社会良好秩序的方式存在着。例如，来自身体本能的激情，如性欲和饥饿，不容易与他人分享。因此，我们不会过多地表达这些情感，我们知道不太可能有其他人会“附和”我们。在斯密对人类社会的描述中，这种对情感的“报价”与“提供”不断在人与人之间进行。这种讨价还价可以被描述为一个情感的市场，但斯密更喜欢用音乐来比喻：虽然演员和观众永远无法达到“齐唱”，但“可能会有共鸣，这就是全部需要或要求之所在”。[12]

在思考了如何评价他人后，斯密继续阐述了我们如何评价自己。斯密认为，我们寻求自我认同，而对“自我认同”的爱就是对美德的爱。[13] 对他来说，这是一个大胆的主张。1714 年，荷兰裔英国哲学家伯纳德·曼德维尔（Bernard Mandeville）发表了《蜜蜂的寓言》（*Fable of the Bees*，以下简称《寓言》），他认为所有的慈善行为都是自私的，虚荣（而不是节俭的美德）是通过鼓励支出、促进增长来服务于公共利益的。“私人恶习，公共利益”，简洁地总结了他的观点，这震惊了同时代的人，证明了当哲学思辨失去控制时必然会堕落。

曼德维尔的《寓言》一书恶名昭著，这使得哈奇森等人坚信，人类可以是仁慈的，不需要用慈善掩盖贪婪的行为以实现自己的利益。他们可以独立于自己的利益行事，也就是说，无私地做事情。哈奇森在《论激情与情感的本质与行为》(*Essay on the Nature and Conduct of the Passions and Affections*，1728）一文中提出，人类有一种“道德感”，通过这种“道德感”能够感知到“自己和他人身上的美德或罪恶”。[14]斯密的《道德情操论》指出，哈奇森和曼德维尔苛刻地要求人类只能遵循纯粹无私的动机，这也是同样有罪的。斯密指出，“仁慈，也许是神唯一的行为准则……他不需要任何外在的东西”。但是：

> 人类并不是完美的生物，他的存在需要那么多外在的东西来支撑，他的行为一定怀有许多其他的动机。如果那些（出于人的天性）常会影响我们行为的情感，在任何情况下都不被认为是高尚的，也不配得到别人的尊重和赞扬，那么，人的处境未免也难堪了。[15]

斯密认为，曼德维尔将希望被赞扬和希望变得值得称赞都视为恶习，而忽视了两者之间的重要区别。斯密承认，人的行为常常源于两者的结合，两者是“混合在一起的”。但他认为，曼德维尔的做法是愚蠢的，他把“每一种应该归因于值得称赞的行为……都归因于对赞扬的热爱”。[16]“渴望去做值得尊敬或者高尚的事情，渴望成为值得尊敬和赞赏的对象，任何时候都不应被视作虚荣。”[17]我们都谴责那些寻求赞扬却并不值得被赞扬的人（因为我们不能与他们共情）。

斯密承认，我们中的一部分人渴望得到别人的赞扬，并试图避免指责。这类人就是“外人（the man without）”。只有“软弱的、虚荣的和轻浮的”人才对这个“外人”所看到的事物感到满意。这是因为我们所有人都在孩提时期就知道，这个世界本来就是一团糟，人们常常对那些不值得的人表示赞赏和责备。因此，我们把自己置于一个“更高的法庭”，法官超越表象来考虑，我们是否赢得了赞赏、受到了责备，以及我们实际上是否值得赞扬、是否该受谴责："我们……在我们自己的心中建立一个自己和那些与我们生活在一起的人之间的法官……一个相当坦率和公正的人……他既与我们没有特殊关系，也与那些利益受到我们行为影响的人没有特殊关系。"[18] 斯密把这个法官称为"内心那个人"或是"公正的旁观者"。

交易场所

作为巴克鲁公爵（Duke of Buccleuch）之子的家庭教师，斯密在法国待了两年（1764—1766 年），这是他仅有的一次出国旅行经历。之后，在朋友休谟的引荐下，斯密担任英国驻法大使的秘书，游走于启蒙运动的诸多沙龙活动中。基于历史的纽带、反复的战争和对彼此文学和时尚的迷恋，在这一时期英法两国思想界的领袖人物进行了频繁的交流，斯密的作品很快被译成了法语。"我们无法与他相比，"法国著名哲学家伏尔泰（Voltaire）写道，"我为我亲爱的同胞们感到尴尬。"尽管我们无法确认斯密是否见过哲学家让·雅克–卢梭，但可以肯定的是，他肯定接触过卢梭的《论人类不平等的起源和基础》（*Discourse on Inequality*，1755）。

卢梭认为农业是社会的第一个阶段，所以他想象了第一个产权人是如何在一块曾经的公共土地周围筑起篱笆的。"第一个人在围好一块地后，想了想说'这是我的'，发现人们很容易就相信了他的话，他就成了公民社会的真正创始人。"[19]

> 只要（人类）只从事一个人能做的事情，并把自己局限于不需要几个人共同劳动的行为中，他们就能过着自由、健康、坦率和幸福的生活……但是，从一个人需要别人的帮助、一个人能够为

两个人提供足够的供给那一刻起，平等便消失了。财富出现了，工作变得不可或缺，广阔的森林变成喜悦收获的田地，人们不得不用额头上的汗水浇灌它，奴隶制度和苦难很快就在这里生根发芽，随着庄稼一起长大。[20]

斯密对此并不认同。作为一个物种，人类脱离了社会是不可想象的。斯密认为，把人类进入社会描述为“每个人都开始观察他人，并渴望自己被观察”是一种严重的误导：没有这种相互的关注和情感的共鸣，就没有自我，也就没有人类的意识。如果一个人能够在孤立的环境中成长到成年（例如，被困在众所周知的一个荒岛上），那么这个不幸的人将无法想象自己。[21] 斯密还正确地认识到，农业不是社会的第一阶段，而是第三阶段。“猎人时代”（我们称之为采集狩猎）和“牧羊人时代”（畜牧时代）先于农业时代。只有当先前游牧的部落定居下来后，部落首领将土地分给其追随者，土地才成为财产。

如果没有前社会的（pre-social）“自然状态”，就没有必要重建原始人类在进入现代社会时所经历的思维过程。斯密超越了一大批政治思想家，他们试图从人类历史上统治者和被统治者之间“原始契约”的角度来理解政府和主权的政治。人类从没有站在分隔“自然”和“文明”的门槛上过，人们并不是让渡了某些前社会的权利（“自然权利”）来换取统治者的保护（比如法律和秩序体系）。斯密对自然权利或不可剥夺权利的言论以及被统治者和统治者之间由一致同意而达成社会契约的观点所表现出的漠视，使他在许多政治辩论中处于孤立地位。

在凡尔赛的法国宫廷里，斯密遇见了路易十五世的御医弗朗索瓦·魁奈。早在18世纪50年代早期魁奈就开始写关于谷物贸易的文章，而斯密在狄德罗（Diderot）和达朗贝尔（D’Alembert）编辑的著名的百科全书中了解到魁奈对“农民”和“谷物”的解读。魁奈认为农业是一个国家财富的唯一来源。农业的产出是超过投入的，而在贸易和制造业中，你只能得到与投入相等的东西。魁奈提供了一张图表，或称“经济表”，据说它反映了整个法国的经济，显示了资本如何在农业、制造业和贸易部门之间流动。这标志着经济模型的诞生。当魁奈遇见斯密时，他已经完善了这张图表，并准备出版一本书，书名是《重农主义》(*Physiocratie*)，这赋予了他和他的门徒们一个更为人熟知的名字：重农主义者。

斯密非常钦佩魁奈，如果魁奈还活着，斯密就会把《国富论》献给他。《国富论》对不同经济部门相对生产率的讨论就反映了这一点，书中认为农业生产率最高，而国际贸易的生产率最低。而这种钦佩受到了抑制，因为斯密认为重农主义者过于依赖他们整洁的经济模型。这些新的政策（包含粮食贸易自由化），无论其执行手段出于何种善意和哲学目的，其本质都是专制的。正如他后来在 1790 年出版的《道德情操论》中所指出的，“政府中掌权的人……似乎可以想象，他可以轻而易举地安排好整个社会的不同成员，就像在棋盘上安排不同的棋子一样。”但现实是这样的，“在人类社会的大棋盘上，每一颗棋子都有它自己的运动原理。”[22]1789 年法国大革命加速了法国君主制的瓦解，而当时粮食贸易自由化的尝试受到了广泛的误解，大众认为这是他们的皇室“父亲”为了增加新一代谷物投机商的利润而取消了对他们的保护。[23]

《国富论》

18 世纪 70 年代，在柯克沃尔海滩上的漫步，以及在伦敦多次的短暂停留，让斯密有更多的机会来检验和发展他将在《国富论》一书中提出的思想。与之前的《道德情操论》不同的是，这本书是采用了像科学论文一样的清晰结构，开篇有“绪论及全书设计”，并且包含了大量的脚注和附录。《国富论》的正文共分为五卷，斯密在开篇以制针业为例重点描述了劳动分工：

> 扣针制造业虽然极其微小，但它的分工往往可以引起人们的注意，我就以它为例子来详细说明。如果一个工人没有接受过这一职业（扣针的制造会成为一种专门的职业，就是分工的结果）的相应训练，也不知道怎么使用这一职业所需要的机械（这种机械之所以有可能发明出来，恐怕也是因为分工的出现），那么就算他一整天都竭力工作，也有可能连一枚扣针都制造不出来，更不用说二十枚了。分工出现之后，就有了现在的经营方法。分工不但使这种作业全部成为专门的职业，还把这一职业分成了若干个部门。这些若干个部门中的大多数，也同样成了专门的职业。整个工序分为抽铁丝、拉直、切截、削尖铁丝的一端、打磨铁丝的另一端（以方便装针头），分别由不同的人负责完成。仅仅是做针头这一道工序，就需要通过两三个操作来完成。装针头、把针头涂白、包装，都成了专门的职业。这样细分起来，扣针的制造就分成了十八道工序。基于这种分工，十名工人每天可以生产“多达四万八千枚扣针”。[24]

这个段落很有名，但值得注意的是，斯密并不认为这一特别的观察具有创新性。他指出，这种产量的提高“经常可以被观察到”。它的潜力不是由人类的智慧释放出来的，而是由“人类本性中的某种……以货易货，互通有无的倾向”释放出来的。[25] 这种交易本能是人类特有的，它反映了一个事实：人类与其他动物不同，如果没有彼此的帮助，就无法生存。然而，与此同时，每个人都意识到，如果“他能使其他人的自爱对他自己有利”，他就更有可能从另一个人那里获得这种帮助。“我们的晚餐并非来自屠夫、酿酒师或者面包师傅的仁慈之心，而是他们的自利之心。”[26]“芝加哥斯密”的支持者最信奉这句话。

然而，专业化所能达到的程度取决于扣针销售市场的规模。斯密指出，在一个“偏远的国家”（即地理上孤立的，被山脉、沙漠或海洋等物理屏障隔绝于人口中心之外的国家），每个人都必须成为家庭的屠夫、酿酒师和面包师，因为一个小社区无法供养全职屠夫、酿酒师或面包师。专业化也受到了物物交换中另一个问题的限制：一个人不能确定总能找到一个愿意与之交换的人。比如屠夫宰了一头牛，有很多多余的肉，面包师想要吃。面包是面包师所能提供的一切，但是屠夫现在不需要面包。屠夫下周需要面包，但是没有冰箱，到那时肉就会变质。这么一来，他们就“不能相互为对方提供帮助”。[27]

因此，货币作为“一种商业工具”、一种价值储存手段被发明了出来。货币的价值就是斯密所说的“交换价值”，这区别于“使用价值”。[28]交换价值反映了“商品的真实价格”，即“自然价格”，等于“它的所有者能够购买或支配的劳动数量”。因此，劳动是衡量所有商品交换价值的真正尺度。然而，这个价格很难估计，因为很难衡量不同种类劳动的“艰辛”或“精巧”的程度。[29]在“原始状态下”，劳动者可以获得所有劳动成果，而在“土地使用和财富积累”之后，土地及投资于制造业的资本（斯密称之为“财富”stock）的所有者已经扣除了一部分，以确保自己在考虑到工资、原材料成本和管理费用后仍有利润。[30]

“市场上的讨价还价”会产生一个“粗略”的价格，这个价格可能与劳动力的“自然价格”不完全一致，但是斯密描述，这个预期价格会慢慢被“引向”自然价格。这种引力能发挥作用是得益于“有效需求”的自我调节机制，即“那些愿意支付商品自然价格的人的需求”。[31]如果商品的供给低于这个水平，那么购买者之间的竞争会导致市场价格上涨。这鼓励了这种商品的生产（包括工人本身，因为“对工人的需求……必然会调节他们的产量”)，[32] 这反过来又导致价格下降到“自然”水平。如果供给高于这一水平，那么劳动力和资本就会撤出，产量就会下降，至少在供给减少导致价格再次上涨之前是如此。

价格、工资、利润和租金都有其自然（今天的经济学家会说“实际”）利率，它会根据国家处于“进步、稳定还是衰退的状态”以及现行的法律和制度而变化，这在斯密对中国和荷兰的比较中有所体现。[33] 尽管如此，斯密的理论提出了经济学家后来称之为一般均衡的假设，在这种均衡中，市场的自由交换使国民净收入最大化。从大卫·李嘉图开始，经济学家开始批评斯密的地租概念和工资理论是混乱和不完善的。[34] 詹姆斯·托宾（James Tobin）在斯密逝世200周年之际指出，斯密的均衡理论存在许多问题。该理论提出了一个开放的市场，设定价格，然后完全出清。在现实世界，市场在出清（当然，市场也可能永远不会完全出清）前，会不断地设定所谓的“现货”价格。[35]

斯密也没有考虑货币和储蓄对均衡理论的影响。货币供应或人们储蓄意愿的变化，将导致名义价格与实际价格偏离，而实际价格是由所消耗的劳动数量所决定的。正如约翰·梅纳德·凯恩斯在20世纪30年代的著名论断所指出的那样，名义价格和工资可能具有“黏性”，这导致价格无法恢复到实际价格水平。

我们应该记住，《国富论》是第一次尝试探索这些概念，其基础是对当时经济体的观察，其运作方式不同于后来的经济学家们所熟悉的经济体。比如，批评斯密没有考虑到经济周期的存在似乎有些苛刻，因为目前尚不清楚这种经济周期在19世纪之前是否存在。[36] 显而易见的是，斯密将个人土地所有权的出现（卢梭将其描述得如此悲惨）和剩余“财富”（资本）的积累视为劳动分工促进经济增长的先决条件。

《国富论》第二卷更详细地讨论了资本，区分了固定资本、流动资本和人力资本。斯密认为纸币为资本提供了“空中车道”，使资本流动成为可能。然而，“纸币的代达勒斯之翼”（指的是代达罗斯和伊卡洛斯的故事）之所以被称为“代达勒斯之翼”，正是因为“银行业过度扩张”导致的危险。[37] 在《银行条例 1844》（*Bank Charter Act of 1844*）颁布之前，私人银行发行自己的纸币是被允许的，这是十分危险的行为。在讨论中，斯密表明自己是真实票据论的信徒，在他看来，“真实票据”（换句话说，就是针对商品和服务发行的票据，在 18 世纪的经济中广泛流通）和其他票据之间是有区别的，其他票据由商户之间相互开具（在没有进行实质的货物或服务交换的情况下，互相签发借据）。[38]

斯密引用了 1772 年道格拉斯与赫伦公司 (埃尔银行) 的倒闭作为一个警示案例，说明当这类银行错误地认为他们的工作是“增加国家的资本”而不是“激发资本更大的活力和生产力”时会产生危害。斯密敦促政府限制纸币发行，虽然他承认，政府阻止个人接受纸币的行为“明显侵犯了个人自由”。尽管如此，这种做法是合理的，因为在银行业这样的领域中，“少数人”可以肆无忌惮地行使他们的自由，进而“危及整个社会的安全”。[39]

在第三卷《论不同国家不同的富裕进程》（*Of the Different Progress of Opulence in Different Nations*）中，斯密采用了一种更具历史意义的方法。这种进程见证了社会发展的一个又一个时代：首先是猎人的时代，之后是牧羊人的时代，然后是农民的时代，最后是制造者的时代。只有当从农业中获得足够多的剩余资本，并投资于制造业所提供的“便利”和“奢侈物品”时，制造业和城市才能实现增长。[40] 但在“现代欧洲国家”中，斯密指出，这一秩序并未得到遵守。这是因为在罗马帝国崩溃后出现的封建制度下，存在着倒错的激励。封建领主压迫佃户，威胁他们的安全，因此阻碍他们改善土地。对粮食流动的限制阻止了那些能够生产过剩粮食的人出售粮食。自然而然，更有进取心的人就逃到城市，人为地推动了制造业和对外贸易的发展。

当封建领主受到城市的工厂和外贸所生产的奢侈物品冲击时，这种倒错就会产生最严重的后果，反之如果遵循自然秩序，就不会发生这种情况。这些领主的周围住着一队家臣，因为他们没有其他东西可以用来回报佃户付给他们的租金。虽然这些家臣在付不起房租的时候，会定期被减免租金，也可以享用免费的食物，但他们缺乏安全感，因为这样的赏赐完全取决于主人的“好兴致”，主人们拥有家臣的财产并能够控住他们。[41] 当领主和其他邻近的领主发生战争时，他们的家臣也要去打仗，很可能战死沙场。

斯密指出，领主是“人类的主人”，因此他们遵循了通常的“卑鄙的准则”：“一切为了我们自己，不为他人。”但一旦外贸业和制造业为这些主人提供了奢侈物品，情况发生了改变。斯密对这些贵族达成的协议不屑一顾：“也许是为了买一对钻石纽扣，或者是其他同样无用而无意义的东西……为了满足最幼稚、最鄙俗、最肮脏的虚荣，他们渐渐地用他们所有的权力和权威来交换。”[42] 对于被解雇的家臣来说，由此产生的连锁反应影响深远。为了增加自己的租金收入，领主们愿意给他的佃户更长的、更安全的租期，来换取佃户们对土地的改善，使佃户们能生产更多的粮食，并向领主们支付更高的租金。

没有了臣服的侍从愿意为他们的领主冲锋陷阵，领主们破坏“定期的执行正义”和参与毫无意义的暴力争斗的能力就被削弱了。“这个国家和这个城市都建立了一个正规的政府，没有人有足够的权力来干扰它在这个城市中运作，而在另外的城市也一样。”虽然贵族的盛情款待已经减少了（大厅里再也没有免费的饭菜了），但人民现在享受着安全和安宁，生活质量也提高了。因此，“革命”是由“根本不想为公众服务”的两类人引起的。[43]

第四卷中，斯密对统治者为了保持与贸易伙伴之间的贸易顺差而限制贸易进出口的贸易保护主义行为进行了抨击。比如，为了防止因购买瓷器而输出黄金，统治者向国内瓷器制造商提供补贴，同时征收高额进口税以抑制瓷器进口。贸易公司被赋予垄断权，阻止其他公司与殖民地进行贸易，殖民地本身的经济活动也受到其他限制。这些限制不可避免地促使了贸易伙伴也实施限制。贸易战由此拉开帷幕。

贸易的作用发生了偏离，从促进国际和平与发展，转变为冲突的根源，而这只是统治者对贸易平衡的病态痴迷的结果之一：

> 这些限制以及许多其他商业条例都是由贸易平衡学说建立起来的，然而，这一学说是再荒谬不过的了。这种学说认为，当两地通商时，如果贸易平衡，则两地各无得失；如果略有偏倚，就必会有一方损失、另一方得利，得失程度和偏倚程度相称。但这两种设想都是错误的。就如我后面所要说明的那样，奖励金与独占权，虽为本国利益而设立，但由出口奖励及垄断所促成的贸易，却可能对本国不利，事实上常是这样。反之，不受限制进行的两地间的自由贸易，虽未必对两地同样有利，但必不会对两地不利。

这些限制损害了原本打算从这些措施中受益的国家，因为它们原本希望引导资本的流动，而不是让“看不见的手”将资本引向经济中生产率最高的领域。

> 因此，每一个人都尽其所能，既把他的资本用于支持国内工业，又引导工业使其生产物具有最大的价值；每个人都必须竭力使社会的年收入尽可能地高。确实，他通常既不打算促进公共的利益，也不知道他自己是在什么程度上促进那种利益……他追求自己的利益，往往使他能比在真正出于本意的情况下更能有效地促进社会的利益。[44]

“看不见的手”这个词在《国富论》和《道德情操论》中只各出现过一次：在这两种情况下，它都是“一只”看不见的手，而不是“这只”看不见的手。尽管如此，“芝加哥斯密”的信徒们还是把它看作是斯密整个思想的核心。艾玛·罗斯柴尔德（Emma Rothschild）提出了一个有趣的理论：斯密想让这只手看起来既“具有讽刺意味，因为它暗示着存在着一种秩序井然的天意”，但同时“一点也不讽刺，它表明不需要设计也可以达到秩序井然；即使没有一个无所不知的君主进行管理，这个社会也能够实现繁荣”。从这个角度看，这只手是一个有说服力的策略，是“一种小手段”。[45] 和效用一样，涉及塑造令人满意的经济或政治体系模型时，这只手也是非常有效的，但是这只手无法引起人们对促使人类行动的真正动力和本能的关注。

正如罗斯柴尔德所指出的，采用“看不见的手”解释的风险在于，可能会忽略对那些像重农主义者一样的人的讽刺意味，他们爱上了他们整洁的模型所展示的效用的外观。如果财产的建立、劳动分工和自由贸易带来了经济增长，同时将个人从束缚和不安全感中解脱出来，那么这要归功于“财富的增长”（progress of opulence），斯密用一张由本能和欲望交织而成的网来解释，而“看不见的手”却无法抓住这些本能和欲望。用斯密自己的一个比喻来说，这就像我们看着时钟表面上移动的指针去辨认时间，并把能够显示时间的原因归结于这些指针，而不是实际上导致指针移动的联锁弹簧和齿轮。[46]

除了“买卖，易货，交换”，我们还应该注意到推动这一“财富的增长”的另一股“力量”：斯密在他的《道德情操论》中讨论的“改善自身状况”的愿望。斯密认为，对“财富和地位”的欲望诱使我们放弃触手可及的快乐，付出大量的“辛劳和焦虑”来达到一种并不会增加我们幸福感的状态。这是因为幸福不是来自拥有，而是来自“被爱”。然而，斯密的结论是“自然就是以这种方式对我们加以欺骗的”，因为“正是这种欺骗才激发并不断地维系着人类的勤奋精神”，将“原始森林”变成“肥沃的平原”。[47] 因此，斯密认识到，商业创造了一个消费社会，在这个社会中，经济增长的一部分源于新需求的产生，而获得越来越多“无关紧要的小玩意儿”的代价是新的焦虑。

《国富论》的最后一卷，即第五卷，探讨了税收和国家的作用。在这里，斯密认识到“财富的增长”带来的另一个令人不快的结果：大多数非农业工人注定要从事重复的、机械的劳动。卡尔·马克思对他所称的资本主义进行的批判的核心思想是劳动分工会导致工人与其工作的“异化”或“疏远”。在《1844 年经济学哲学手稿》（*The Economic and Philosophic Manuscripts of 1844*，以下简称《1844 年手稿》）中，马克思认为，由于劳动者并不拥有他所生产的东西，事实上，他是被“强迫”去生产的，所以他的劳动产品在他面前是一种“敌对的、陌生的东西”。[48] 斯密写道：“一个人如果把他的一生全消磨于一些简单的操作……就没有机会去发挥他的聪明才智。”“这样一来，他自然地就失去了发挥才智的习惯，逐渐变成最愚钝、最无知的人。”[49] 工作的“机敏”似乎导致了“畸形”。

斯密对这个问题的直接解决办法是国家资助的教育。“公立学校”应该在每个教区设立校舍，并支付教师工资的一部分，其余部分来自学费。[50] 因此，声称斯密主张“最小国家”，这是不正确的：除了安全防卫和维护法治，国家还需要履行重要的管理职能（如我们所见，包括银行监管）和教育职能。然而，对“劳动力异化”问题的回应，教育似乎并不令人满意。帕特丽夏·韦翰尼（Patricia Werhane）认为，斯密的用词混淆了工人的劳动（他们的“机敏”）和他们的生产力之间的重要区别。虽然前者是他们不可分割的财产，但由于劳动的专门化，后者成为工人可以以自身最佳条件进行自由交易的商品。如果这种商品在另一个行业的价值高于工人自己所在的行业，那么工人就可以自由地换工作。[51]斯密不喜欢行会的原因是行会对行业之间的这种流动施加了限制。

智慧、美德和“手”

斯密晚年受到一种不明原因的肠道疾病的困扰，这导致他搁置了法律和政府方面的著作草稿，专注于修正他的《道德情操论》。新增的第六部分是对“审慎”的强调，可以看作是斯密试图弱化《道德情操论》与《国富论》之间的对比的一个例子。斯密把审慎定义为“关心个人的健康、财富、地位和名誉”。[52]审慎的人不是通过投机来改善自己的状况，而是先在自己选择的职业中培养“真正的知识和技能”，然后再“刻苦和勤奋”地实践。然而，审慎的美德只博得“某种轻微的尊敬”，而不是“热烈的爱戴或赞美”。[53]

只有在超越这种审慎后，斯密才能开始谈到“智慧与美德并存的人”，这种美德不仅能给自己带来幸福，也能给他人带来幸福。与不善社交的审慎的人相比，心胸坦荡的人积极寻求他人的赞美，并渴望得到关注。这使他寻求荣耀，得到的是温暖而不是轻微的尊敬。为了赢得这种尊重，个人必须抑制那些偶尔在极度紧张的时刻爆发的情绪（恐惧和愤怒），以及那些不断试图引诱我们的情感（对快乐和赞美的爱）。他必须服从公正的旁观者的指挥。

正如我们所看到的，斯密非但没有鼓励“自私”，反而似乎否定了真正的“自我”。是一系列的表现塑造了我们，我们越善于接近其他个体的情绪状态，这些表现就越有说服力。这就是卢梭对商业社会抱怨的基础，他认为商业社会创造了一个基于伪装（即表演）的社会。[54]然而，斯密所说的智慧与美德并存的人似乎可以走出这个四面都是镜子的大厅，找到自己的位置。由此达到了斯密所说的“卓越的审慎”的境界。

“卓越的审慎”表现出与审慎者相同的“智慧和明智的行为”，但“指向比个人的健康、财富、地位和声誉更伟大和更崇高的目标”。它与勇敢、仁慈和自控联系在一起。斯密写道：“这是最有智慧的头脑与最美丽心灵的结合”，“这是最卓越的智慧与最完美的道德的结合”。[55]是否所有人都有能力获得这种“卓越的审慎”，从某种意义上看这无关紧要：更重要的是，“自然”赋予了所有人一种本能，不仅使他们认识到这种“审慎”的优越性，而且还促使他们朝着这种“审慎”迈进。

1784年普鲁士哲学家伊曼努尔·康德（Immanuel Kant）发表的著名论文《论启蒙运动》（*What is Enlightenment?*）中将启蒙运动定义为“人类脱离自己加之于自己的不成熟”：自我决定取代了对牧师、统治者及“规则和公式”指导的依赖。而斯密对本能和意外后果所发挥作用的强调，以及他对功利主义模型的怀疑，似乎使他没有资格被认为是一个“启蒙”思想家。对他来说，“财富的增长”是我们无法完全控制或掌握的。我们常常无意中为公众利益服务。

然而，斯密并不认为这是焦虑或失望的根源，相反，他认为这是大自然造福人类的证据。对人类的关注使大自然将“自动保险机制”纳入普遍秩序中，赋予人类一种超越其缺陷的适应力。仅仅因为我们未能塑造一个建立在“高度审慎”基础上的社会，但这并不意味着我们注定要陷入混乱。另一种更为冷静、功利的审慎态度也准备发挥类似的作用：

> 人只能存在于社会之中，天性使人适应他所处的环境。人类社会的所有成员，都处在一种需要互相帮助的状况下，同时也面临相互之间的伤害。如果必要的帮助是从爱、感恩、友谊和尊重中获

得的，社会就会兴旺发达，人们就会幸福快乐。所有不同的社会成员通过爱和情感的纽带联结在一起，并且被吸引到一个共同的互利中心。但是，尽管这种必要的帮助未必产生于慷慨和无私的动机，尽管不同的社会成员之间未必存在爱和情感，尽管这一社会并不带来较多的幸福和愉快，却并非一定会解体。社会可以在人们相互之间缺乏爱或情感的情况下，像它存在于不同商人中间那样存在于不同的人之间；并且，在这一社会中，虽然谁都不一定承担义务，或者一定要对他人心存感念，但是出于一种一致的价值观，在互利互惠的原则下，社会依然可以维持下去。[56]

斯密于 1790 年去世，在之后的两个世纪里，人们认为他的思想是为了鼓励那些只关心这个制度的“效用”的商人之间的“互惠交换”。由于人们对《道德情操论》重新产生了兴趣，我们开始认识到，事实上，斯密认为这个理性的世界是次优的。思考斯密的“手、智慧和美德”，我们可以把自己重新定位到一个“共同的中心”。

第二章　大卫·李嘉图

海伦·保罗

大卫·李嘉图的写作生涯始于政治经济学，当时经济学还是一门新兴学科。李嘉图出生于 1772 年的一个犹太家庭，就在 1776 年亚当·斯密《国富论》出版前几年。经济学经过一段时间才从政治学和哲学等母学科的影子中走出来。李嘉图中年时，他的挚友托马斯·罗伯特·马尔萨斯（Thomas Robert Malthus），被东印度公司学院而不是大学本身任命为政治经济学教授，成为英国第一位职业经济学家。[1] 李嘉图本人从未担任过这样的职位。他曾经是一位成功的股票经纪人，因此能够早早退休，之后他进入政界，并全身心地投入到他的研究中。他的代表作是《政治经济学及赋税原理》（*On the Principles of Political Economy and Taxation*）。[2] 这种系统和全面的经济方法是对《国富论》的回应。丹尼斯·奥布莱恩（Denis O 'Brien）将这两本书描述为"古典经济学的两个伟大来源"，然后"由后来的经济学家，尤其是约翰·斯图尔特·穆勒加以融合和发展"。[3]

李嘉图还鼓励经济思想的传播和讨论，并对下一代政治经济学家的职业生涯产生了兴趣，这些经济学家继续担任知名大学的首席校长。李嘉图在股票市场上的成功，他的社交能力和与他人交往的意愿，他的议会生涯，当然还有他的《政治经济学及赋税原理》，都使其成为他那个时代杰出的经济学家。在之后的几年里，他的名字成了自由贸易的代名词。第二次世界大战后，自由贸易是包治百病的灵丹妙药。李嘉图成为与诸多大型国际贸易集团成立有关的名义领袖。当然，李嘉图本人是否认同是另一个问题。[4]

大学本科阶段的经济学学习者通过比较优势和李嘉图等价的概念认识李嘉图。研究经济思想史的历史学家们可能会进一步考虑李嘉图的价值理论和他的科学方法。本章概述了李嘉图的生平和时代，并对这些概念作了简要的介绍。

关键性概念

亚当·斯密提倡劳动分工。[5] 总体来看，劳动分工使社会生产更多的产品。斯密还相信，在道德限度内的利己行为将导致有利的经济结果。[6] 政府不需要过度干预。李嘉图将同样的条件应用于国际贸易。国家不再是屠夫和面包师，而成为分析的单位。李嘉图认为，“在一个完全自由的商业体系下，每个国家都会自然而然地把资本和劳动投入到对各自最有利的领域。这种对个人利益的追求与整体的普遍幸福巧妙地结合在一起。”[7] 斯密已经提出，如果一个外国生产的商品比英国自己生产的要便宜，那么英国就应该进口这种商品。[8] 这就是绝对优势原则。

李嘉图用一个简单的例子说明了他的比较优势理论。[9] 简单地说，假设世界上只有葡萄牙和英格兰。[10] 生产的商品只有布和酒，生产成本以劳动时间为单位表示。英国生产一个单位的布需要 100 个小时，生产一个单位的酒需要 120 个小时。葡萄牙生产一个单位的布需要 90 个小时，生产一个单位的酒需要 80 个小时。显然，葡萄牙人生产布和葡萄酒的方法更有效率。李嘉图的深刻见解是，贸易仍然是有益的。英国人在 100 小时内生产 1 单位布，但同一时期生产的葡萄酒却不到 1 单位。葡萄牙生产一单位葡萄酒需要 80 个小时，但不能在同一时间生产 1 单位布。如果英国人专营布料，葡萄牙人专营葡萄酒，那么，如果他们进行贸易，他们的境况都会更好。在没有贸易的情况下，英国人需要 220 个小时来制作一个单位的布加一个单位的葡萄酒，葡萄牙人则需要 170 个小时，总量是两个单位的布和两个单位葡萄酒。而英国人能在 220 小时内生产 2.2 单位的布，葡萄牙人能在 170 小时内生产超过 2 单位的葡萄酒，如此一来两种商品的总产量都增加了。因此，进行贸易还是有利可图的。李嘉图表明，在他的模型假设下，即使一个国家拥有绝对优势，贸易仍然是有益的。这个结果与直觉相悖，但却非常有力。[11] 一旦在讲堂听到，很少有学生会忘记它。

购买国内产品并不总是有益的，与此类似，减税可能也不是个好主意。如果经济疲软（生产减少，消费者支出减少），政府可能会试图提振经济。[12] 一种策略是减税，希望消费者开始把钱花在商品和服务上。理想情况下，消费增长和经济增长将形成良性循环。然而，李嘉图发现，纳税人可能想知道，今天减税是否意味着明天会增税。[13] 基于此，他们会把钱存起来而不是花掉。于是，曾经承诺的经济增长将不会出现，政府将不得不提高税收。

与比较优势理论一样，李嘉图的等价定理挑战了公众和决策者固有的认知。这个模型中有很多假设在实践中可能不成立。即使这个概念是以他的名字命名的，李嘉图本人也对这个概念的实证有效性表示怀疑。该理论直到多年以后才真正进行了实证检验。[14] 尽管如此，政策制定者仍然应该意识到公众对未来增税作出合理预测的能力。

李嘉图具备一种发掘简洁而有力的经济学观点的能力，这种能力的另一例证就是他在 1820 年向下议院就《谷物法》（又称“玉米法案”）发表的演讲。[15]《谷物法》限制谷物的进口，以保护本国的生产商。令人困惑的是，“玉米”一词在李嘉图时代被用来指某一地区的主要谷物作物：在英格兰通常是小麦，在苏格兰通常是燕麦。李嘉图意识到，对国外玉米（一种主食）的依赖可能会导致战争时期的经济疲软。他认为这个论点“在一定程度上是合理的”。[16]然而，他认为，如果一个国家向英国出售多余的粮食，那么它必须种植专门卖给英国的粮食。他说，“如果与我们发生战争，这个国家将遭受极大的痛苦”。[17]他还想知道英国是否会依赖一个国家而不是几个国家的粮食。李嘉图再次超越了表面现象，采用了一种更加细致入微的思想方法。当然，这并不是说他的观点总是成立的，而是说他们展示了一种系统思考的能力，把经济看作一个相互作用的整体系统。

李嘉图还把他的名字用于“李嘉图租金”的概念。这里的租金不是指租户支付的金额，即他们同意支付的合同租金。李嘉图认为：“地租是土地生产的一部分，是必须支付给地主的，因使用了其原有的不可灭的土壤力。”[18]他比较了相邻的两个规模相同的农场。其中一处经过排水系统、树篱等改进，另一处保持原样。租户会为使用第一个农场支付比第二个农场更多的报酬，但这两种报酬，通常都被称为“地租”。李嘉图认为，只有支付“原有的不可灭的土壤力”的那部分是地租。而那些改进所收取的溢价，实际上是对提供这些改进的资本的报酬：铺设树篱，挖排水沟，撒肥料。

随着讨论的深入，经济学学习者一般很少会在本科阶段听闻李嘉图地租理论。比较优势理论仍然是李嘉图对经济学领域最重要的直接贡献。然而，他的思想为其他人的思考提供了养料，他的社交能力鼓励了经济思想家们聚集起来讨论他们的工作。

黎明和清晨

1910年，雅各布·霍兰德（Jacob Hollander）总结了李嘉图的时代：对历史经济学家来说，这是工业革命的五十年；对政治史学家来说，这是受到拿破仑影响的半个世纪；对经济思想史家来说，这是古典政治经济学的黎明和清晨。[19] 在这个黎明和清晨，李嘉图能够与通才们交谈，但很少有专才。当时的大学经济系还没有庞大师资和大批学生。[20] 当时，自学成才的人仍然可以写一本关于经济主题的小册子，将其出版，并使其作为重要著作受到称赞。然而，我们无法计算有多少人读过李嘉图的作品，并且理解得足够好，可以对其进行批评。对于所有已出版的作品来说，都存在各种各样的解读和理解。拥有一本书并不意味着一定会阅读它；即使阅读了也可以只读一部分而不是全部，读过也并不能保证理解。而且李嘉图的写作风格可能没那么容易理解。

李嘉图和斯密是那个"黎明"的伟大的学者。斯密是一位享有盛誉的教授，受到了世人极大的重视。李嘉图在股票市场上的能力，证明了他在一系列经济问题上的观点是可信的。当时，理论经济学还处于起步阶段，李嘉图的竞争对手比他今天的对手要少。在爱丁堡，杜格尔·斯图尔特（Dugald Stewart）的政治经济学讲座（重点放在《国富论》上）始于1799年。在英格兰，从1805年起，政治经济学才作为一门单独的学科来教授。当时，马尔萨斯被任命为黑利伯瑞新东印度学院（new East India College at Haileybury）首位"通史、政治学、商学和财政学教授"。[21] 设立这所学院的目的是为东印度公司的员工提供实践培训，而不是辩论理论经济学的细微之处。剑桥大学的政治经济学讲座始于1816年。[22] 李嘉图的著作《政治经济学及赋税原理》则于一年后出版。

皮奇（Terry Peach）总结了李嘉图后期的学术方法，以及他思想的分支——“李嘉图主义”。[23] 他展示了后来的学者，如马克思和凯恩斯，是如何从李嘉图的作品中解读出截然不同的含义的。就像许多“主义”一样，思想家最初的思想和围绕他的思想而形成的学派之间也有区别。皮奇注意到了“(李嘉图思想) 解读者和评论者的怪癖、弱点和特殊的动机，以及李嘉图的经济学和‘李嘉图经济学’之间毫无疑问的混淆”。[24] 皮奇将这种混淆的原因部分归结于李嘉图自己的写作风格。作为一个自学成才的人，他的职业生涯主要是作为一名股票经纪人度过的，所以他所写的作品有时并不清晰是可以理解的。与许多同龄人相比，他没有受过高等教育的熏陶。而他的朋友马尔萨斯受过很好的教育，尽管这看来有些不寻常。[25] 相比之下，李嘉图没有相同的优势，虽然很显然他拥有大量的金融实践经验。在他 25 岁左右时，李嘉图还决定开始学习数学，同时学习化学和矿物学。[26] 但是他的这些追求可能对改变他的文字风格并没有什么帮助。

约翰·斯图亚特·穆勒的父亲——詹姆斯·穆勒（James Mill）建议李嘉图完善自己的写作风格。老穆勒写道：“你已经是最好的政治经济学思想家，我认为你也应该成为最好的作家。”[27] 穆勒要求李嘉图“做一项学校里的练习”，李嘉图由此在信中练习，一步一步地展示他的理论是如何运作的。穆勒要求李嘉图每进行一步都要问自己：“接下来会发生什么？”有趣的是，李嘉图对“比较优势”和“李嘉图等价”的解释就集中在这样一个问题上：接下来会发生什么？如果减税，接下来会发生什么？公众可能认为接下来会增加税收。然后他们会推迟消费。如果一个国家把注意力集中在生产葡萄酒上，而另一个国家集中在生产布料上，接下来会发生什么？如果该模型的假设成立，则总产量增加。除非英国人想喝布料，而葡萄牙人想用葡萄酒做外套，否则接下来就会有贸易。李嘉图通过一个数值实例，使他的比较优势论点更加清晰。如果我们接受李嘉图在构建模型时的假设，那么这些数字“证明”他是正确的。这种方法与研究经济应当如何运行的规范理论形成了强烈对比。[28]

不管李嘉图的假设是否成立，他以经济模型作为其理论的基石，这使他成为现代意义上的经济学家。但同时，这种做法也让李嘉图陷入了“李嘉图的恶习”。奥布莱恩（O’Brien）写道，李嘉图会“采用假设前提，从这些前提中推断出结论，而不试图验证结果。从那以后，这一直是纯粹理论家的研究方法”。[29] 奥布莱恩还认为：“李嘉图的体系，如果不完全是第一个，肯定也是第一批全面成功的经济模型构建的例子。其本质是总体经济关系的‘谷物模型’。”[30]

不管“谷物模型”是否真正属于李嘉图体系的一部分，他都担心如果没有谷物进口，英国将会挨饿。他认为，如果英国试图只依靠国内的谷物，将会导致经济停滞。贫瘠的土地将用于谷物生产。而在这片边际土地上花费的资本和劳动本可以用到更有利可图的其他地方。[31]

《谷物法》的支持者认为，如果他们将进口的谷物拒之门外，那么英国的境况会更好。至少，拥有土地的阶层可以通过减少竞争来保护自己的谷物产量。狭隘的保护主义论调正迫使谷物价格上涨。穷人受到的影响特别大，但该国新兴工业化地区的城市消费者也同样受到影响。李嘉图和马尔萨斯定期通信，讨论谷物价格及其对其他经济领域的影响。[32] 他们之间的分歧使李嘉图能够把自己的论点推敲得更透彻。然而，他们都不允许智力上的争论影响他们的友谊。

凯恩斯认为李嘉图与马尔萨斯的通信是“整个政治经济发展过程中最重要的书面通信”。[33] 值得注意的是，正是凯恩斯鼓励了斯拉法（Sraffa）进行对李嘉图的研究项目，并向斯拉法提供了“积极的支持，特别是在寻找未发表的材料上”。[34] 斯拉法发现，李嘉图多年间一直与四个主要的经济学家保持着联系。马尔萨斯显然是其中之一。其他三位分别是詹姆斯·穆勒、约翰·雷姆赛·麦克库洛赫（John Ramsay

McCulloch）和哈奇斯·特罗尔（Hutches Trower）。他们都直接或间接地促进或推广了李嘉图的思想。穆勒的儿子约翰·斯图尔特·穆勒曾单独受邀住在李嘉图的乡间庄园，当时他只有 15 岁。他和李嘉图就经济问题进行了详尽的讨论。[35] 当然，小穆勒后来成为下一代经济学家中的关键人物。麦卡洛克（McCulloch）在《爱丁堡评论》上回顾了李嘉图的《政治经济学及赋税原理》。斯拉法认为，这对于“建立李嘉图的声誉和普及他的学说具有决定性作用”。[36] 李嘉图死后，麦卡洛克还出版了他的一系列作品和一本简短的传记。[37] 麦卡洛克解释说，他出版李嘉图作品的动机是“李嘉图的这些作品受到高度尊重，而且它们越来越稀缺”。[38] 出版的作品包括《政治经济学及赋税原理》和其他一些作品以及发表过的演讲。了解李嘉图的作品为什么既受到高度尊重，但同时又很稀少，将是一件有趣的事情。这个难题可能永远无法解决。但是无论如何，李嘉图的《政治经济学及赋税原理》一书仍在出版。

“犹太人血统”

埃里克·罗尔（Eric Roll）认为李嘉图“毫无疑问是古典政治经济学最伟大的代表”。[39] 罗尔还强调了一些在对李嘉图的评价中存在的反犹太主义倾向。一位名叫凯里（Carey）的美国经济学家曾提到李嘉图的“犹太人的敏锐”，并把他称为“一个不懂文学的犹太股票经纪人”。[40] 阿尔弗雷德·马歇尔（本书第五章的主角）说：“李嘉图思想的缺点和优点可以追溯到他的犹太人血统：没有哪位英国经济学家有他这样的想法。”[41] 当然，李嘉图是英国人，也有犹太血统。他的反传统思维能力可能在一定程度上是由于接受过非传统的教育和接触了不同的宗教传统。

李嘉图对经济学的理解植根于他对股票市场的实践经验，这是许多当代作家所缺乏的学徒期。他对于国际犹太贸易和亲属关系网络的了解，可能成就了他的国际主义学说，而该学说遭到了以马歇尔为代表的“英国”经济学家的否认。李嘉图是一个善于交际的人，他的好朋友马尔萨斯也是一位著名的政治经济学家。他们都关心全体人民的生活水平，而不仅仅是土地精英的利益。他们的学术圈还包括杰里米·边沁（Jeremy Bentham）和作家玛丽亚·埃奇沃斯（Maria Edgeworth）等知名人士，还有许多政治经济学家，他们中的有些人现在被遗忘了。[42]

大卫·李嘉图于1772年出生于伦敦市的一个葡萄牙籍犹太人家庭。他的父亲亚伯拉罕（Abraham）是阿姆斯特丹的一名股票经纪人。李嘉图一家最初是葡萄牙犹太人，为了躲避迫害而移民到荷兰。大卫本人在阿姆斯特丹待了两年，那时正值他的性格形成时期。[43]1773年，亚伯拉罕·李嘉图经营着伦敦犹太人社区仅有的十二家经纪公司之一。这使他有权合法地担任股票经纪人。你可以在皇家交易所的东南角——犹太人聚居地找到他。他的房子“一半是住宅，一半是会计室”。[44]亚伯拉罕也是犹太社区的财政代理人。[45]他从大宗商品交易转向了汇票和公共证券交易。1792年，他的办公地址是在著名的葛瑞威咖啡馆。[46]

大卫的父亲是非常虔诚的犹太教徒，并且非常严格。除了宗教学习，大卫本人并没有接受多少正规教育。他十四岁时开始为父亲工作，在伦敦证券交易所当职员和信差。1792年，李嘉图一家搬到了伦敦东部的博（Bow）。在那里，大卫遇到了普里西拉·安妮·威尔金森（Priscilla Ann Wilkinson），一位贵格会外科医生的女儿。他们结婚了，但是遭到了双方父母的极大反对。大卫的母亲再也没有和他说话，同时他被父亲剥夺了继承权。[47]他的家人说，对他们来说，大卫实际上已经死了。[48]

亚伯拉罕·吉拉姆（Abraham Gilam）认为，在乔治王时期，“上层盎格鲁犹太人世俗化的同时失去了他们的犹太身份”。[49]他列举了一些杰出的人物，包括第一位英国国家档案馆的档案保管人弗朗西斯·帕尔格雷夫爵士（Francis Palgrave，即内弗兰西斯·科恩［ne Francis Cohen］）。吉拉姆还说："大卫·李嘉图和激进的政治家拉尔夫·伯纳尔（Ralph Bernal）是另外两个可以加入这个名单的名字。犹太人清楚地意识到社会不会接受他们……放弃犹太教是阶层、地位和权力提升的条件。"[50]

这对很多人来说可能是真的，但对李嘉图来说未必如此。他可能的确有过改变信仰的经历，或者是因为对普里西拉的爱而改变（这些动机并不相互矛盾）。但贵格会对于那些想要向上爬的人来说毫无价值。和犹太人一样，贵格会教徒（他们自诩为公谊会）也受到歧视和法律限制。[51] 贵格会在 1833 年、1837 年和 1838 年通过了三部独立的议会法案，逐渐地获得了解放。[52] 当李嘉图遇到普里西拉时，她和他一样是一个外来宗教团体的成员。[53] 此外，李嘉图清楚地知道，当他娶了她，他的父亲将剥夺他的继承权。由于李嘉图和他的父亲在同一行业，而犹太人的亲属关系网络很重要，被剥夺继承权会明显地影响事业的发展。李嘉图也可以像科恩那样把自己的名字英语化，但他并没有选择这么做。可以说，吉拉姆的评估或许过于苛刻了。

当李嘉图于 1819 年在国会就职时，他必须宣誓有着"一个基督徒的真正信仰"。[54] 用威廉·威尔伯福斯（William Wilberforce）的话来说，他"不再是犹太人"。[55] 更确切地说，他已经不再是一个循规蹈矩的正统犹太人。他真正的宗教情感究竟如何是未知的，但他对不同信仰的接触可能迫使他挑战公认的智慧。他从小接受的犹太教育使他接触到国际金融市场。

这也使他暴露于反犹太主义的攻击之下。金融、金融恐惧症和反犹太主义之间的联系很深。在一场有关黄金的议会辩论中，一位议员问道："外国犹太人难道不认为向英国央行挤兑是一种很好的投机行为吗？"[56] 持久的"滑铁卢传说"是一个反犹太的内幕交易寓言，与大卫·李嘉图以及罗斯柴尔德家族（欧洲久负盛名的犹太金融家族——编者注）有关。这个传说声称，一个著名的犹太人是第一个知道滑铁卢战役（1815年6月18日）结果的人，并能从这一信息中获利。布赖恩·卡思卡特（Brian Cathcart）指出，这个人通常被认为是内森·迈尔·罗斯柴尔德（Nathan Meyer Rothschild）。卡思卡特向我们展示了这个传说是如何起源和被润饰的。[57]例如，罗斯柴尔德家族本应建立一个骑手接力系统，把消息从战场（布鲁塞尔附近）传送到英吉利海峡。但是在后来的一些版本中，骑手被鸽子取代。罗斯柴尔德的档案中没有提到这些。[58]卡思卡特有力地证明，滑铁卢传说是捏造出来抹黑罗斯柴尔德家族的。之后，纳粹和其他一些人又恢复了对犹太人的攻讦。

在李嘉图版本的传说中，李嘉图对好消息的反应据称是抛售英国证券。他的行为让观察人士相信，滑铁卢输了，伦敦股市下跌。李嘉图随后以低价买进了股票。[59]如果这是真的，那么李嘉图在股市上的伟大成就是从一场导致数千人死亡的战斗的内幕消息中获得的。对于现代观察家来说，它就像"滑铁卢牙"（滑铁卢战役后，大量阵亡士兵的牙齿被卑鄙的猎牙者制作成假牙卖给牙医，这样的牙齿被称为"滑铁卢牙"，后引申为所有战死者的牙齿）一样令他们愉快。[60]然而，没有证据表明滑铁卢传说是真实的。李嘉图的财富另有一个与这场战争相关的来源。李嘉图曾作为一部分国债的承包商协助政府。[61]因此，他在为战争出力，如果英国输了，他肯定会损失一大笔钱。滑铁卢的胜利给李嘉图带来了巨大的财富，但这要归功于他长期以来参与政府债务的相关事宜。滑铁卢的消息不是由传说中的信鸽传到伦敦的，而是由亨利·珀西（Henry Percy）少校带来的。珀西公开出现在一辆载着被缴获的法军鹰旗的汽车里。[62]在这一奇观出现在街头之后，内幕交易将很难完成。

新的事业

李嘉图因滑铁卢一役获得的财富确实使他得以退出股票市场。他在格洛斯特郡买了一大片地产——盖特康比公园，现在它作为安妮公主的住处为人们所熟知。[63] 他在伦敦最时尚的格罗夫纳广场也有一套房子。[64] 李嘉图对当时的政治经济学很感兴趣。约瑟夫·熊彼特后来解释说，"李嘉图的思想受到了《国富论》的启发，1799 年，当他在一个疗养胜地感到无聊时，他开始研究《国富论》。"[65] 霍兰德将李嘉图的第一本著作《黄金的高价是银行纸币贬值的明证》(*The High Price of Bullion*, *a Proof of the Depreciation of Bank Notes*, 1810）描述为"一本构思迅速、写作仓促的 40 页左右的小册子"。[66] 李嘉图最著名的著作《政治经济学及赋税原理》(以下简称《原理》）发表于 1817 年。

在《原理》一书中，李嘉图首先讨论了价值，然后讨论了地租、价格、工资、利润、对外贸易和各种不同的税收。李嘉图认为，经济是一种将"土地生产物"在土地所有者、资本所有者和劳动者三者之间进行分配的体系。李嘉图在书中写道："这种分配，受支配于一定法则，政治经济学的主要问题是确定这种法则。"[67] 李嘉图在前言中承认他对亚当·斯密和朋友马尔萨斯的亏欠。[68] 同时感谢了他的法国联络人让-巴蒂斯特·萨伊（Jean-Baptiste Say)，萨伊现在以"萨伊定律"而闻名。[69]《原理》一书成为古典经济学重要的奠基文本。

和许多同时代的人和追随者一样，李嘉图感兴趣的是什么使一些东西有价值（不一定是什么决定了它的市场价格）。法国重农主义者弗朗索瓦·魁奈在 1758 年创作了《经济表》。[70] 这张表是"科学的研究方法严格应用于经济现象的最早例子之一"。[71] 魁奈从土地和在土地上工作的人开始。任何不属于农业的人都属于一个无生产力的阶层。商人、工匠和制造者被认为是没有生产力的。他们没有创造价值，只是把由农业创造的价值转化为其他形式。价值来源会影响社会的各个方面。如果土地是真正的价值来源，那么商业部门显然对社会资源没有什么发言权。亚当·斯密和李嘉图也把关注的焦点放在了价值理论上，但他们的理论出发点是劳动，而不是土地。[72]《原理》第一章的第一句话是："一种商品的价值，或它所能换得的其他商品的数量，取决于其生产所必需的相对劳动量，而不取决于劳动报酬的多寡。"[73]

到了李嘉图的时代，工业化进程已经削弱了农业无所不能的作用。许多人从事制造业及其附属服务行业，如销售、运输和金融等。李嘉图在金融业工作，在城市而不是在拥有土地的农村长大。因此，李嘉图不太可能接受魁奈基于土地的经济观点。

塔克（G.S.L. Tucker）指出，自19世纪末以来，人们普遍认为马克思关于劳动价值论的观点受到了李嘉图的影响。[74]李嘉图对马克思的真正影响是一个值得讨论的话题。乔治·斯蒂格勒认为，李嘉图本身并没有提出劳动价值论。他概述了现有的对李嘉图价值论的各种解读，[75]而这些各异的解读对李嘉图想要表达的观点并没有达成共识。与此类似的是，弗里德里希·哈耶克创造了"李嘉图效应"（Ricardo effect）一词，用来描述工资上涨是如何鼓励资本家用资本替代劳动力的。然而，包括尼古拉斯·卡尔多（Nicholas Kaldor）和马克·布劳格（Mark Blaug）在内的其他学者，都认为李嘉图从未提出过这种效应。[76]李嘉图流传下的思想引发了许多争议。

实质重于形式

1823年，托马斯·阿特伍德（Thomas Attwood）议员在李嘉图面前宣称，马尔萨斯"毫无疑问是这个国家乃至欧洲之内，在所有与政治经济有关的问题上最权威的人"。[77]马尔萨斯最著名的观点是，从长远来看，人口增长总是会超过粮食供应的增长。短期的改善只会导致越来越多的孩子出生，有越来越多的人口需要养活。饥荒的发生不可避免。[78] 这就是"马尔萨斯陷阱"。马尔萨斯很容易被想象成一个没有幽默感的悲观主义者，尤其是当他写下这样的段落时："不可避免的巨大饥荒逐步逼近，以一记重击就把人口增长抑制住了。"[79] 托马斯·卡莱尔（Thomas Carlyle）批评经济学为"悲观的科学"，这一著名批评经常被错误地用来指代马尔萨斯主义。[80] 然而，马尔萨斯也有伟大的人格和智慧。他的写作风格十分有趣，他能够写出那种令人难忘和唤起回忆的段落，比如："一个隐居的平民，他的思想也许不能高高地飞出或伸展到他那小小的花园之外，整日也只是徘徊在自己田园的边界之内，但是他的寿命也许可以和哲学家一样长。"[81]

在马尔萨斯的作品中，我们可以看到一个聪明机智的人所关心的问题，他的例子来自他周围的世界：农场和村庄的世界。马尔萨斯呼吁消除自由劳动力市场的各种障碍，特别是穷人必须住在自己的教区内才能获得贫困救济的要求。[82] 马尔萨斯不是传说中令人生畏的贵族，而是一个激进的批评家。他严厉斥责富人之间串通一气压低工资的行为。他对市场是如何运作的讨论不是纯理论的，其根基是他对穷人苦难生活的同情之心。他的挚友李嘉图和他有许多相同的忧虑。

李嘉图和马尔萨斯的书信几乎占据了斯拉法出版的 11 卷本的全部篇幅。这两个人之间的深厚友谊是显而易见的。他们时常见面，经常讨论。1814 年 8 月，李嘉图写信给马尔萨斯，希望有机会"在盖特康比公园阴凉的树丛里讨论那些重要的问题"。[83] 这两个男人的妻子也有交往。[84]

第二年，李嘉图在给马尔萨斯的另一封信中哀叹道，他所认识的"政治经济学家"太少了，以至于他不知道自己的著作是否被人阅读。[85] 李嘉图还坦率地谈到了自己作为作家的缺点："我的写作如此失败，这对我来说是一种耻辱。”[86]

文学品味随时间而变化。但是，李嘉图的文章会一直流传下去。这里有一个例子：

> 如果没有某种武器，海狸和鹿都不可能被捕杀，因此，所猎捕的这些动物的价值，不仅受支配于捕杀它们所需的时间和劳动，而且受支配于制造猎人资本即武器所需的时间和劳动，正是借助了武器这些动物才得以被捕杀。[87]

马尔萨斯是一位比较有趣的作家，因此，他的作品可能会被更多的普通读者所阅读。相比之下，李嘉图可以说是更优秀的经济学家。

李嘉图的身后名

1983 年一篇名为《已故经济学家影响力的衰退》（Half-Lives of Dead Economists）的研究报告发布，报告调查了经济思想家在学术期刊文章中被引用的频率。在所有的期刊中，李嘉图被引用的次数，排在第十四位。在经济类的期刊中，引用次数排名第九。在 1900 年之前去世的作家中，李嘉图排名第六，马尔萨斯排名第九。不出意料，亚当·斯密和卡尔·马克思在所有的排名中都排在李嘉图之前。[88]也许，围绕着李嘉图真实意图而展开的辩论，增加了他的被引用次数。

李嘉图仍然是经济思想史学者的兴趣所在，但他的名字也被学术圈之外的人所铭记。当英国皇家经济学会（Royal Economic Society）为纪念李嘉图 200 周年诞辰而举办纪念展时，伦敦市长、政治经济俱乐部（Political Economic Club，由李嘉图和马尔萨斯于 1821 年创建）的财务主管以及大批观众都参加了展览。其中一件展品是 1807 年“证券交易所名录”赠予李嘉图的一个“巨大的银花瓶”，以“纪念他为证券交易所争取战争贷款合同所作的贡献”。[89] 他与马尔萨斯以及其他人通信的原件也被展出。显然，“许多人，尤其是来自附近证券交易所的人”，在活动进行的十天时间里参观了展览。[90] 这也许很适合李嘉图的身份，因为他是最早从证券交易所背景中诞生的政治经济学家之一。[91]

斯法拉出版了李嘉图作品和信件的多卷本评论版，这极大地提升了李嘉图死后的声誉。[92] 很少有未发表的信件从斯拉法的手里溜走。被遗漏的其中一篇完整地发表在了《经济学期刊》(*Economic Journal*）上，它回答了来自西布罗姆维奇的弗朗西斯·芬奇（Francis Finch）提出的一个未知问题。[93] 这就是李嘉图的地位，主流学术期刊愿意发表他的任何信件，无论这信件是多么枯燥或晦涩，只为填补对李嘉图理解的空白。对切克兰德（S. G. Checkland）来说，寻找这些手稿让人们看到了“在李嘉图的生活中特别缺乏的浪漫主义的元素”。[94]

这种对李嘉图“缺乏浪漫”的评价似乎有些苛刻。李嘉图写给马尔萨斯的信充满了人情和善意。事实上，浪漫是李嘉图与他的生身父母和他的信仰最终决裂的原因（尽管可能还有其他因素在起作用）。李嘉图和普里西拉的家庭生活似乎很幸福。他们的孩子被地主精英同化了。小大卫·李嘉图是泰特伯里的一名治安法官，他在 1828 年判处贝蒂·贾奇（Betty Judge）“恶意破坏萝卜”罪，这是一种违反土地秩序的犯罪——如果这种秩序曾经存在的话。[95] 老李嘉图在此前五年去世，享年 51 岁。遗憾的是，他没有太多的时间来享受徘徊于田园中的乐趣。

在学术上，李嘉图遵循严格的构建经济模型的方法，以及与之伴生的所谓“李嘉图恶习”，在人际关系上，他完全不是一个严肃的人。詹姆斯·穆勒建议李嘉图少参加一些社交活动，多花点时间做研究。李嘉图被告诫要拒绝“最无聊的社交拜访”。[96] 他自己也承认，盖特康比“总是挤满了拜访者”，有一次他和妻子邀请了 49 个人跳舞和参加晚宴，聚会一直持续到第二天凌晨四点。[97]在这种情况下，李嘉图只有四个小时的睡眠时间，所以穆勒说得有道理。然而另一方面，他的社交能力也使他能够与同时代的伟大思想家以及当时活跃的少数政治经济学家进行交谈。谷物价格的变化或保护主义的影响并不是抽象的谜题，不能靠理论来解决。李嘉图和马尔萨斯为饥荒一定会发生的预期所困扰，正如马尔萨斯所说，饥荒以一记重击控制了人口的增长。

李嘉图是以地主精英的身份走向人生终点的，但他的人生始于一个遭受迫害的犹太移民家庭。这可能影响了他的经济思想，但也影响了他同情社会边缘群体的能力。他妻子的贵格会信仰也对他产生了一定的影响。李嘉图在股票市场的经历帮助他理解了经济主体在更广泛的经济中是如何表现的。他的"滑铁卢财富"使他得以离开股市，并把政治经济学当作一种爱好。亚当·斯密的《国富论》为其职业生涯的这种转变提供了催化剂。李嘉图的《原理》一书，就像《国富论》一样，试图描述整个经济生活。学者们现在就李嘉图关于"玉米"或"价值"的长篇大论到底想说明什么而争论不休。而本科生仍然要学习比较优势和李嘉图等价这样巧妙而简洁的概念。在李嘉图死后很久，他成为国际贸易利益的象征，他的名字也成了旨在抵御狭隘保护主义的贸易体系的同义词。不管现代贸易集团是不是真正的李嘉图主义，它们的建立都是为了避免战争和通过合作促进经济增长。李嘉图主张合作，并实践了这一原则，他试图创建一个学者共同体。与同时代的人一样，他也敏锐地意识到当战争取代和平的经济竞争时，人类所要付出的巨大代价。

第三章　约翰·斯图尔特·穆勒

约瑟夫·佩尔斯基

约翰·斯图尔特·穆勒不仅仅是一个哲学家。与马克思一样，他也是一位分析家、倡导者和预言者，主张对新兴的资本主义经济进行全面重建。他把19世纪中期，也就是他所生活的时代，看作是一个过渡时期。他对经济的理解建立在政治经济的发展上，从斯密、边沁、李嘉图、马尔萨斯和他的父亲詹姆斯·穆勒的作品中汲取一系列经典元素。[1]对约翰·斯图尔特·穆勒来说，工业革命开启了一个充满活力的新时期。穆勒预测，工业革命带来的资本迅速积累将导致一种静止状态（stationary state），这种状态不是可怕的，而是可以被接受的，是以工人合作社为最终特征的。这种静止状态将废除资本家的中心角色，取而代之的不是国有化和国家计划，而是对劳动力进行管理的企业。在这个新体制下，土地租金和遗产将作为公共利益而征税，教育将得到普及，妇女将有平等的参与权，少数族裔将有更多机会，福利措施将富于同情和宽仁。

然而，经济学家穆勒，经常被认为是一个不那么重要的后李嘉图主义者，一个浅薄的自由放任主义百科全书作者和古典学派学者。斯密理论的核心是“看不见的手”，马尔萨斯的是人口过剩的危险，李嘉图的是比较优势，但是穆勒，这位经济学家对经济学没有一个明确的、核心的贡献。是的，穆勒是自由主义和功利主义的著名倡导者，但所有这些贡献都被哲学家和经济学家视为哲学上的，而不是经济学上的。本章的目的就是匡正对穆勒经济学贡献的这种误解。无论穆勒作为哲学家的成就如何，他的经济学研究方法是综合性的，包括历史理论和经济行为的社会心理学。虽然穆勒认可许多对生产的经典解释，但他坚持认为，与生产法则（laws of production）相反，分配法则（laws of distribution）是可塑的，人类有意识的干预可以使其改变。最重要的是，穆勒应该因为他对进步政治经济学的构建而得到认同，这是一种严肃激进的理论及改革方案，它预测了资本主义到合作经济的转变。[2]

生平

约翰·斯图尔特·穆勒的童年据他自己说，是不受约束和缺乏关爱的。这个故事已经被讲过很多次了。[3]然而，当我们认为穆勒不只是，甚至不主要是一个哲学家，而是一个致力于社会变革和重建的激进经济学家时，这一点值得我们重新思考。正如历史学家布鲁斯·马兹利什（Bruce Mazlish）40年前所说，“穆勒的经济学著作和他父亲的著作一样，都带有一种心理学暗示，尽管不那么确定，但我们可以试着去理解这种信息的意义”。[4]穆勒的激进经济学更是如此，这标志着他与父亲的古典自由主义的决裂。

穆勒出生于1806年，是詹姆斯·穆勒和哈莉耶特·布洛·穆勒九个孩子中的老大。虽然他们的家庭规模证明了他们活跃的夫妻生活，但是穆勒的父母几乎没有共同之处。在他的《自传》(*Autobiography*)中，穆勒想知道，他的父亲，作为一个资源有限的、坚定的马尔萨斯主义者，是如何支撑起这样一个大家庭的。[5]更能说明问题的是，在他一篇未发表的早期文章中，他推测，他父母的关系没有建立在“相同的智力、品味或追求上”。[6] 根据穆勒的说法，父母双方都没有表现出对对方的爱。而在完成的作品中，他父亲的“情感比他平时表现的要丰富得多，他的情感能力比以往任何时候都要强大得多。他像大多数英国人一样，对表达感情感到羞耻，而由于缺乏表现，感情本身也就得不到满足”。[7] 在他自传的早期草稿中，他更进一步地将父亲的这一特点归因于他父母之间“不般配的婚姻”。[8] 在他为这篇文章所作的最初笔记中，穆勒写道：“在一种温柔和友爱的氛围中，他（詹姆斯·穆勒）本应该是温柔和深情的。”穆勒进一步控诉：

> 在英国很少见到一个真正温情的母亲，这样的母亲首先会让父亲变得完全不同，其次会让孩子在成长过程中感受到爱与被爱。尽管我的母亲怀着最好的愿望，但是她只知道如何在辛苦工作中度过一生。她穷尽一生地付出，对家人很好，所以家人也喜欢她。但是，要使自己被爱、被尊敬，甚至被服从，就必须具备一些品质，但是很不幸，她并不具备这些品质。[9]

如果穆勒只是在他的《自传》中删去了很多这方面的内容，那并不奇怪。但令人惊讶的是，在这本非凡的回忆录中，他几乎完全没有提及自己的母亲。[10]

尽管穆勒的父亲缺乏热情，他并不缺乏对约翰·斯图尔特的强烈兴趣。比较著名的是，詹姆斯·穆勒为约翰·斯图尔特开设了极其严格的用希腊语教授的家庭教育课程。虽然穆勒不记得是什么时候开始学习的，但他大概在三岁的时候就开始接受这种指导了。八岁时，他开始学习拉丁语，两年后，他通读了柏拉图（Plato）的前六段对话录。这些练习是在“他（詹姆斯·穆勒）写作的同一间屋子、同一张桌子上”

进行的。[11] 希腊文和拉丁文之外还辅以算术。之后，穆勒开始学习历史，包括休谟和吉本（Gibbon）。老穆勒还推动约翰·斯图尔特用英语写诗。詹姆斯十分推崇弥尔顿（Milton）和彭斯（Burns），但对莎士比亚评价不高。他对 19 世纪的诗歌不感兴趣。这种早期教育还辅以化学方面的读物。

从 12 岁开始，家庭课程转向了逻辑，约翰·斯图尔特在他的《自传》中写道，他认为这是“我已具备的任何思考能力”的基石。在这一点上，他认为逻辑比数学研究优越得多，在数学研究中，严密的论证使谨慎的“推理”变得不那么必要。回到柏拉图，约翰·斯图尔特完全赞同苏格拉底问答法。和他的父亲一样，约翰觉得没有其他作家像苏格拉底一样，在塑造“自己的精神文化”方面作出了如此大的贡献。[12] 家庭课程在穆勒 14 岁的时候达到了顶峰，那时穆勒精读了李嘉图和斯密的著作。而这也标志着他由父亲直接指导的正式教育的终结。

穆勒坚持认为，父亲对他进行的教育实验表明，许多孩子可能在年轻时就获得了相当多的高等教育。他坚称自己“天生理解力不强”，也没有“非常准确的记忆力”，也不是“非常活跃和精力充沛的人”。他坚持认为，“在所有这些天赋方面，我远远低于而不是高于平均水平”，“我所能做的，任何能力一般、身体健康的男孩或女孩都可以做到。”[13] 同样重要的是，穆勒确信他的教育“不是死记硬背的教育”。他父亲一直强调的不是死记硬背，而是自己思考的过程。穆勒用一句格言总结了自己所受教育的意义：“一个学生如果从不被要求做任何他做不到的事，那么他也决不会去做所有自己能做到的事。”[14] 与此同时，他相信，这个过程创造了一种“心态”，“既不是谦逊，也不是傲慢”。[15] 但最后，他不无遗憾地指出，他父亲的教育计划实际上把他与同龄的孩子和体能活动隔离开来了。

穆勒从他父亲那里继承的不仅是对逻辑和推理的兴趣，还有对道德的理解。可能最基本的原因在于，他的父亲“觉得无法相信一个充满罪恶的世界，是兼有无穷力量、完美善良和正义的造物主的作品”。[16] 可以说，这让詹姆斯·穆勒成为一个古典主义者，他接受斯多亚学派标准下的个人操守，但为了公众利益极力倡导享乐主义的观念（以功利主义的形式）。约翰·斯图尔特也注意到他父亲有点愤世嫉俗，这让他的快乐大打折扣。从某种意义上说，这种描述不仅适用于父亲，也适用于儿子，或许不同的是，尽管受到父亲悲观情绪的影响，约翰·斯图尔特却养成了强烈的浪漫主义倾向。

他的父亲也给约翰·斯图尔特带来了两个令人印象深刻的朋友，他们进一步塑造了他的思想：大卫·李嘉图，经济理论的杰出塑造者；杰里米·边沁，功利主义思想的创立者、折中主义主要创始人。大约在这个时候，约翰·斯图尔特在法国和边沁的兄弟待了一年，这一年奠定了他对这个国家的终生喜爱。在这期间，他与法国经济学家让·巴蒂斯特·萨伊待在一起。萨伊以“萨伊定律”（供给创造自己的需求）而闻名，该定律可以追溯到穆勒的父亲。在萨伊的家中，穆勒与克劳德·昂利·圣西门（Henri de Saint-Simon，1760—1825年）进行了短暂的会面，圣西门是法国社会精英组织的支持者和进步历史理论的发展者。19世纪30年代，圣西门的追随者强烈影响了穆勒的世界观。

受过良好教育的穆勒开始探索其职业生涯，但是仍然在很大程度上受限于自己的父亲。起初，他与功利主义者约翰·奥斯汀（John Austin）一起学习法律。但是到了1823年，当约翰·斯图尔特只有17岁的时候，父亲詹姆斯“为我在东印度公司谋取了一个印度通信检察员的职位，在他的直接领导之下”。[17] 穆勒坚信这是一个很好的选择，因为这是相对简单的工作，这使他有充分的时间进行自己的研究。他声称不介意放弃法律工作的经济回报。他提到的唯一缺点是，他在东印度公司的职位使他没有资格竞选政治职位。

此时，穆勒正积极参与他所谓的“青年宣传主义”。他为《新威斯敏斯特评论》（*Westminster Review*）撰稿，并参加了激进运动的辩论社团。他甚至尝试了一些更直接的行动，曾因散发旧激进分子弗朗西斯·普莱斯（Francis Place）撰写的关于节育的作品而被短暂监禁。[18] 穆勒在他的《自传》中写道，到1821年末，他已经构想出了“什么才是生活的真正目标：成为世界的改造者。我对自己幸福的看法与这个目标完全一致”。[19]

之后，穆勒迈入了20岁。他继续与父亲保持着不同寻常的紧密的关系，先是在家庭教育中，然后是在工作中。他认为他的父亲让他感到压抑。他对母亲非常失望，他说母亲并不爱他。他立下了改变世界的宏伟目标。在这种背景下，穆勒经历了一段严重的抑郁期也就不足为奇了。穆勒在一段著名的描述中写道：

> 我处于神经麻木状态，有如人人偶尔会碰到的那种情况，对娱乐和快乐的刺激不感兴趣：我的内心觉得，往日快乐的事情现在变为枯燥乏味或与我漠不相关……在此种心情下我不禁自问：“假设生活中的所有目标都完全实现，假如你所期望的全部制度和思想的改变就在这个时候完全实现，你会觉得非常快乐和幸福吗？”一种不可遏制的自我意识明确地回答：“不！”至此，我的心下沉，我生活所寄托的整个基础崩溃。我全部幸福原是对这个目标不断地追求。现在这个目标已失去吸引人的力量，追求目标的手段还有什么意义可言呢？生活对我来说似乎是一片空虚。

在改造世界的计划中，什么也没有留下。他“从梦中醒来”。[20]

按照他自己的说法，穆勒并没有因为这些心理问题向他父亲寻求帮助，他觉得老穆勒是不会理解的。他是在对马蒙泰尔（Marmontel）《回忆录》(*Mémoires*) 中的一段话作出强烈的情感反应后慢慢恢复过来的，这段话是关于马蒙泰尔在父亲去世后担负起成年人责任的经历的。我们很难否定这样的结论：穆勒的抑郁，与他对父亲的矛盾情绪以及他自己身为成年人却难以担负起改造者的责任有关。[21] 他转而向 19 世纪的浪漫主义诗人，尤其是华兹华斯 (Wordsworth) 寻求慰藉，这本身就是一种反叛。但就本文而言，更重要的是，他通过对孔德学派和圣西门学派的深入阅读来确定他新的探索方向。此时，他开始欣赏他们“对自由主义一般理论的批评”。他“看清楚旧的政治经济学价值非常有限，且只是暂时性的，它把私有制和继承看成不能废止的事实，把生产和交换自由看成社会进步的灵丹妙药”。[22] 尽管穆勒从未接受过圣西门主义者的“社会机器”，但他们显然为他开启了一条新的道路，一条在未来 25 年内都不会完全成形的道路。

穆勒新思想的关键是我们每个人都为实现有意义的自决而进行斗争。[23] 这种斗争是穆勒哲学和他对心理学的理解的核心。[24] 是他在《论自由》(*On Liberty*) 一书中的核心论点，同时对他所发展的进步政治经济学来说也同样重要。

以上我们谈论了《自传》以及塑造了穆勒人生追求的影响因素，在结束这一话题之前，我们必须关注一下他所说的生命中最宝贵的友谊。1830 年哈丽雅特·泰勒夫人 (Mrs Harriet Taylor) 成为他的密友 (当时穆勒只有 24 岁)，1851 年成为他的妻子。她现在被认为是穆勒著作的主要参与者。[25] 在大约 20 年的时间里，穆勒和泰勒的关系超越了朋友，但是不足以称之为恋人。在这段时间内，他们一起讨论女权主义、诗歌和政治经济学。[26]

因此穆勒受到泰勒的影响，就不足为奇了。事实上，他也明确说明了这一点。尽管他表示，哈丽雅特对他的第一部成名作《逻辑体系》(*System of Logic*) 影响甚微，但是对于她在他经济学工作方面作出的贡献，穆勒给予了极高的评价。他曾在几份《政治经济学原理》(*Principles of Political Economy*，以下简称《原理》）的演讲稿中加了一篇献辞，在这篇献辞中，穆勒称泰勒是“作者所知的所有人当中最有资格提出和预测社会进步的人”，并承认，书中包含的许多想法“首先是从她那里学来的”。[27] 穆勒高度赞扬泰勒夫人为《原理》定下了“决不把当下社会的制度当作最终结果”的“基调”。[28] 这一命题成为这部作品的核心，它强调了“财富生产法则与财富分配法则之间的区别，财富生产的法则是真正的自然法则，取决于物的属性，而财富的分配法则受特定条件限制，取决于人的意志”。[29] 除了这一点，穆勒还煞费苦心地赞扬哈丽雅特，认为她是他书中“劳动阶级可能的未来”一章的灵感来源。正如我们将看到的，就是在这一章，穆勒的进步政治经济学得出了最全面的结论。

更为传统的经济学家，包括最著名的弗里德里希·哈耶克，认为哈丽雅特·泰勒及其对穆勒的影响是一场最不幸的意外。但毫无疑问，泰勒尽其所能巧妙地解决了穆勒的精神危机。为改造世界的目的和意义绞尽脑汁的穆勒，与美丽而坚定的激进女权主义者泰勒交往起来。她鼓励穆勒建立他的进步政治经济学体系。她对他的离经叛道起到了很大的作用。穆勒对自我决定的关注，已不仅仅是对自己童年时代家庭的冷漠和父亲过于激进的教育方法发出的哀鸣。而且，当他赞同工人合作社以理性、自我肯定的特质取代资本主义工厂的严厉纪律时，他把这种关切扩展到整个“劳动阶级”。

穆勒的《原理》一书有 7 个版本。和他的《逻辑体系》一样，《原理》同样很受欢迎。它几乎立即成为政治经济学的标准文本，并特别受到牛津和剑桥的推崇。[30] 在某种程度上，这可能反映出读者或教授可以很轻松地既专注作品的正统部分（如捍卫自由放任主义），也关注当中更激进的部分（如倡导工人合作社）。

穆勒最著名和最广为流传的两部作品创作时间相对较晚。《论自由》（*On Liberty*，1859）提出了什么是现代公民自由和个人自由的基本保障，而《功利主义》（*Utilitarianism*，1861）则提出了一种对历史和正义的激进功利主义理解，与他对进步政治经济学的研究相一致。哈丽雅特死后，他从东印度公司退休，穆勒最终尝试作为威斯敏斯特议会成员直接参与政治（1865—1868）。在这里，他因为倡导妇女投票权受到广泛的反对而被抵制。这种反应对穆勒来说并不新鲜，因为他的政治改良主义一直受到媒体和公众的嘲笑。[31] 事实上，他继续推动着改革。例如，他在当时的土地改革运动中承担了一系列的责任。在这段时期，他严重依赖继女海伦·泰勒（Helen Taylor），她继承了母亲的角色，并在自己的有生之年不断向政治左派靠拢。[32]

竞争和财产

穆勒用古典经济学、斯密、李嘉图、马尔萨斯和他自己的父亲提供的材料，汇编了他离经叛道的理论——进步政治经济学。他对于古典主义作家的主要承袭就是他对竞争的作用的理解。即使在他写作与合作社相关的最激进的材料时，他也强调了合作社采取分散式体制的必要性，依然保持了对竞争的认同。穆勒很清楚，这是他与当时社会主义者在意识形态上最显著的分歧。[33]

穆勒因此写道：

> 所以，对于社会主义学者有关工业生产活动随着社会的发展将采取何种形式的观点（也就是合作社），我表示同意；而且，我也完全赞成他们的看法，认为开始这种转变的时机已经成熟了，应该采取一切正当和有效的措施对这种转变予以协助和鼓励。但是，尽

管我同意并同情社会主义者所追寻的目标中的这一具体部分，我却完全无法苟同他们说教中最引人注目也是最慷慨激昂的部分，即他们对竞争的抨击。[34]

对于穆勒和他的古典主义先驱来说，工业革命带来的巨大物质进步来自具有创造性和建设性的竞争，而这种竞争是由于风俗习惯、贵族特权和皇室垄断的放宽才得以实现的。亚当·斯密的"自然自由体系（system of natural liberty）"是穆勒理解政治经济学的起点。实际上，穆勒对现代经济中私有财产的主要恐惧和最有说服力的指控恰恰是私有财产往往不是自由竞争经济中个人努力的产物，尽管竞争日益激烈，但是私有财产反映的是历史的流毒，即继承的力量和赤裸裸的欺诈。

穆勒思索着，在一个更完美的世界里，"一个不受任何先前财产束缚的社会"，如何才能证明私有财产是正当的。在这里"殖民者最先占据了一片无人居住的土地；除了他们共同拥有的物品之外，他们什么也没有携带"。如果这些殖民者采用一种财产私有制度，"那么它不会伴随任何最初的不平等和不公正出现，而这些不平等和不公正阻碍了私有制原则在古代社会中发挥有益作用"。他设想了一种对"生产工具"初始的平等分配，甚至提出"对于自然灾害造成的损失作出补偿，并且对身体较弱的社会成员给予一定的优惠，足以使他们保持与其他成员平等的地位"。[35] 穆勒毫不怀疑，在这种理想的私有财产体系中，继承制度将被大大削弱，因为私有制原则绝不能向个人保证"其他人通过劳动和节省所获得的成果，会在他们没有任何功绩或努力的情况下转移给他们"。这种转移"并不属于这种制度的本质"，而"在人们为财产私有制度所作的每一项辩护中，都强调财产私有制度对个人通过自身劳动和节省所获得成果提供的保护"。[36]

穆勒痛苦地意识到，这种理想的模式与19世纪的现实世界形成了鲜明的对比：

> 现代欧洲的社会秩序源自对私有财产所有者的征服和掠夺，并非公平分配和按劳取酬所形成的结果；尽管几个世纪以来，规模的商业活动一直在试图改变这一局面，但这一体系仍然保留着大量原有的烙印。有关财产的法律从未与证明私有财产是正当的这一制度的原则相协调。

在一篇与马克思的思想不谋而合的结束语中，穆勒断言，这些有关财产的法律“赋予根本不具备所有权的人以所有权，而且赋予仅具备有限所有权的人以绝对所有权。它们没有对所有人一视同仁，而是对一些人设置了重重障碍，而对另外一些人给予了特别的优惠；他们故意制造不公平，妨碍所有人站在同一起跑线上进行竞争”。[37]

理想的私有财产制度看起来与当时的现实大不相同。不过，从历史的角度来看，穆勒认为财产“安全性的提高”的必然结果之一就是“生产和积累的大幅增加。如果人们没有十足的把握可以享受到自己的劳动和节俭的成果的话，那么人们就不会勤奋劳动和努力节俭”。这种不断增加的财产安全、更大的竞争余地和科学认识的爆炸性增长，是“文明国家”实现物质财富历史性增长的基础。[38]

积累

穆勒采纳了斯密对“积累”的研究方法。斯密引入了生产性劳动和非生产性劳动的区别。[39] 和斯密一样，穆勒基本上把生产劳动等同于物质财富的创造，而物质财富是可以积累的。一个国家的物质财富储备的扩张是生产的核心。[40] 资本家每年都为他们的工人预购食物、衣服、原材料和工具。这些用于雇佣生产性劳动力的资本存量能够扩大，原因很简单，工人所生产的比他们吃的要多。穆勒在这一点上很明确：

> 利润产生的原因是劳动生产的产品比维持劳动所必需的东西要多……如果一个资本家以占有劳动者所生产的全部产品为条件，向一群劳动者提供这些东西（食物、衣服、原材料和工具），那么，劳动者除了再生产自己的生活必需品和工具之外，还可以利用他们的一部分剩余时间来服务于资本家。因此，我们看到，利润不是来自交换行为，而是来自劳动的生产能力。[41]

如果资本家决定不消费以这种方式创造的全部利润，而是将其中的一部分用于投资，那么他就为资本的积累提供了动力。

穆勒阐明了对 19 世纪上半叶资本快速增长的一种经典理解。在现代制度以及科学技术在生产活动中的一种新的动态应用下，生产力得以提高，从而推动了资本主义经济的发展。这就是“进步的状态”（progressive state）。

与此同时，穆勒和李嘉图一样，担心马尔萨斯人口增长的破坏性后果。马尔萨斯曾教导说，如果资本的积累带来了工资的上涨，即使是微涨，也会导致人口的快速增长。而人口增长不可避免地会给自然资源带来压力，导致土地租金和食品价格的增加以及利润的降低。在这种情况下，李嘉图认为经济发展将衰退到“静止状态”。他认为，只有利用德国和美国的大量粮食生产，进行自由贸易，才能推迟这一结局的到来。

当然，穆勒是自由贸易的支持者。但他在经典的经济增长案例中发现了更广泛的信息。他想知道，对于李嘉图的悲观预测，劳动阶层能做些什么。劳动阶层究竟怎样才能将历史掌握在自己手中呢？在提出这样一个问题时，他将自己对根本性改革的信念与对古典经济学的理解结合起来。其结果就是为劳动阶级制定了一项激进的计划。这一计划的两个核心要点分别是实现对人口增长的控制，以及以工人控制的合作社取代资本主义制造业的制度。历史造就了这一时机。1850 年以前的一百年的进步是建立在资本的积累和科学认识发展的基础上的。穆勒希望劳动阶级现在能够有效地控制这种新的经济发展形势。

第一步是要有意识地减缓劳动力的增长速度，从而使马尔萨斯人口理论失灵，马尔萨斯理论使工人的工资维持在勉强糊口的水平。这个问题对劳动阶级的未来至关重要。如果工人能够控制住人口的增长，那么以资本迅速积累为特征的经济发展的直接结果将是工资上涨。如果人口能够稳定下来，就会有更多的资本以工资的形式支付给同样数量的劳动者。[42]

穆勒认为前景并不暗淡。劳动力日益增长的教育水平和行业经验造就了一个训练有素的阶层，这让他们在实现其目标方面能表现出更强的自制力。穆勒是乐观的，在某种程度上也有点犹豫。这一点很清楚。“除了公正的制度之外，只有当人口的增长由于人类具有远见卓识而受到控制时，科学发明家的智慧和精力对大自然力量的征服，才能成为人类的共同财产，并且成为改进与升华人类命运的手段。”[43]

应当指出的是，除了提高工人工资之外，控制人口增长可能会对妇女的处境产生有益的影响，妇女们目前被束缚在狭窄的家庭生活中，被迫照顾孩子，这是习俗和大家庭强加给她们的。虽然穆勒不大赞成已婚妇女在外工作，但他确实期待一个已婚妇女可以积极参与社区政治和社会生活的时代。[44]事实上，他曾经批评过他的父亲詹姆斯，一个忠诚的马尔萨斯主义者，因为他建立了一个大家庭，而在这个过程中，他的母亲除了干家务之外几乎没有别的选择。

穆勒认为，如果工人能够控制人口增长，他们的工资就会上涨。

但作为一个严谨的李嘉图主义者，他认为如果工资上涨，利润就会下降，这就是他为工人阶级自治提出的第二点的关键所在。当然，李嘉图曾预计利润会下降，但这种情形将受到土地租金上涨的推动。如上所述，如果工人阶级不能控制他们的人口增长，穆勒也作出与李嘉图同样的预测。[45] 但是，如果劳动阶级能够控制他们的盲目生育，穆勒则预计情况会截然不同。特别是他推断，随着利润率的下降，资本家将越来越不愿意进行积极的投资和管理。这种转变将为工人合作社的扩张奠定基础。

穆勒认为："无论在任何时候、任何地点，都存在着某种特定的利润率，即诱使当时当地的人民积累储蓄并将其用于生产领域的最低利润率。" [46] 这一点也不遥远。事实上穆勒认为：

> 如果一个国家长期以来拥有很大的生产规模和巨额的净收入可供人们进行储蓄，因而长期拥有促使资本每年大幅增加资本的能力……这样一个国家的特点之一是，它的利润率可以说是与最低利润率相差无几，因此这个国家会总是处于静止状态的边缘。[47]

在下一节详细讨论这一激进的前景之前，有一点至关重要，那就是穆勒非常清楚，利润下降的速度可能被"抵制因素（counteracting circumstances）"减缓甚至抑制。[48] 这些抵制因素，在某种程度上打击了改革之路，但也印证了穆勒作为资本积累信奉者的敏锐。

第一个抵制因素（counteracting tendency）是不可避免地伴随着"过量交易"和"疯狂投机"时代而来的资本的巨大浪费。在这里，穆勒借鉴了西斯蒙第（Sismondi）的著作，描绘了一幅预示着 20 世纪宏观经济学核心问题的经济危机图景。[49] 在泡沫破裂前，许多资本都被过度投资于机器和设备等固定资产，因此"已经不再对工资和利润产生影响……许多企业倒闭，或即使不倒闭也无法获利，大量工人被解雇，各行各业都有很多人失去收入，不得不依靠以前的储蓄度日。在危机过去后，这些企业都或多或少地陷入贫困的境地”。[50]

穆勒认为，这种周期减缓了利润的下降，但他指出，资本的持续增长证明，资本的周期性损耗并非最重要的抵制因素。穆勒认为，更重要的是生产技术的进步。穆勒认为，工资品（wage goods）的贬值将使实际工资上升，甚至导致实际利润上升。

穆勒认定的下一个抵制因素是“从国外获取廉价商品的新能力”。[51]在这里，穆勒再次提出，这种对外贸易的主要影响是降低国内工人的必需品的价格。

穆勒极具预见性地指出了最后一个抵制因素是“资本的外流”。他认为，这种外流“多年来一直是抑制英国利润下降的主要原因之一”。[52]穆勒预计，这些资金的大部分将用于殖民地和贸易伙伴的农业及基础设施建设。因此，资本的输出会减少工资的增长，即使它很可能降低进口的价格。

穆勒关于抵制因素的讨论是政治经济学的一股推动力。在19世纪中期的著作中，他看到了当时资本主义未来发展的萌芽。他总结了现代经济的主要现实：宏观经济周期、生产力的持续增长、贸易的扩张以及资本向外国的转移。然而，这幅图景并不是他的最终结论。他真诚地认为，抵制因素将不足以完成阻止利润下降的任务，利润的下降将继续保持在有效的最低水平，并且经济会趋于一种静止状态。“财富的增长并不是无限的”，并且政治经济学家们将“前进中的终止状态称为静止状态……所有财富的增长只不过是在延缓静止状态的到来，财富增长的每一步，都是向静止状态走近的一步”。[53]

资本主义的终结

在穆勒之前，每一位杰出的古典经济学家都曾预测资本主义将处于一种静止状态。但是穆勒指出，每个人对于那个状态都是惶恐不安的。例如，斯密认为只有前进状态才是有利于大多数民众的。实际上，早期的政治经济学家已经把这种静止状态等同于停滞，如果不是彻底的衰退的话。然而，穆勒对静止状态的解读发生了重大转变。在哈丽雅特·泰勒的鼓励和协助下，穆勒在他的“论劳动阶级可能的未来”一章中描绘了一幅新世界的图景，在这个新世界中，工人阶级将有机会决定他们自己的道路。

穆勒对 19 世纪资本主义进行了猛烈的抨击：

> 有些人认为，人类的正常状态就是生存竞争状态，彼此间相互践踏、倾轧、冲突和蹂躏所构成的当前的社会生活形式，是人类的最佳命运，而绝非产业进步的各个阶段中令人厌恶的一个。坦白地说，我不赞同这种生活理念。[54]

穆勒承认，前进状态可能是“必要的”，比无休止的小规模战争更可取，他期待着后资本主义经济。

这一对后资本主义经济的设想，核心是劳工管理的企业和合作社的扩大。资本主义的特征是生产性积累和雇佣关系。我们已经看到，穆勒对于利润降至最低水平时积累的过程会发生什么所作的预判。而更为激进的是他为生产本身所开出的“处方”。也许我们很难认识到资本主义就业关系在工业革命时代出现时是多么的新颖。在那之前，工人是奴隶、农奴或仆人，那时候有自耕农和佃农；但是，我们所认知的现代雇佣关系在当时是罕见的，是例外而不是常态。激进的穆勒预计，静止状态中的生产，不会退回到小规模生产，而是会走向合作生产。

这一观点的核心部分具有惊人的说服力。穆勒和哈丽雅特·泰勒显然是被基于规范产生的合作社所吸引。穆勒的聪明之处在于，他汇集了一份令人信服的实证分析，使合作社看起来不仅具有吸引力，而且是经济发展和工业历史的必然结果。工人阶级的变化是显而易见的。世界在不断变化。“工人阶级已经把他们的利益掌握在自己手中，并且不断地向世人表明，他们认为他们雇主的利益与他们自己的利益并不一致，而是背道而驰的。”[55] 这种变化从何而来呢?

> 情况之所以如此，是因为现在工人已经接受教育，有机会阅读报纸和政论书籍；因为持不同政见的人已经深入他们中间，展示他们反对上层阶级所宣称和支持的信条的能力与情感；因为他们成群结队地聚集在同一个屋檐下，从事社会化的生产；因为铁路交通已经使工人能够便利地调整工作地点，从而使他们能够像换衣服一样更换自己的老板和雇主；因为他们受到鼓励，认识到可以通过选举在政府中谋得一席之地。[56]

穆勒接着对这一经济和社会演变的结论进行了清晰的阐述：“在人类发展的现阶段，平等的观念正日益广泛地在较贫穷的阶层中传播……我们可以断言，人类不可能永久地划分为两个世袭的阶级，即雇主阶级和雇工阶级。”[57] 工人最终必须成为拥有者，这样他们才能全身心投入到工作中，并在工作中提高能力。

如何实现这种改变呢? 穆勒认识到，他支持在爱尔兰和其他欠发达经济体扩大农民所有制的论点，可能意味着他将更广泛地支持恢复农业和工业的小规模生产。但他认为这样的计划不切实际，具有破坏性。“一个民族一旦在制造业或农业中采用了大规模生产制度，就不太会轻易地放弃这种制度。”[58]而且，小规模生产深受父权统治的束缚。穆勒认为，从更广泛的角度来看，“产业改进的目标并不是使人们老死不相往来，而是使他们能够在没有依附关系的前提下相互合作或相互服务”。[59]

通过教育，劳动阶级的理性决策能力得到了极大的提高，而且这种提高不会停止。“一种自发的教育正在民众中兴起。”[60]穆勒认为，这些发展意味着产业组织的重大改革。考虑到工人阶级的新智慧，穆勒并不认为“他们会甘心永远处于为工资而劳动的被雇佣地位”。[61]穆勒预测了两种可能的结果，要么是“工人与资本家的合伙经营”，要么是“在另外一些情况下，最终可能完全成为工人与工人之间的合伙经营”。[62]

与资本家分享利润的想法在英国政治经济学中由来已久。英国数学家查尔斯·巴贝奇（Charles Babbage，1791—1871年）以其在可编程计算领域的开创性成就而闻名，他早前就提倡利润分成。[63]继穆勒之后，在19世纪末，利润分享得到了英国著名经济学家威廉姆·斯坦利·杰文斯（William Stanley Jevons）和阿尔弗雷德·马歇尔等人的认可。[64]

然而，穆勒怀疑工人们想要的不仅仅是利润的一部分。随着教育水平和智力水平的提高，工人们越发清楚自己的能力，因而会推动更大范围的合作。穆勒因此说道：

> 然而，如果人类保持不断进步的话，则最终占统治地位的，不应是占主导地位的资本家与不享有管理权的工人之间的合伙制经营，而应是劳动者自己建立在平等地位基础之上的合伙制经营，即工人们共同拥有企业用于进行经营活动的资本，企业经理通过选举产生并且可以由工人罢免。[65]

穆勒从来就不提倡征收，他预计合伙企业的资金可能源自工人的储蓄以及贷款。特别是当经济进入静止状态时，贷款应该很容易以合理的条件获得。在经历了资本快速积累的历史时期之后，随着利润降至最低水平，许多富裕的储蓄者将没有理由亲自对企业进行投资和管理。在这种情况下，他们会急于将资金转移到工人控制的企业。

马克思预见到以生产的集权与集中为标志的从资本主义向社会主义的过渡，因为资本在利润率下降的趋势下难以维持利润。相比之下，穆勒期待着一个更加平稳的过渡，随着资本意识到这是不可避免的，并且或多或少欣然地接受了它作为小食利者的角色。[66]

穆勒之所以在某种程度上持这种乐观看法，是因为他充分预料到工人管理的企业会比传统企业更有效率。他将这些潜在的收益首先归因于合作组织下"纯粹的分销者阶层"的人数大幅减少。穆勒甚至认为，这类中间商的增长，"远远超过资本家的利得所能负担的程度"，生产出来的很大一部分财产没有落入生产者手中。他认为，在罗虚戴尔（Rochdale）消费合作社的带领下，生产合作社对这种基本上毫无用处的活动的兴趣将大大降低。穆勒认为，更重要的是，合作制企业将激励工人更多地参与到工作中。目前，工人们都尽可能地避免付出劳动。而在合作制组织中，"尽最大努力，而不是干最少的活儿……成为工人们的原则和乐趣"。[67] 这种更高的效率提高了生产力，使合作社在与传统公司的竞争中具有重大优势。更重要的是，态度的根本变化代表着"社会的道德革命"和"人类生活的转变"。最后，"这将使每个人的日常工作转变对社会同情心与实践才能的培养"。[68]

最后穆勒预计，资本所有者最终将接受"可终止的年金（terminable annuity）"，其结果将是朝着更加公正的社会迈出根本性的一步：

通过这种或者与这种方式相类似的方式，现有的资本积累最终将正当地、自然而然地转化为参与这些资本使用的所有人的共同财产：由此而实现的转化（当然假设两性平等地享有合伙制企业的权利并参与合伙制企业的管理）将是实现社会正义的最便捷的途径，同是这也是我们目前可以预见的符合全人类利益的对于产业事务最有益的安排。[69]

穆勒的经济学地位

穆勒对经济学的贡献远远超过了对其进步政治经济学的。他在经济学家对供求关系的理解上作出了重大改进。事实上，熊彼特认为，马歇尔对供给和需求曲线的形式化，即现代微观经济学的基础，只是对穆勒工作的一种严格的重新表述。[70] 穆勒通过描述国际贸易均衡的性质，对李嘉图的对外贸易理论进行了极大的扩展。早期的新古典主义经济学家弗朗西斯·伊西德罗·埃奇沃思（F. Y. Edgeworth）在 19 世纪末将穆勒在《原理》中对待对外贸易的态度描述为“伟大的篇章”。而现代经济学家约翰·奇普曼（John Chipman）则将穆勒的国际价值规律（Law of International Value）称为“人类智慧的伟大成就之一”。[71] 此外，穆勒在货币和经济恐慌方面也有重要的建树。托马斯·索厄尔（Thomas Sowell）称赞穆勒是“第一个直接探索交易需求以外的货币需求可能性的古典经济学家”，而宏观经济学家布拉德福德·德隆（J.Bradford De-Long）认为穆勒首次对经济恐慌作出了连贯的解释。[72] 穆勒还发展了关于种族、奴隶制、地租和捍卫个人自由的经济学，并将其扩展到新世界对非洲奴隶和佃户的待遇问题。[73] 此外，他还写了大量关于公共财政的文章。[74]

在这一章中，我们没有探讨经济学中任何一个重要的话题，更不用说穆勒对其他许多领域的贡献了。相反，我们只集中于细读他《原理》的第四卷，题为“社会进步对生产和分配的影响”。我认为，这是穆勒经济著作中最令人兴奋和最重要的部分。连同他提出的扩大穷人的公共教育、限制继承和课土地增值税的建议，他对合伙制生产的支持，不亚于经济领域的一场彻底革命。

右派对穆勒的进步政治经济学所进行的批评或许是可以理解的，像弗里德里希·哈耶克就指责穆勒只是嘴上说说哈丽雅特·泰勒的空想社会主义观点，而并没有提出自己严肃的论点。[75]笔者在此采取截然不同的立场：在泰勒观点的影响下，穆勒为合伙制经济描绘出了一个令人信服的案例。这个案例建立在资本积累、工资上涨和利润下降的经典逻辑基础之上，使这些逻辑都朝着一个令人兴奋的新方向发展。穆勒从思想上对他父亲信奉的正统学说进行了反叛，还有什么能比这更让人信服的呢？

那么左派的批判呢？具有讽刺意味的是，在左派的观点中，穆勒又被指责为过于温和，甚至天真。但是现在这种温和体现在他对革命和国有化的反对上。不通过斗争，资本家是不会放弃他们的权力的，而合作社是出了名的难以管理，纪律和指导、中央集权和国家规划是必需的。也许的确如此。然而，有关另一条道路的实践经验也很难断言其成功与否。也许，对我们所有人来说，穆勒的进步政治经济学是我们最有望的前景。

第四章　卡尔·马克思

保罗·普鲁

一提到“马克思”这个名字，人们脑海中就会浮现一种矛盾的形象：可爱或可憎。马克思有一个著名的言论“我不是马克思主义者”，这位内涵多元、经久不衰思想流派的发起人，是一位不容忽视的思想家。[1] 自19世纪提出以来，马克思思想的深远意义毋庸置疑，尽管如此，他的思想的意义与价值仍然是争论的焦点。其中，他与他长期的好友兼合作伙伴弗里德里希·恩格斯共同著述了50卷的文集。如果只是为了尽可能地对马克思的思想进行归纳，任何缩减都不可避免地厚此薄彼。在本章，我希望能够对马克思思想进行总体概述，与此同时，对于那些对马克思理论有着笼统认识的读者，希望本章的某些有趣的观点能够引起你们的兴趣。

马克思青年时期，德国政府笼罩在压抑的气氛中。稍有表达异议的行为，比如参加自由言论集会，都会被逮捕或受到监视。[2] 很显然，这种环境塑造了马克思的同情之心。1835年，马克思进入波恩大学学习，当时他已经作好了准备，参与到政治讨论的组织中去。然而，那时他是一个非同一般的学生，同时也是一个行为极为粗鲁的酒徒。他在学校的名声不佳，这迫使他的父亲不得不把他转到柏林的另一所大学。在那里，马克思与他未来的妻子珍妮·冯·威斯特华伦（Jenny von Westphalen）订了婚。[3]诗人马克思为妻子写的诗保存在各类资料中，尽管他的诗歌作品也表明，撰写政治经济类作品，对他来说是一个正确的选择。

在柏林大学期间，马克思沉浸于哲学之中，并逐渐对格奥尔格·威廉·弗里德里希·黑格尔（G. W. F. Hegel）的理论产生兴趣。马克思对于黑格尔理论中的宗教观点并不认同，尽管如此，他接纳了其思想中的辩证方法，使其“再次正面朝上”，并将其应用到政治经济学中。在黑格尔看来，辩证法是对思想如何变成存在的哲学理解。[4]马克思认为，黑格尔企图通过对抽象的反复思考达到具体。[5]对于马克思而言，辩证法不仅仅具有哲学属性，也应当是研究社会的一种方式。学者们必须从细节上深入调研研究对象并理解各种关系的内在联系。[6]

在马克思《资本论》（*Capital*）的手稿，也就是为人所知的《政治经济学批判大纲》（*Grundrisse*）中，他勾勒出了自己的辩证主义方法，即“政治经济学方法”（The Method of Political Economy）。[7]他认为，17世纪的政治经济学家们错误地从一些广泛的概念入手，比如人口、国家、阶级等等。[8]正确的切入点应当是一些更加具体、简单的概念，进而深入到更加抽象的概念。然后，再回过头来考虑整体，将其作为一个具体关系的网络，而不仅仅是抽象的概念。

马克思认为，任何一种分析必须基于理解其所涉及的特定的历史时期。货币、劳动力等概念存在于不同的历史时期，但是其具体、特定的历史形态无法适用于之前的社会中。早期社会货币就存在，但是其作用有限，无法“渗透到各种经济关系中”。[9]资本在社会中的核心地位决定了货币正在发挥着特定的作用，而这在此前的社会中并不存在。因此，必须从主导社会的生产类型来理解社会。稳固的农业社会使工业等其他生产形式服从于农业，但是资本主义社会则相反。在资本主义社会中，农业的发展必须遵循资本的规律。[10]

1841 年，完成了博士论文之后，马克思继续进行学术研究，并逐渐意识到在德国的政治环境下，他无法在一所德国大学中获得教授职位。他的同事布鲁诺·鲍威尔（Bruno Bauer）因为其观点而遭到解雇。[11] 1842—1843 年，马克思时任《新莱茵报》(*Rheinische Zeitung*) 主编，他写作了有关公众收集柴火的权利与葡萄酒业酿造工人的困境等的文章。[12] 他越来越关注来自底层工人阶级的挣扎。这与当时为《新莱茵报》写文章的恩格斯密切相关，因为他的文章中详细描述了工人阶级令人震惊的生存状况。这在恩格斯 1845 年写的《英国工人阶级状况》（*The Condition of Working Class*）中达到高潮，他描述了曼彻斯特贫民窟可怕的景象：

> 这里的街道通常是没有铺砌过的，肮脏的，坑坑洼洼的，到处是蔬菜和动物残余，没有排水沟，也没有污水沟，有的只是臭气熏天的死水洼。不仅如此，不合理的、杂乱无章的建筑排列形式阻碍了空气的流通，由于很多人住在这一个不大的空间里，所以这些工人区的空气如何，是容易想象的。[13]

《新莱茵报》被查封后，马克思搬到巴黎，任职于另一家报纸。[14] 在发行了第一期之后，该报纸也遭禁，马克思和其他相关人士收到了逮捕令。[15] 马克思利用巴黎更加激进的政治环境，进一步投身于政治经济学的研究中。1844 年，恩格斯的一篇文章再次启发了马克思，激发他勾勒出了“政治经济学批判大纲”（Outlines of a Critique of Political Economy）。[16] 同年 8 月，两位革命巨人于巴黎首次相见，开启了正式的友谊之路。

之后，基于完善的科学理论与实践经验，马克思致力于验证两个在根本上相互联系的事实：（1）在资本主义商品生产环境下，人类的剥削本性促使其无法成为全面自由发展的人类；（2）以上状况仅仅是人类发展中的一小部分，而一个这样的社会是可能存在的：在这个社会中人能够实现其自由的、具有创造性的、社会的自我。马克思将其哲学思想与政治经济学研究方法相结合，着手将当今资本主义社会与人类的核心本质——类本质（specis being）进行对比。

类本质的概念提供了一个马克思如何在历史的维度上对抽象概念进行语境化的例子。1844 年的法国的夏天，马克思草拟了一份手稿，整理了他关于"资本主义社会的经济结构"的想法。[17] 在《1844 年经济学哲学手稿》（*Economic and Philosophic Manuscripts of 1844*，以下简称《1844 年手稿》）中，马克思在题为"商品拜物教"的部分概述了他的观点：异化劳动（alienated labour）最终会走向资本。马克思关于类本质与雇佣劳动的异化的观点，展现了他是如何将早期的研究整合进之后出版的经过推敲的作品的，让人对这位"年轻"而"成熟"的马克思的观点产生怀疑。[18]

在《1844 年手稿》中，马克思将类本质，即人类的本质，描述为在社会背景下"对客观世界进行改造"的"有意识的生命活动"。[19] 马克思对类本质的理解先于他对公社制度的评价和他对社会，特别是他所谓的"原始共产主义"的人类学研究。[20] 虽然马克思在《1844 年手稿》中没有系统地概述类本质与原始共产主义的关系，但恩格斯在其未完成的著作《自然辩证法》（*Dialectics of Nature*）中对人类物种进化起源的论述，明显地与马克思的物种存在观相呼应。恩格斯将人类物种的进化发展描述为人类在社会环境中与自然相互作用的结果。认识到手、脑、喉共同发展的重要性，恩格斯反映了马克思关于劳动（labour）、意识（consciousness）及社会活动（social activity）在人与自然的新陈代谢关系中具有中心地位的观点。[21]

因此，人类的类本质的特定历史起源根植于“所有文明国家的历史之初”早期公社制度的进化轨迹之中。[22]类本质是人类进化的结果，人在创造性思维过程中使用自己的双手与自然互动，以满足社会环境的需求。人类发展的根本动因并非根植于原始的生物本能，即“一种虚构的原始状态（a fictitious primordial condition）”，而是处于从历史和人类学的角度来看的原始人类社会的具体领域。[23]

在资本主义社会私有财产关系的特定历史语境中，马克思将类本质的概念与劳动者的异化进行了比较。马克思论述了异化劳动的四重规定：（1）劳动者与劳动产品的异化；（2）劳动者与劳动行为本身的异化；（3）人与自己类本质的异化；（4）人与人之间相互关系的异化。[24]在《资本论》中，马克思以商品——劳动者劳动的对象开篇。

> 这一事实无非表明，劳动所生产的对象，即劳动的产品，作为一种异己的存在物，作为不依赖于生产者的独立力量，是同劳动对立的。劳动产品是固定在某个对象中的物化的劳动，这就是劳动的对象化。劳动的现实化就是劳动的对象化。在国民经济学假定的状况中，劳动的这种现实化表现为劳动者的非现实化，对象化表现为对象的丧失和为对象所奴役，占有表现为异化、外化。[25]

工人劳动的产品体现了工人投入其中的劳动。

当劳动的对象是商品且不再属于工人时，它就不再为工人提供直接的生活资料，而是代表了工人为了他人的利益而衰弱。对于工人来说，劳动对象不再产生直接的“谋生手段”，因为自然界不再是工人劳动的对象。相反，劳动对象成为工人退化的体现。“劳动创造了美，但是使工人变得畸形……劳动生产了智慧，但是给工人生产了愚钝和痴呆。”[26]

在《资本论》中，马克思描述了“商品的拜物教及其秘密”，使商品作为“劳动的体现”这一角色得到更清晰的关注。然而，市场上的商品隐藏了劳动的现实性。工人以劳动的形式投入产品的东西，被视为产品本身固有的东西。产品的质量似乎不是来自工人的劳动，而是作为产品的特性神秘地出现了。商品形态模糊了生产者与使用者之间的社会关系。“那里有（人与人之间）一定的社会关系，在他们看来，这种社会关系，居然成为物与物之间奇异的关系了。”[27]有了商品，生产过程就不是满足需求的社会生产，而是对象之间的交换关系。劳动的社会性和劳动在产品中的体现被“商品的神秘特性”所隐藏。[28]

例如，买钢笔的人只考虑钢笔的质量，因为它可以帮助人们写信。买钢笔的人不考虑生产钢笔的工人的劳动，也不考虑它的制造花了多少时间。消费者只关心钢笔本身的“神秘特质”，以及它使用起来怎么样。消费者并不会把钢笔理解为某人劳动的体现，因为交换不是一种社会关系。消费者只不过是在市场上用工资交换了某种商品，这是一种物与物之间的交换关系——货币与钢笔。

在产品异化之后，马克思转向生产行为的异化。劳动对象是劳动的体现，而在雇佣劳动下，劳动对象是异化的体现。同样，劳动行为也是一种异化的活动。在物种的集体劳动中，劳动可能是维持生命的，但在雇佣劳动中，劳动变成了劳作——一种被迫的、不快乐的、毁灭性的、异己的活动。生产行为不再是满足需求的直接活动，而是背离了劳动者自我实现的一种次要的生存手段。工人们觉得自己置身于劳动之外，从事着与自身的动物机能有关的活动，如“吃、喝、生殖”。[29]

马克思通过概述类本质的外化继续讨论异化问题。马克思认为，人类存在的核心是人与自然的互动。人与自然的关系不仅仅是出于便利，而是必然的结果。人类必须与自然交流才能生存；然而，与其他动物不一样的是，人类利用自然满足自身需求时，并不局限于最基本的需求。

> 动物只根据其所属物种的尺度和需要来构造，而（人）懂得按照任何一个物种的尺度来生产，并且懂得处处都把内在的尺度应用于对象。因此，（人）也根据美的规律来构造。[30]

通过与自然的互动，人们展示了他们的类本质。而资本主义社会的异化生产剥夺了人们有意识的、自由的生产活动，把它转化为一种生存手段、一种异化的活动，从而使人剥离了其类本质。人们不再直接参与自然，这进一步剥夺了人的类本质。

最后的异化是人与人之间相互关系的异化。由于生产行为是人与产品的异化，则它也是人与生产者的异化。人与他人的异化是人与产品、生产行为和类本质异化的必然结果。由于商品将人类在生产行为中的真正劳动神秘化了，所以人们彼此疏远，并与他们的类本质——他们自由的、有意识的社会生产——相互疏远。自由生产活动的社会关系被商品生产的异化关系所取代。“因此，在异化劳动的条件下，每个人都按照他自己作为工人所具有的那种尺度和关系来观察他人 。”[31] 人们不是为了满足社会需要而进行集体生产，而是沦为劳动者，仅仅为自己的生存而辛苦劳作。因此，人们彼此孤立，他们的社会关系被掩盖，他们将彼此看成是异化的工人，而不是自由、有创造力的社会生产者。

马克思关于异化的思想是建立在资本主义社会对商品生产的分析基础上的，不能推广到其他社会。如上所述，马克思从历史的角度定位了异化。马克思总结，“诚然，我们在政治经济学中获得了作为私有财产流动之结果的异化劳动（异化生活）的概念。”[32] 异化劳动是一个与资本主义社会特殊的社会关系相联系的概念，不能与所有的劳动固有的弊病相混淆。马克思所作的这种区分使我们能够理解，为什么有人讨厌有偿劳动，却在晚上从事的类似活动（例如缝纫或木工）中得到满足。前者是对自我的否定，后者是对自身类本质的肯定。

《1844 年手稿》在 20 世纪早期出版。此后，异化的概念引发了广泛和持续的兴趣。一些著名的文本重点讨论了这个概念。[33] 有些书籍探讨当代社会的异化，如阿尔·基尼（Al Gini）的《我的工作，我的自我》(*My Job, My Self*，2000 年)。基尼将生产行为的异化与工人的心理健康以及工作满意度直接联系起来。人们在工作中锻炼脑力的机会越少，他们就越不快乐。[34] 异化概念的历史特殊性使我们能够对这一问题进行实质性的调查，并使这一概念能够适应更现代的生产关系。

马克思在总结异化论的时候提出了异化的产品和活动“属于谁”的问题。问题的答案就在他对商品的分析之中。“如果劳动产品不属于工人，并作为一种异己的力量（与工人）相对立，那么这只能是因为它属于工人以外的其他（人）。”[35] 马克思在商品中定位了所有者与劳动者之间的关系。在《1844 年手稿》中，马克思将这种关系定义为通过侵占工人劳动成果的主动异化。工人在主动脱离自己的直接生活的过程中，丢失了自己的劳动产品，劳动产品被所有者占有，而工人获取的工资只是一种生活资料。在《资本论》中，马克思更直接地关注“价值”(Value)。《1844 年手稿》描述了“获得生活资料”所导致的异化，而这种关系在《资本论》中，通过对价值和工作日（working day）的讨论，被进一步阐明。[36]

1867 年出版的《资本论》，是马克思毕生事业以及几十年潜心研究的顶峰。虽然大多数思想家发表的著作仅限于经过仔细编辑的文本或文章，但马克思发表的著作中有很大一部分是未完成的手稿和笔记。马克思是一位严谨的研究者，他对《资本论》的准备工作历时多年。他在《政治经济学批判大纲》中收录了 1850—1853 年的笔记，并在 1857—1858 年起草了一份手稿，仅仅是为了“自我澄清”。[37] 尽管马克思进行了大量的编辑和准备工作，但他还是在《资本论》第二版中对其进行了修订和澄清，并提出了一些进一步的修改意见，但这些修改意见由于他身体欠佳而无法由他自己实施。[38] 马克思于 1883 年 3 月 14 日辞世，当时他还没来得及完成《资本论》第一卷的修订工作，第二卷和第三卷也还没有付印，恩格斯就不得不接手了编辑和整理他朋友的这部开创性著作的工作。[39]

《资本论》

在《资本论》中，马克思以商品为出发点，因为它体现了资本主义社会的一切重要关系：价值、剥削、交换、积累、世界市场等等。马克思从斯密和李嘉图那里采纳并力图澄清价值这个概念，这是《资本论》对商品进行讨论的出发点。马克思和斯密、李嘉图一样，把价值分为使用价值和交换价值。使用价值是事物本身固有的属性，是对象对使用者的效用。[40] 使用价值可以满足需要，可以简单到用一根棍子在地上划动，也可以复杂到用计算机计算卫星的轨迹。然而交换价值是独立于使用价值的，除了一个必要的现实情况，即没有使用价值的物品没有价值。[41] 几乎没有任何理由去交换那些毫无用处或不需要的东西。

在马克思考虑交换价值之前，他努力阐明了所有商品的共同要素，使它们具有可通约性（在市场上可交换）。

> 因此，第一，一种商品的各种有效的价值交换，表示一种等一物；第二，交换价值，一般来说，只是某物的表现方式或现象形态，这某物含于其中但又可与之区别……它们不复区分彼此，却还原为同一的人类劳动，抽象的人类劳动。[42]

正如马克思所说，劳动体现在商品之中，人的劳动力（labour-power）的结晶就是价值。[43]再次回到抽象概念的历史特殊性，马克思指出，在某种程度上，断言商品具有使用价值和交换价值这两种类型的价值是不正确的。“商品是使用价值（或使用对象）与‘价值’。”[44]只有在交换关系中，商品才以交换价值的形式存在。围绕着这一理念，马克思展开其分析。在他对自由的、有意识的、有生产力的社会存在的概念化中，以及他对资本主义商品生产固有的剥削的分析中，他都把劳动置于中心位置。劳动创造价值，正是劳动产生的价值使所有产品具有共同之处，从而使它们能够在交换中可通约。

基于这一点，在书中，马克思猛烈抨击重商主义者和“自由贸易商人”，他们消灭了——除了在市场上没有关联的商品之间的相对价值，即它们的交换价值外——所有的价值概念。[45]因此，对于他们来说，既不存在价值，也不存在价值的大小，价值只通过商品的交换关系，即每日的市价行情表来体现。[46]对马克思来说，他们对价值的不甚理解，导致他们没有基本的共同价值尺度来衡量市场上商品的相对价值。针对这一问题，李嘉图批评了用玉米而不是货币作为衡量价值的尺度的做法，但他的结论是，“对于这样一种商品（作为一种共同的衡量尺度），我们一无所知，但我们可以假设地辩论和谈论它，就像我们有所了解一样”。[47]

与政治经济学的辩证方法相一致，马克思的分析从最简单的概念——商品——过渡到更高层次的抽象——商品流通。马克思从商品、劳动的价值源泉和这些关系的隐蔽性出发，揭开了商品生产利润来源的神秘面纱。为此，马克思定义了商品在市场上的流通。他将第一个流通过程描述为C—M—C，其中C代表商品，M代表货币。在这种流通中，有人用一种商品兑换货币，然后用货币兑换另一种商品。当人们消费商品时，流通就结束了。[48]例如，有人卖陶器，收钱然后买面包。

当人们把面包吃完时，这个流通终止。

马克思更感兴趣的流通是M—C—M，即用货币购买商品，然后以商品的销售换取货币。起初，这个流通似乎没有任何进展，货币的交换只为换回同样数量的货币。[49] 马克思稍微修正了这一流通过程，以适应资本主义社会的目标：M—C— M'，其中M' 等价于货币加上额外的货币。额外的货币就被称为“剩余价值”。[50] 对资本家来说，其全部目的就是将剩余价值再投资，以更新周期，创造更多的剩余价值。想要无限积累的欲望是资本家的最重要的目的。

> 积累啊！积累啊！那是摩西和先知！……为积累而积累，为生产而生产：古典派经济学就用这个公式来表现资产阶级时期的历史使命。关于财富的难产，它不曾稍有幻觉。[51]

资本主义社会的特点是这种积累的循环，使每一个资本家都受到这种动机的支配。所有其他的考虑都必须服从于积累的动机。“使用价值，绝不是资本家的真正目的。”[52] 因此，资本家不关心他们的产品的效用（或负效用），除非它们有能力换取进一步的积累。

揭秘资本主义社会的下一步，是确定资本积累中剩余价值的来源，即M—C—M' 的转化。回到马克思关于价值和劳动的讨论，马克思重新把分析的焦点放在工人在生产过程中所从事的劳动上。他首先批评了那些他称之为“庸俗经济学者”的人。[53] 这些经济学者声称，所有者通过以高于零部件购买价的价格出售产品来获取利润。根据这种观点，工人无法以高于成本的价格出售劳动力（与企业主不同），因此无法从劳动力中获得利润。[54] 而斯密认为，劳动在生产中产生价值，但几乎所有资本主义社会的劳动者都为另一个人工作，他为工人提供工作所需的材料。利润是从工资中扣除的企业所有者为向工人提供生产资料而收取的那部分价值。[55]实际上，利润是工人因享有为企业主工作的特权而支付的一笔费用。在这两种解释中，企业所有者负责产生利润。马克思认为这些解释并不令人满意，于是开始描述生产利润的来源。

对于马克思来说，工作日是利润来源和剩余价值产生的关键。为了使商品生产制度发挥作用，首先必须存在“自由”劳动者，自由意味着：1）他们没有受制于别人，比如自身是奴隶；2）他们没有工资就无法生存，也就是他们没有土地、机器等赖以生存的物质。这些没有维持生计所必需的资本的个人，如果要生存，就必须出售他们所拥有的唯一商品，即工作能力，也就是“劳动力”。资本家购买的不是一定数量的劳动，而是工人在给定时间范围内，即一个工作日内的工作能力。因此，资本家并不购买工人所消耗的特定数量的能量，而是与工人按时间签订合同，使工人在合同规定的时间内所消耗的能量与所生产价值的数量是可变化的。[56]

工作日内生产的价值总额分为两部分。第一部分是维持工人和工人家庭健康生活所必需的价值。与任何其他商品一样，产品的价值等于其生产所需的劳动数量。因此，工人出售的劳动力的价值等于工人及其家庭再生产（reproduction）所必要的劳动时间。[57]生产满足工人生活所需的价值所消耗的工作日的一部分称为“必要劳动时间”。[58]

一旦工人们完成了必要的劳动时间，他们就会继续创造更多的价值，但这种价值不是为了自己，而是为资本家创造的。工人“创造的剩余价值，对于资本家来说，仿佛是用各种魔力从虚无中创造的”。[59]工作日被分为必要劳动和剩余劳动。同样，工作日也被划分为必要价值和剩余价值。通过确认劳动过程中剩余价值的生产，马克思得以论证了剥削是商品生产体系中所固有的。从劳动者的劳动中提取价值，不是工作条件的定性问题，而是价值起源的实证问题。“因此，剩余价值率（rate of surplus-value）精确表示了资本对劳动力，即资本家对劳动者的剥削程度。”[60] 无论认为工人在不同的环境中是养尊处优还是被虐待，他们仍然与自己的劳动产品相异化和被剥削，因为他们出售的劳动力是资本家利润的来源。

资本家的目标，如上所述，就是资本积累。工作日制度是个体企业主扩大资本的手段之一。工作日被划分为必要的和剩余的劳动，资本家尽可能多地从工人身上榨取剩余劳动产生的利益。[61] 而这可以通过“延长工作时间和加大劳动强度”来实现。[62] 资本家为了自己的利益，尽量延长工作日，使工人生产更多的超过其再生产成本的剩余价值。[63]

> 但因为对剩余劳动有盲目的、无限制的冲动，以及狼一样的贪欲，资本不仅突破了工作日的道德界限，甚至突破了工作日的生理最高限度。它占用了身体生长、发育和维持健康的时间。它偷走了消费新鲜空气和阳光所必需的时间。它侵蚀了饮食的时间，只要有可能，就把这种时间并入生产过程之中。从而，劳动者也被视为单纯的生产手段，给他们食物，就像是给锅炉添煤炭、给机器上油一样。生命力恢复、更新所必要的酣睡，被压缩为几个小时的无感觉状态，没有这样的几个小时，精力完全消耗掉了的身体组织，是不能复活的。[64]

资本家为了他们个人的利益，将以牺牲工人的健康为代价，尽可能地延长工作日的时间。只有经过工人对资本家发起的普遍斗争，才能立法将工作日长度从最大值缩短到合理范围。[65]

虽然马克思的例子往往植根于制造业，但在当代白领就业和办公室工作中，也可以找到工作日被延长和工作强度加大的例子。吉尔·安德列斯基·弗雷泽（Jill Andresky Fraser）记录了科技在破坏我们对生产活动的控制，从而进一步削弱了我们的社会生活方面所起到的作用。

因为人们预期工作量增加会导致所需劳动时间增加，并且科技“渗透”进个人时间，所以工作时间被拉长。[66] 越来越多的公司要求员工在私人时间回复电子邮件和回电话。[67] 弗雷泽认为，雇主为了提高员工的产出而故意侵占他们的午餐时间。雇主通过这些机制延长了工作日时间，目的是从工人身上榨取更多的剩余价值。与此同时，白领的工资水平却停滞不前，而对因裁员而失业的惧怕，加大了工人们的工作压力，迫使他们提高工作效率，增强生产积极性。[68] 这些趋势也与前面讨论的异化有关。因为老板控制了员工的时间，所以员工失去了与朋友和家人之间有价值的互动。[69] 劳动时间的延长和强度的增加导致了人与生产行为、与他人以及与类本质的更大的异化。

关于《共产党宣言》

对马克思来说，劳动异化的多重表现与商品生产所固有的剥削，不仅是一种理论或哲学问题。正如他在《关于费尔巴哈的提纲》(*Theses on Feuerbach* ）第 11 篇中所指出的：“哲学家们只是用不同的方式来解释世界；而最关键的事情是要改变它。”[70]1846 年，马克思开始组织和参加各种政治组织，如共产主义通讯委员会和共产主义者同盟。[71] 在 1847 年共产主义者同盟第二次代表大会，马克思和恩格斯被选中负责起草一份概述同盟纲领的宣言。[72]《共产党宣言》写于《资本论》之前，它是共产主义者同盟的目标与马克思当时思想精华的结合体。

在《共产党宣言》中，马克思和恩格斯勾勒了资本主义社会未来毁灭的轨迹。资本积累根本的逻辑要求资本家必须不断地革新生产。“不断扩大产品市场的需要，驱使资产阶级奔走于全球各地。”[73] 积累在增长，经济中资本的数量在扩大。马克思把资本在资本主义社会中的不断膨胀称为资本的积聚（concentration）。积累加速了，但资本主义积累的这种扩张也导致资本掌握在少数人手中。[74]“一个资本家往往使许多资本家倒毙”。

> 正因为资本在许多人手中丧失，所以能大量把握在一个人手中。这就是狭义的集中（centralisation），是和积累（accumulation）及积聚相区别的。[75]

规模较小的资本家被规模较大的资本家消灭，财富兼并到少数人手中，这就是集中。

一方面，相对于资本主义精英，工人阶级的生存状况日益恶化，一方面，资本日益集中，资本主义社会处于这样的夹缝中，被推向了公开阶级战争的边缘。在《共产党宣言》中，马克思和恩格斯以响亮的呐喊作为结尾：“让统治阶级在共产主义革命面前发抖吧。无产者在这场革命中失去的只是锁链。他们获得的将是整个世界。全世界无产者，联合起来！”[76]在《资本论》中，马克思断言：

> 在转变过程中掠夺和独占全部利益的资本巨头不断减少，贫困、压迫、奴役、退化和剥削的程度不断加深，而日益壮大的、由资本主义生产过程本身的机制所训练、联合和组织起来的工人阶级的反抗也不断增长。……生产资料的集中和劳动的社会化，达到了同它们的资本主义外壳不能相容的地步。这个外壳就要炸毁了。资本主义私有制的丧钟就要敲响了。剥夺者就要被剥夺了。[77]

和其他思想一样，在马克思的作品中不断出现的他的分析，在每一次迭代中都更加精练，并且融入到他更广泛的构想中。

尽管《共产党宣言》的主题既根植于马克思早期的著作，也在他后来的著作中有所体现，但它是一部旨在于特定历史时刻发表特定政治声明的论辩性著作。马克思、恩格斯在回顾《共产党宣言》时，认为它的理论原则基本正确，但少了历史分析的依据。[78]《共产党宣言》还简化了阶级关系和政府在革命中的作用。[79]它的写作目的是团结全欧洲的被剥削阶级，使他们行动起来，而不像《资本论》那样，是为了对资本主义社会进行系统研究。

1848年发表的《共产党宣言》应时而生。当时欧洲即将爆发一场统治精英与其反对者之间的公开冲突。在随后的起义中，马克思被驱逐出比利时，前往科隆。[80]在那里，他创办了《新莱茵报》，报道了欧洲各地正在进行的革命活动。[81]政府开始对报纸施压。最后，马克思再次被驱逐到法国。[82]不久之后，他被迫离开法国前往伦敦。[83]

在伦敦，马克思对欧洲当时的革命活动进行反思，并对《资本论》的写作进行必要的研究。在《路易·波拿巴的雾月十八日》(*Eighteenth Brumaire of Louis Bonaparte*)中，马克思分析了法国革命的失败。该文本是历史研究法对特定事件的应用。马克思首先概述了社会变革和人类能动性的条件性。

> 人们自己创造自己的历史，但是他们并不是随心所欲地创造，并不是在他们自己选定的条件下创造，而是在直接碰到的、既定的、从过去承继下来的条件下创造。一切已死的先辈们的传统，像梦魇一样纠缠着活人的头脑。[84]

根据马克思的观点，法国大革命和反革命的事件根源于拥有土地的富人（地主贵族）和拥有资本的富人（资本资产阶级）的阶级利益。群体之间的意识形态差异源于阶级差异。

在不同的财产形式上，在社会生存条件上，耸立着由各种不同的、表现独特的情感、幻想、思维方式和人生观构成的整个上层建筑。整个阶级在它的物质条件和相应的社会关系的基础上创造和构成这一切。[85]

1848年法国大革命的失败，是资产阶级反对工人阶级和地主贵族的结果。两个富裕阶层的冲突导致了拿破仑三世与农民的联盟，最终导致拿破仑巩固了其法兰西帝国皇帝的权力。

马克思对法国大革命的分析突出了工人起义和向共产主义过渡的历史偶然性。后者是以工人阶级获得政治权力为前提的。[86] 正如1848年的法国革命所证明的那样，这个过程并不确定。如果工人阶级成功了，共产主义社会的目标就是消灭私有财产，建立一个社会，使劳动不再是孤立的、异化的劳动，而是一种集体活动。《共产党宣言》提出了启动这一进程的一些措施：废除私有财产；征收累进税；废除继承权；没收叛乱者财产；银行业、通信业和运输业集中于国家；改良土壤；人人参与社会劳动；降低人口集中度，消除城乡差距；免费教育。随着工人阶级深化改革，并消除一个阶级对另一个阶级的统治，最终政治权力就会消散。[87]

然而，共产主义不仅仅是消灭私有财产，而是实现类本质。如果私有财产被消除，但社会关系的变化仅限于共同体（community）成了私有财产的拥有者，那么共产主义只会以一种不完善的形式实现。如果工人仍然为工资而工作，但由共同体支付工资，就会复制私有财产制度的关系。[88] 要使共产主义得到充分发展，人们必须能够实现自己的类本质。

在共产主义社会的高级阶段，迫使个人奴隶般地服从劳动分工的情形已经消失，脑力劳动和体力劳动之间的对立也随之消失；在劳动已经不仅仅是谋生的手段，而且本身成为生活的第一需要之后，生产力也随着个人的全面发展而增长起来，而集体财富的一切源泉都充分涌流之后，才能从整体上完全跨越资产阶级权利的狭隘视野，社会才能在自己的旗帜上写上：各尽所能，按需分配！[89]

共产主义一旦过了最初的阶段，就超越了异化劳动，从而使人们能够从事既能满足全体需要又能实现人的类本质的社会活动。然而，这并不是一个简单的过程。

要扬弃私有财产的思想，有思想上的共产主义就完全够了。而要扬弃现实的私有财产，则必须要有现实的共产主义行动。历史将会带来这种共产主义行动，而我们在思想中已经认识到的那正在进行自我扬弃的运动，在现实中将经历一个极其艰难而漫长的过程。[90]

1848 年革命之后，马克思迁往伦敦。在之后的几年里，他专注于他的开创性著作《资本论》。然而，在为出版作准备时，马克思遇到了严重的财政困难。他试图通过为报纸写文章和出版篇幅较短的书来养活自己，但在经济上严重依赖恩格斯的支持。虽然他的收入显然足以满足他的基本需求，但马克思试图保持中产阶级生活方式的表象。[91] 困扰马克思和他的家庭的健康问题也减缓了《资本论》的进展。马克思患有肝病，他的妻子燕妮因天花病入膏肓。她原本可以康复的，但马克思还得依靠燕妮誊抄他笔迹难以辨认的文稿和管理他的大部分事务。[92]

尽管为报纸写稿所获得的收益对他的生活有所帮助，但是马克思对这份工作嗤之以鼻。[93] 然而，在 1850—1851 年，正是由于这份工作，他才得以花相当多的时间在大英博物馆研究经济史。[94] 他感到心烦意乱，一方面是由于其逆反的本性，另一方面因为他倾向于批判性地消化与他的研究相关的任何事物。他还参与了国际工人联合会（第一国际）的工作，这占用了他大量本来用于写作《资本论》的时间。[95] 虽然马克思不是第一国际的缔造者，但他起草了它的成立宣言和章程。[96] 1858 年，马克思将《政治经济学手稿》写成了《资本论》的初稿，但由于他对政治经济学的研究而偏离了主题。《资本论》第一卷的最终修订直到 1867 年 8 月才完成。[97]

留给世人的财富

《资本论》的成就是毋庸置疑的。马克思的著作与思想早已被纳入当代全球经济的分析之中。[98] 萨米尔·阿明（Samir Amin）在其《全球化时代的资本主义》（*Capitalism in the Age of Globalization*）一书中回归马克思的理论，主张资本的逻辑是全球经济两极分化的首要原因。阿明认为，政府与世界银行（World Bank）、国际货币基金组织（International Monetary Fund）这样的国际机构所进行的改革，并不足以解决这种两极分化，因为资本的根本目标并不在此。正如马克思所言，资本主义世界的经济不需要改革，而从根本上就是要通过工人生产的剩余价值的积累来偏袒少数人的利益。[99]

相比之下，约瑟夫·斯蒂格利茨提起马克思的名字，只是为了驳斥苏联经济模式的失败。斯蒂格利茨不认为资本的根本逻辑是全球危机的源头，而是指出国家政策的差异是不平等的根源。[100] 对斯蒂格利茨来说，一系列被称为“华盛顿共识”的政策的强制实施，直接导致了全球消除贫困上的失败。[101] 马克思和阿明都认为，日益加剧的不平等和贫困是资本基本逻辑的结果；工人的生活条件，无论工资高低，都将随着资本的集中和积累而趋于恶化。阿明认为，国家制度的目的就是促进资本积累，这造成了斯蒂格利茨提到的不平等和贫困。

有趣的是，近来对马克思的研究已经扩展到环境问题。马克思对自然的分析是建立在人与自然互动的前提之上的。劳动是“一种永恒的自然的必然，没有它，人与自然之间就没有物质的交换，因此也就没有人类生活”。[102] 回到《1844 年手稿》的主题，与自然的互动对于一个人的生存和其类本质的充分发展是必要的：“劳动首先是人与自然共同参与的过程，在这个过程中……(一个人）开始、调节和控制（自我）与自然之间的物质代谢。”[103] 马克思把这种必要的关系理解为人与自然之间的“新陈代谢”。

资本积累逻辑导致了对自然及劳动的剥削：“此外资本主义农业的任何进步，都不仅是掠夺劳动者的技巧的进步，而且是对土地的掠夺，在一定时期内提高土地肥力的所有进展，同时也是破坏土地肥力持久源泉的进步。”[104] 资本主义农业导致环境的自然代谢过程被中断。人类集中在城市，远离为他们生产食物的农田，这导致了生态问题。“在英国，除了以高昂的代价污染泰晤士河，他们发现没有更好的方法来处理 450 万人的排泄物。”[105] 这种城乡分化在大自然的新陈代谢中制造了一个“裂缝”。[106]

当代学者已经把马克思的分析纳入了他们对环境的研究中。约翰·贝拉米·福斯特（John Bellamy Foster）、布雷特·克拉克（Brett Clark）和理查德·约克（Richard York）在他们合著的《生态裂缝：资本主义对地球发动的战争》(*The Ecological Rift: Capitalism' s War on the Earth*）中，特别采用了马克思关于代谢裂缝的概念，并将其应用于当前环境。[107] 在马克思对环境的另一个应用中，尼古拉斯·乔治斯库–罗根（Nicholas Georgescu–Roegen）将熵定律（做功时，能量往往变得不可用）与经济学联系起来，得出了关于未来几个世代前景的重大结论。熵定律指出，在做某种形式的功的过程中，能量倾向于从可用的形式转化为不可用的形式。煤的燃烧会产生蒸汽能，但它也会损失一些不能再用来做进一步工作的热量。他在论文中极力诠释："经济过程的基本性质是熵，熵定律凌驾于这个过程及其演化之上。"[108] 由于技术的进步，资源的利用已经从随手可得的太阳能转变为地球上的矿产资源，而地球上的矿产资源远没有太阳能丰富。结果，根据乔治斯库·罗根的说法，有越多的技术被应用于消耗地球的物质资源，那么文明就越走向末路。[109] 此后，其他学者将熵和马克思的思想结合起来，以此来批判性地评估资本主义对环境产生的影响。[110]

马克思的研究方法和他所涉及的广泛议题，一直启发着后来的学者和新的研究方法。他的著作催生了许多"学派"的思想：依附理论、法兰克福学派、结构马克思主义、列宁主义和世界体系论，在此仅举几个例子。他的思想已被纳入性别和种族研究，最著名的研究者是威廉·爱德华·伯格哈特·杜波依斯（W. E. B. DuBois）。马克思最近在环境问题上的应用，显示了他的研究方法和见解的灵活性。很少有经济学家能像卡尔·马克思那样具有如此广泛而深远的影响，但不可否认，马克思希望实现的远大于此。《资本论》第三卷关于"阶级"的一章就是一个明显的标志，马克思与这一章的关系最为密切。但这一章仅仅只有一页，神秘地以"手稿在此中断"结束。[111]

第五章　阿尔弗雷德·马歇尔

凯蒂娅·卡尔达

阿尔弗雷德·马歇尔于 1842 年 7 月 26 日出生在伦敦，是威廉·马歇尔（William Marshall）和丽贝卡·奥利弗（Rebecca Oliver）五个孩子中的老二。成年时，他被描述为一个“长着浓密的胡子和长发，动作紧张，有着敏感而不健康的苍白肤色，以及一双异常敏锐的眼睛的小个子男人”。阿尔弗雷德的性格确实受到了他父亲的影响。[1] 威廉·马歇尔是英格兰银行的一名职员，是典型的维多利亚时代中期的家长，特别严厉，具有很强的纪律性，但还是在丽贝卡的“不变的温柔”下变得柔软起来[2]。9 岁时，阿尔弗雷德进入了以古典研究闻名的英国圣公会学校——麦钱特·泰勒斯学校（Merchant Taylors）。1861 年，他获得了牛津大学的终身奖学金，但是他拒绝了，决定去剑桥学习数学。1865 年 1 月，他参加了荣誉学位考试，包括欧几里得几何、应用数学和理论物理等科目。

毕业后不久，马歇尔在布里斯托尔的克利夫顿学院（Clifton College）被任命为临时的数学教师，1868 年回到剑桥，担任道德科学讲师。除了对数学感兴趣，他还对哲学产生了兴趣，参加了剑桥哲学学会（Cambridge Philosophical Society）、剑桥改革俱乐部（the Cambridge

Reform Club）和格罗特俱乐部（the Grote Club）。[3]

在那些年里，马歇尔开始了他自己所定义的“经济学学徒期”，在这一时期他研究了本书中提到的几位思想家（斯密、李嘉图、穆勒）以及德国经济学家约翰·海因里希·冯·杜能（J. H. von Thunen）和罗谢（W. Rocher）的著作。他在读他们的作品时加入了大量注释，这些注释通常以图表或方程式的形式出现，特别是关于价值、货币、劳动和资本的概念。[4]

马歇尔对于哲学的兴趣超过了数学和经济学，但是马歇尔在1900年写给剑桥大学精神哲学与逻辑学教授詹姆斯·沃德（James Ward）的一封信中宣称，“心理科学”一直是他的“家园”，至少在1871年之前如此，当时：

> 我越来越迫切地想把经济研究作为一种增进人类福祉的手段。大概在1871—1872年，我告诉自己，我必须决定是把我的生命献给心理学还是经济学。我在困惑中度过了一年：如果是为了追求乐趣，我总是倾向于心理学；但是经济学变得越来越具有实用性，与其说与财富的增长有关，不如说与生活质量有关；我必须确定下来。[5]

在维多利亚时代的英国，贫困、健康、住房和劳动条件无疑是亟待解决的问题。政治家、知识分子以及经济学家都广泛地讨论了这些问题。[6]这种讨论催生了一些不提倡终结资本主义的温和社会主义形式，比如费边主义、工会、互助组织和合作社所倡导的社会主义，马歇尔与这些机构相互响应、合作，有时也会发生冲突。

马歇尔以经济学家的身份开始了他的职业生涯，致力于理解和解决贫困问题，这是他所有的思考和著作的中心问题。正如马歇尔本人在皇家贫困老人委员会（Royal Commission for the Aged Poor，1893年）上所强调的："在过去的25年里，我一直致力于解决贫困问题……我的工作很少有与此无关的调查研究。"[7]在他看来，贫困最危险的地方在于大量民众"体质羸弱，意志薄弱，缺乏开拓精神和勇气，没有希望，也几乎没有自尊，他们的痛苦驱使他们去工作，但是获得的工资比国内同类工作的工资低"。[8]因此，隐藏在每个人内心的宝贵潜力被忽视了，被浪费了，这对国家来说是最为严重的损失。

马歇尔对那种认为贫困问题可以通过慈善或自动消除来解决的建议持强烈的批评态度。正如他向海伦·博赞基特（Helen Bosanquet）解释的那样，"贫穷和痛苦、疾病和死亡远没有看起来那么重要，除非它们到了导致人的生命和性格走向软弱的程度，真正的慈善其目的是增强力量，而不仅仅是减少贫困"，海伦是慈善组织协会（the Charity Organization Society）的领导人、该协会的评论编辑、济贫法和济贫事业皇家委员会（Royal Commission on the Poor Laws and Relief and Distress）的成员（1905年至1909年）。[9]对他来说，根据约翰·斯图尔特·穆勒对"品格学（ethology）"的研究精神或性格科学，唯一有效的补救办法是改善人们的性格，这就需要普遍地提高生活质量和劳动条件，以及广泛地普及教育。通过教育，穷人会改善自己的性格（成为"绅士"并具有骑士精神），以及改善他们在工作场所和社会上的条件。[10]教育将把非熟练工人转变为熟练工人，从而提高劳动效率。马歇尔认为"教育—熟练劳动—更高的劳动生产率"这一关系是一个国家经济进步的关键因素。正因为如此，他经常强调，"当前国家资本的最佳投资是对下一代的教育"。[11]基于现代人力资本的概念，他坚持认为，"我们必须把人看作智力资本，并努力使他富有成效"。[12]

其他因素也不容忽视，尤其是住房和环境方面的良好生活质量（干净宽敞的住房、绿地、干净的空气等）以及充分的劳动条件。这些条件也是影响人们性格的重要因素。1873年，在剑桥改革俱乐部的一次演讲中，他强调："当我们一个人属于工人阶级时，我们考虑的是他的工作对他产生的影响，而不是他对工作产生的影响，难道不是这样的吗？"同时，他还指出，"人们干的粗活越多，精神状况就越差。"[13]马歇尔认为，工作不应被视为"对错误的惩罚"，而应被视为塑造性格的宝贵工具，更广泛地说，是进步的工具。[14]他密切关注工作种类和工作条件：提升文化的就业、责任感和开阔的视野（而不是狭隘的思维）使员工成为"绅士"。不熟练的重复性工作需要长时间的繁重体力劳动，相比之下，劳累和限制智力的工作，以及在不健康的环境中进行的工作，对工人的性格是有害的。

对这类话题的兴趣无疑与丽塔·图尔伯格（Rita Tullberg）所称的马歇尔的"社会主义倾向"有关，马歇尔参与了合作社运动、慈善组织会社、天主教社会党和工会。[15]尽管这个标签受到相当一部分中产阶级的广泛回避，马歇尔仍然公开称自己为"社会主义者"，一个"致力于促进人民社会改良"的人。[16]在《工业与贸易》（*Industry and Trade*, 1919）的序言中，他写道，他"仍然坚信，这些与'社会主义'一词有关的建议，即使对世界并非如此，至少对我来说是最重要的研究课题"。[17]

除了在剑桥大学圣约翰学院教授道德科学之外，马歇尔还在纽纳姆学院教授女学生经济学。在这里，他遇到了玛丽·佩利（Mary Paley），1877年她成为他的妻子。[18]根据当时的规定（这一规定在1882年得以修改），马歇尔的婚姻迫使他放弃了圣约翰学院的奖学金。他必须离开剑桥大学。他先是到布里斯托尔大学担任学院院长和政治经济学教授，然后在1883年到牛津大学担任贝利奥尔学院研究员和政治经济学讲师。一年后，亨利·福塞特（Henry Fawcett）去世了，这使剑桥大学政治经济学系主任一职空了出来，马歇尔成功地申请了这个职位。当时，在剑桥大学，政治经济学仍是道德哲学学位的一部分。从马歇尔关于“经济学的当前地位”的就职演讲中可以明显看出，他试图通过建立独立的经济学和政治学荣誉学位考试（1903 年正式创立）来提高经济学作为一门学科的地位。考虑到这一目的，他仔细界定了“经济学”的含义、内容和方法论。如今，“道德哲学”的标签已被远远地抛在了一边。

“经济学”被认为是一门科学，“它一方面是对财富的研究；另一方面，也是更重要的方面，它是人类研究的一部分”。[19] 这个“人”不是“抽象的经济人，而是有血有肉的人”。[20] 经济学是社会科学中研究经济活动的一个分支；它不可避免地涉及人类对金钱形式的物质回报的渴望。然而，在马歇尔看来，“人在经济生活中的行为”在很大程度上也受到“个人情感、责任观念和对高尚理想的崇拜”的影响。[21] 此外，如果说可量化的金钱动机使经济学比任何其他的社会科学分支都更精确，但它仍然远不如物理科学精确，因为它“处理的是不断变化的人性以及这种人性中的微妙力量”。[22] 由于经济学的主题是多方面的，所以它是一门非常复杂的科学。确定一个适当的研究方法是一个非常重要的问题。

方法的问题

“新古典主义经济学”一词是由索尔斯坦·维布伦（Thorstein Veblen）在1900年创造的，他指出了古典学派和马歇尔创建的剑桥学派具有一个共同的享乐主义的前提。[23] 这一术语体现了古典经济学家斯密、李嘉图和穆勒等人与马歇尔思想的连续性。马歇尔确实认识到穆勒对他的研究方法的影响。正如他在《经济学原理》(*Principles of Economics*)序言中所指出的，这本著作代表了“一种在新研究的帮助下，结合我们这个时代的新问题，提出旧学说的现代版本的尝试”。[24]但马歇尔也强调了他的古典主义前辈的局限性，如李嘉图“沉迷于过于抽象的推理”。[25]他们错误地把人看作是“一个常量”，而没有认识到“习惯和产业制度是多么容易改变”。[26]

要想成为一门科学，经济学必须是抽象的、理论的和演绎的。但这还不够；与航海科学一样，经济学也有两个方面：一方面是基于永恒自然规律的分析性；另一方面是随着人类需求和资源的发展而不断变化的现实性。[27]因此，如果经济学采用一种完全抽象和演绎的方法，它就变成了“优雅的装饰物”，对理解真正的问题毫无用处。[28]我们需要归纳和推理；它们“携手并进”，马歇尔写道，这让人想起施穆勒（Schmöller）和德国历史学派，不过他提醒我们，“事实本身是沉默的”。[29]

根据这一重要前提，经济学并不是完美的方法，但它可能使用了所有科学已知的方法（物理、哲学、生物学等）。因此，数学方法只是经济科学可能使用的几种工具之一：显然，正如马歇尔所指出的那样，数学发挥了必要的作用，它提供了“一种奇妙的简洁而准确的语言，可以清晰地表达一些一般关系和一些简短的经济推理过程”。[30]但是，它的效用只限于分析的第一步，即当所考虑的问题和关系被简化时：“数学的例证……可能本身是完整的，并且在其限定的范围内是极其准确的，但是，任何试图……以一系列方程式……来整体把握现实生活中复杂问题的尝试都是徒劳的。”[31]

通过数学的方法，我们可以描绘出“纯水晶的大厦”，无论它在揭示真实问题方面多么有用，它的范围也是有限的。虽然在对复杂的事物进行一些基本了解时是必要的，但在进行分析时，应该把数学放在一边。马歇尔在他的“经济学学徒”时期，将李嘉图和穆勒的推理转化为数学形式，但在他的主要著作《经济学原理》（1890年）中，图表和方程式被放在脚注或附录中。经济学是一门复杂的科学，它处理多方面的问题和关系；它的复杂性来自它关注的焦点——人性。与人类本性和人类生活紧密相连的另一个重要因素是“时间”，时间被认为是“在经济研究中遇到困难的一个主要原因”。[32] 马歇尔试图开发一种静态方法来克服这个问题，并引入了所谓的“其他条件不变的情况下”（Ceteris Paribus）；据此，经济学研究必须：

> 把一个复杂的问题分解，一次研究一部分，最后把各个部分的解答综合成或多或少对整个问题的全面解答。在分解问题时，把那些会对研究造成不便的干扰因素隔离在“其他条件不变”这一范围之内。对某些趋势的研究要在其他条件不变的假设下进行。这并非否认其他趋势的存在，而是暂时忽略其干扰作用。[33]

显然，这个问题受到的限制越多，对它的处理就越精确；但是，它与“现实生活”的联系就会越来越不紧密，在“现实生活”中，“其他条件”常常不相同而且不断地在变化。[34]

《经济学原理》中的“时间—周期”分析是从对“短”周期和“长”周期的区分发展起来的，周期指的是单一商品的供求平衡。回顾他早期的作品《论价值》（*On Value*）和《论工资》（*On Wages*），马歇尔区分了暂时均衡、短期均衡和长期均衡，它们之间的关键区别在于供给对需求作出反应的调整能力：在很短的时间内（比如在一天内，供给不能改变），这种能力几乎不存在；在短期内（比如三个月内，供给的数量可能会有小幅调整），这种能力非常有限；在很长一段时间内（比如五年内，生产规模和经济组织可以相应地改变），这种能力很强。[35] 但是，马歇尔意识到这一方法所隐含的简化：“对于时间……本身来说它是绝对连续的……大自然并没有将时间划分成长周期或是短周期。"[36] 尽管如此，他认为正是"连续性原则"构成了这本书的"特性"。[37] 这一原则——也就是格言所说的"自然不能飞跃"——也让我们看到，"在正常价值（normal values）与'当前''市场'或'偶然'的价值之间"没有显著的区别。[38]

这种观点使马歇尔远离了古典传统及其对正常价值和市场价值的明确区分，并至少在一定程度上解释了他为何对自己的第一本书《产业经济学》（*Economics of Industry*）持否定态度，这本书是他与妻子合著的，出版于 1879 年。这本书虽然对穆勒理论的某些部分（如工资学说）颇有微词，但却有着清晰的穆勒式结构和强烈的古典主义色彩，明显区分了正常（长期）价值和市场（短期）价值，这一点在这本书的两个不同部分中进行了强调。[39] 据另一位剑桥经济学家约翰·梅纳德·凯恩斯回忆，马歇尔对自己的第一部书"非常不友好"，在《经济学原理》出版后，他就限制自己第一本书的传播，并在 1892 年用一本内容几乎完全不同的同名书取代了它……其内容主要是对《经济学原理》内容的缩写——《产业经济要素》（*Elements of Economics of Industry*）。[40]

为了在他的经济分析中引入"时间"概念，马歇尔详细阐述了所谓的"代表性公司"，它代表了"企业供给曲线的模型"。[41] 正如在森林中，一棵树可以被选为所有其他树的代表（每棵树都处于不同的生长和衰退阶段），因此，在一个行业中，公司可能会兴衰起伏，而代表性公司的相对规模可以被假设为不变的。[42] 因此，代表性公司可以处理长期均衡，而不放弃属于所涉及行业的个别处于不均衡状态的公司。

然而，由于所谓的"调和问题"（reconciliation problem），代表性公司就会变得有问题，这种调和问题是在均衡框架内处理由于时间的推移及其不可逆性而产生的变化时出现的。通过代表性企业，马歇尔可以"设想一个行业供给表，该表不同于行业中由不同类型的公司组成的成本函数"，并沿着供给表曲线发展他的均衡分析，尽管如此，这阻断了他将时间不可逆性纳入考虑的可能性。[43] 马歇尔深刻地意识到将这种不可逆性引入他的分析框架的困难。在此基础上，他不得不认识到“理论是与现实生活条件脱节的”。[44]

马歇尔的写作计划

《经济学原理》一书写于1881—1889年，于1890年正式出版。该书历经八个版本，最后一版出版于1920年。在这30年间，马歇尔一直在推敲这本书，试图解决它“晦涩难懂”的问题。[45] 他从不感到满足。根据最初的计划，《经济学原理》应该是他两卷本论丛中的第一卷，但是第二卷从来没有出现过，在第八版的前言中，马歇尔不得不承认：

> 这本书的第一版已经有三十年了，在第一版中，本来含有在适当时间内出版第二卷以完成全书的诺言。但是我订出的计划规模实在太大；由于现代的工业革命在发展速度和广度上都远远超过一个世纪以前，我的计划范围——尤其是体现在现实的这一方面——也随着它的推动而日益扩大了。因此，我就不得不放弃以两卷本完成全书的想法。[46]

在接下来的几年里，马歇尔着手撰写另一部名为《国家工业与国际贸易》（*National Industries & International Trade*）的丛书，该丛书计划分三卷出版。这个项目也没有完成：第一卷出版于1919年，书名为《产业与贸易》（*Industry and Trade*）；第二卷是1923年的《货币、信贷和商业》（*Money, Credit and Commerce*）；第三卷始终没有出版，尽管马歇尔从未放弃他的计划。为第三卷所准备的关于经济进步的笔记保存在剑桥的马歇尔图书档案馆。

《经济学原理》被认为是马歇尔的代表作。从第一次出版的那一刻起，这本书就获得了成功。正如约瑟夫·熊彼特所强调的："这本书是一场伟大的表演。这一表演以一种最吸引人的装束呈现，这种装束符合当时的幽默和经济学领域的普遍情况——的确，这既要归功于作者的天才，也要归功于他的判断力。"[47] 至少在20世纪20年代之前，这本书一直是最重要的经济学著作，尤其是在英国。[48] 但这并不意味着它没有受到严厉的批评，这种批评最终导致了大众将马歇尔对经济学的贡献理解得过于简单化，他的贡献通常被简化为少数几种工具，这些工具在大多数经济学教科书中仍然可以找到（需求和供给曲线，需求弹性，局部均衡，消费者剩余）。许多人认为，这本书第五章"需求、供给与价值的一般关系"的"核心"，被书中的其余章节削弱了，被一种不连贯的和模棱两可的"修饰"所取代。

正如萨缪尔森所说："马歇尔是现代弗洛伊德学派所说的自我憎恨（self-hate）的受害者。他是一名优秀的棋手，却为下棋而羞愧；他是一名优秀的分析经济学家，却为分析而羞愧。"[49] 但是，正如我们所看到的那样，《经济学原理》被设计为一本入门类的书，其他人对此纷纷效仿。马歇尔本人也提醒我们，第五卷只是"处理抽象问题"。像这样（与马歇尔的方法论相一致），我们可以说，他的批评者高估了这部分的重要性。[50] 因此，为了更好地理解马歇尔对于经济学的贡献以及他穷尽一生研究的课题，我们有必要跳出《经济学原理》一书（尤其是第五章），去考察他其他的著作，尤其是《产业与贸易》，还有他为关于经济进步的那卷书所做的笔记。

《产业与贸易》是对一些国家的工业发展、特性和领导能力的比较研究；里面包含了"工业技术与企业组织研究；以及他们对不同阶级和国家的发展情况的影响"。该书的格言"众在一，一在众"与《经济学原理》（"自然不能飞跃"）是紧密相连的，马歇尔解释道：

“自然不愿飞跃”这一格言特别适用于经济发展。从结果上来说，经济条件和发展趋势比大多数其他因素更能说明“众在一，一在众”：因为经济条件和发展趋势，它们在任何时间、任何地点都具有普遍性，反映了所有人的行为习惯、思想、感情和愿望，或至少反映了一大部分人的。每一种现象都对人口的特性有影响，但所有这些现象的根源都深深扎根于人所处的时间和地点的特性之中，因此可以在众中看到一。反之，每一种趋势，在某种程度上，几乎都体现着在当时当地非常突出的每一种影响因素，因此，对这种趋势进行全面的研究，就会附带地呈现出一个几乎完整的全貌，因此可以在一中看到众。[51]

《货币、信贷和商业》一书在马歇尔逝世的前一年——1923年出版：人们对它的兴趣低于其他著作，尤其因为它是一部“拼凑的作品”，是“将早期的碎片拼在一起，其中一些还是在五十年前写的”。[52]但马歇尔本人也明确承认这本书的涉猎范围有限，他在前言中指出，这本书只完成了“原计划任务的一半”，原计划是“研究人类生活和工作条件所产生的影响”。[53]他接着写道，“后半部分已经取得了一些进展”，但他没有完成。一年后，1924年，他在剑桥去世。

英国竞争力下降

19世纪80年代末，英国面临着新兴的、迅速工业化的竞争者的挑战，如德国、法国和美国等。出于对英国工业衰落的担忧，在商人和包括马歇尔在内的专家的指导下，英国于1886年成立了皇家委员会。出口数据证明，英国的出口量从19世纪90年代末开始下降，特别是钢铁和纺织品的出口量。当德国和美国从所谓的第二次工业革命中获利时，英国却坚持自身所信赖的方法，从而无法跟上时代的步伐。这就解释了为什么英国的生产率和竞争力在接下来的几年里每况愈下。在英国皇家委员会成立的十几年前，有许多人对英国的经济状况表示担忧，马歇尔就是其中之一。

这种担忧引发了马歇尔所有的思考，他对产业组织的细致分析，以及对劳工组织、企业、工业和贸易，特别是国际贸易的详细研究，也由此而来。1875 年，他利用叔叔的遗产，在美国待了 4 个月，会见了几位经济学家、工会成员和工人，并近距离观察了美国工业。[54] 他一生都是德国和英国工厂的常客。在这里，他找到了工作条件对工人性格和效率产生影响的证据，并指出现代工厂的机械工作往往使工人成为机械的附属物，对他们的性格、体格、心理敏锐度产生负面影响，并由此影响整个社会的福祉。正是在他的“工厂漫游”期间，马歇尔开始意识到大型企业的危险性，并逐渐形成了对中小型企业的偏好。[55]

马歇尔是第一位将产业组织视为第四生产要素的经济学家，其他三大要素分别是“土地、劳动力和资本”。产业组织问题在《经济学原理》的第四卷中有所介绍，但在《产业与贸易》一书中发展得更为深入。通过一项历史和比较研究，马歇尔指出了当时正在逐渐塑造主要经济体形态的几种趋势（即批量生产和企业规模越来越大），并详细分析了标准化与技术对企业规模、市场营销、组织和科学管理等产生的影响。马歇尔指出，大型企业是工业时代的标志，但他也强调了中小型企业的重要性。现实中的产业，是而且必须是由中小型企业和大型企业构成的；每种类型的企业都有其存在的理由，也有其自身的优势和劣势。马歇尔没有比较大公司和小公司，而是将大公司和那些没有主动性和创新性的弱势公司进行了比较。他认识到“规模”很重要，并可能在生产率和技术效率方面产生重要影响。不过，他仍然相信，如果小公司聚集在同一地区，就能与大公司竞争。

一个产业区（industrial district，如马歇尔所熟知的兰开夏郡）的特点是它有一种特殊的“氛围”，这种氛围使人与人之间的关系更加融洽，促进了思想和信息的交流，从而推动创新。这种“氛围”的存在是产业区和大型企业之间的主要区别。要获得必要的经验，积累知识，从而使产业区能够应付外部的变化，这是需要时间的。在一个产业区，每个公司都专门从事生产过程的一个阶段，每个阶段都不是孤立的，而是相互关联的。在一个产业区，公司之间相互竞争，但由于地理位置接近、拥有共同的历史和市场的邻近，也产生了一种合作精神。相比之下，企业规模过大会导致僵化的结构、官僚作风和例行公事，从而阻碍了企业快速适应变化。这就是为什么马歇尔认为，中小型企业——“主动性和多样性的最佳践行者”——是避免经济衰退的主要手段。

马歇尔特别重视灵活性/刚性关系。19世纪60年代末，他仍对哲学有很深的研究，在剑桥的格罗特俱乐部做了四次讲座：《简约原则》（The Law of Parsimony）、《费里尔的命题一》（Ferrier's Proposition One）、《机器》（Ye Machine）和《逻辑学家或系统制造者对形而上学家和实干家的责任》（The Duty of the Logician or System-maker to the Metaphysician and to the Practical Man of Science）。而在这些论文中，他研究的重点是心理学，研究人类大脑的功能、精神活动的运行和人类知识的特征。在前两篇论文中，马歇尔批判了传统心理学否认自我意识的机械的认识论。在《费里尔的命题一》中，马歇尔特别关注自我意识，他认为自我意识是“能够使心理学一般理论发展成真正的通论……的两个要求之一”。在第三篇论文《机器》中，马歇尔研究大脑的功能，将巴贝奇（Babbage）的人工智能研究与贝恩（Bain）和斯宾塞（Spencer）的进化心理学结合在一起。最后，马歇尔在第四篇论文中讨论了非欧几里得几何的发现所引发的争论。

这些早期的哲学著作对于理解马歇尔关于几个主题的推理过程非常重要：从他把知识增长的理念理解为程序和创新的产物，到拒绝新古典主义的“经济人”假设而支持“有血有肉的人”；从他对产业组织和社会组织的观点到局部均衡分析的运用；从他对社会主义、工会和官僚主义等政治和社会问题批评，到他的社会进步必须是缓慢推进的观点。所有的这些主题，都与他的论文《机器》紧密相关：思维被认为是一个子系统的系统，它随着经验的发展而发展，并以一组特定的例行程序（routine，即它的“特质”）为特征；人类的行为和心理过程是建立在标准化和变异的混合体之上的，一方面，自然选择会识别出可复制的成功的例行程序，而另一方面，变异和远见会在例行程序失败时探索新的路径。外在的变化会引起心理和生理上的反应：通过反复的试错，人类尝试面对未知的、不寻常的事件。成功的试验很可能会被重复，因此成为“例行程序”。人类会使用相同的例行程序来应对相似或相同的状况。人类的行为和思维过程由一定数量的例行程序组成，但也必须存在一定程度的自由，因为新的事件在不断地发生，人类的思维必须可以自由地开始新的试验和选择过程。

知识的增长是“一个永无止境的过程，同时需要创造力和标准化”，而想象力在其中发挥着至关重要的作用。[56]这不是偶然，马歇尔认为，想象力是经济学家除了认知能力和推理能力之外又一必备的基本能力，它能够“探索到那些遥远或隐藏在表面之下的可见事件，以及探索到那些遥远的或隐藏在表面之下的可见原因”。[57]“机器”被赋予了适当的特性，具备预测未来的能力，这种能力随着经验的积累而发展。对个人来说也是如此，不能简单地把他们看作是受短期利益驱使的“经济人”。人脑的工作非常类似于一个灵活的生产系统（小公司而不是大公司，特别是在产业区内的），因为两者都必须表现出改变、进化和创造的能力。[58]这就解释了马歇尔认为大型综合企业过于僵化、可塑性不足的观点，以及他对基于科学管理的商业组织所持的怀疑态度，原因就在于其职能和作用都因自身的官僚结构而固化。[59]

关于人类思维的研究对马歇尔分析市场活动和解释进化也很重要，进化必须不可避免地依赖于一定程度的稳定性，但也依赖于变化的可能性。变化与稳定、自由与常规的必要共存，也有助于更好地理解马歇尔的局部均衡分析工具。因为机器在面对突发性的事件时需要保持一定程度的稳定性，因此从分析的角度来看，“其他条件不变”能够让我们撇开那些没有涉及变化的因素不谈，而去专注于某些因素。[60]《机器》最终帮助我们理解马歇尔对工会、社会主义和官僚主义的批评，因为在马歇尔看来，它们也可能会变得过于僵化，以至于阻碍变革、破坏创造力和行动自由。

进步的主题

经济进步几乎是马歇尔所有著作的基本主题，也是他最后一本未完成的著作的主题：事实上，根据马歇尔的观点，“人类在数量、健康和力量、知识、能力，以及在性格丰富性上的发展是我们所有研究的最终目的”。[61]进步的概念及其复杂性不能通过方程和数量关系得到充分理解，为此，马歇尔在其《经济学原理》第五章中作出如下警示：

> 正常需求与供给稳定均衡的理论确实有助于明确我们的观点。在这种理论的初级阶段，并没有偏离生活的实际情况……但如果将其变为悠远复杂的逻辑结论时，它就与实际生活大相径庭了。事实上，我们在这里讨论的主题是经济进步；因此，在这里特别有必要记住，如果把经济问题看作是稳定均衡问题而不是有机发展的问题

时，这些问题的表述是不完全的。[62]

这些话表明了马歇尔研究方法的另一个重要特征，即他赋予生物学的角色。瓦尔拉斯、门格尔（Menger）和杰文斯等同时代人试图让经济学像物理学一样成为一门“精确”的科学。而马歇尔认为经济学更接近于生物学，而非物理学或机械学，这一主题“在所有国家和任何时代都是不变的”，其变化是“在数量上而不是在决定性的作用上的”。[63]对于马歇尔来说，“经济学家的麦加圣地在于经济生物学”，因为“经济学和生物学一样，研究的是一种物质，其内在性质、构成以及外在形式都在不断地变化”。[64]在《经济学原理》一书中，尤其是在第五卷中，马歇尔无可否认地使用了几个机械类比，但这只是为了再次澄清该卷的范围：机械学中典型的因果关系，适用于作为“概述”的研究。“然而，在经济学的后一个阶段，当我们接近生命状态时，生物学类比比机械类比更可取。”[65]

生物学帮助经济学家关注生命、变化和进化，它将进步理解为“有机的增长”，而不仅仅是“单纯的增加或减少”。[66]进化是以渐进的方式进行的，尽管随着时间的推移可能会出现一些关键的步骤，但是从一个步骤到另一个步骤的过渡并不突然：“自然不能飞跃。”马歇尔回忆说，因为进步（和进化一样）需要在变化中保持一定程度的稳定性。对于每一个人来说都是如此，随着年龄的增长，他们的身体经历了连续的物理变化，同时保持着一定的稳定性。对于存在时间比个人长得多的制度来说，情况更是如此。

这对马歇尔来说是一个非常重要和必要的条件：“尽管制度可能会迅速改变，然而，如果它们要持久，它们就必须适应人类当时的发展。如果制度的发展先于人类的发展，它们就无法保持其稳定性。因此，进步本身向人们作出了严重警告：在经济界中，自然是不能飞跃的。

进步必然是缓慢的。”[67] 因此，即使进步使得人类对自然控制力有所增强，它也要求人类能够发展出正确使用这种控制力的高级能力，否则，“进步”就必然受到“严重的怀疑”。[68]

对马歇尔来说，进步具有动态性，质的变化多于量的变化，因此不能只以“财富”的增加来描述进步，因为它涉及其他更重要的因素。事实上，“财富的生产只是人类维持生计的一种手段，用来满足人类的需要，以及发展人类的身体、精神和道德。”[69] 真正的进步意味着人类福祉的增加，这是由必要的最低物质财富水平加上若干因素带来的。马歇尔非常重视与个人生活质量有关的各个方面，例如自然资源（空气、水）的质量、住房和工作条件以及城市化。他关于经济进步的思想非常接近于当下的可持续发展的概念。[70]

在支持竞争和自由市场的同时，马歇尔一直强调政府在保障公共利益的一些基本商品和服务方面的重要作用。1897 年，马歇尔为另一个皇家委员会即皇家地方税委员会作出贡献。他在委员会的报告中强调，“政府的建设性工作……本身就是生命的最高形式之一”，而税收，无论是地方的还是中央的，都被认为是达到这一目的的“一种手段”。[71] 然而，十年后，他的立场显然发生了变化：“国家活动的加强”只被看作是“社会的改善并不完全在私人努力的范围内”。[72] 马歇尔建议，对自由放任主义的正确理解应该是“让每个人竭尽全力工作；最重要的是，让政府激励自己去做那些至关重要的、除了政府无人能有效完成的工作”。[73]

另一方面，马歇尔对国家在经济事务中可能发挥的直接积极作用持相当怀疑和批评的态度。国家不仅没有创造“任何东西”，而且即使“其巨大的资源使它能够购买最新的工厂”，其官僚结构和僵化的作风也会阻碍它的变革步伐。[74] 因此，国家干预只是为了操控，而不是为了管理。对马歇尔来说，有两个很重要的例外情况，他接受甚至建议国家对这两个方面进行管理：邮政服务和铁路，或者至少是部分铁路。

他在最后一本未完成的书的笔记中对国家的角色进行了特别的描述，他写道："我们有理由认为，西方国家政府的主要目标是增进人民的福祉。"[75] 马歇尔所描述的国家为公民提供的服务包括街道、公园、电报、电话、水、煤气、电力供应、农业排水和灌溉、大学、博物馆、医院，甚至包括"肉类、水果和其他消费者无法亲自检验的东西"。[76] 国家还必须保证每个人都有足够的住房，让他们"身心健康"地成长。它还必须保证公民有合理的、足以养家糊口的收入。国家不仅有责任保证其居民的适当生活条件，而且有时必须在经济领域进行干预，限制市场的自由运行。

国家还可以限制"比普通人等级更低"的公民的行动自由，如"疯子、白痴，也许还有酒徒"，他们的行为被认为是对公众福利有害的。这同样也适用于那些为了增加自身物质利益而忽视更高目标的贪婪的个人。[78] 然而，马歇尔认为国家最重要的功能是教育：国家必须保证每一个阶层的公民都能接受适当的教育，尤其是穷人，由于教育会激发潜在的人力资源，因此它代表了一种对人的投资形式，这是最微妙的生产工具，也是有效的。此外，教育通过提高非熟练工人的能力来提高他们的工资，从而促进分配的公平。

为了完成所有这些不同的任务，国家需要资金，大部分来自税收。正如彼得·格罗奈维根（Peter Groenewegen）所指出的，尽管这是马歇尔反思中的一个关键话题，但"他从未就税收问题写过一篇概论，也未能完成在《经济学原理》第二卷第 X 章出现关于税收内容的计划"。[79] 然而，马歇尔还是有几个"关于税收的有趣的片段"，发表过两篇关于这个主题的文章：《关于帝国税和地方税收的分类和影响范围的备忘录》（*The Memorandum on the Classification and Incidence of Imperial and Local Taxation*，1897）和《战后的国家税收》（*National Taxation after the War*，1917）。[80] 马歇尔赞成累进所得税，尽管他也关注其他税收，如住房和土地、汽车、储蓄、收入和工资及自然资源。[81] 这些都是根据公平性、效力和对人的福祉产生的影响来评估的。

在 1917 年出版的《战后的国家税收》一文中，马歇尔主要论述了国家税收负担的公平问题。一旦每个人的生活必需品都得到了保障，税收就应该按照“阶梯累进”征收。[82] 然而，马歇尔认为，应避免征收重税，不仅因为这样做可能会鼓励逃税，而且因为它们往往会造成严重的扭曲：如果对资本征税，它们“往往会抑制资本增长，加速资本的外逃”；如果对高收入者征税，它们“可能会抑制企业的发展”。[83] 无论如何，直接税收比间接税收更可取，因为直接税收“在操作上更经济”，而且更容易“进行分级”。[84] 正如他在给瑞典经济学家埃里·菲利浦·赫克舍尔（Eli Filip Heckscher）的一封信中所写的那样：“我是直接税收的忠实拥护者。如果有必要对英国工人阶级增加税收，那么以直接税的形式征收，会令我很高兴。”[85] 与此特别相关的就是马歇尔在《地方税收备忘录》（*Memorandum for the Local Taxation*，1897）中提出的所谓“新鲜空气税”。这是一种对土地的“特殊场地价值”所征收的税，区别于对一般农村土地征收较低的税。这种税必须由“中央完全控制下的地方政府”用于“在密集的产业区中间开辟小的绿色区域，以及保护不同城镇之间和不同郊区之间的大片绿色区域，这些区域往往会连在一起”。[86]

留下的财富

马歇尔去世时，剑桥经济学院已经主导了英国学术界。许多该校学生的成就表明，这个由马歇尔创办、推广并发展的“视如自己孩子”

一般的学院，是一个巨大的成功。正如格伦韦根所指出的，“如果马歇尔能活着看到这一成功，他可能也会感到惊讶”。[87]

剑桥大学经济学院（Cambridge School of Economics）因其商业教育和产业经济学而著称，其特色在于对经济史、统计学和福利问题的重视。在马歇尔的学生中，有两个名字值得特别关注：阿瑟·塞西尔·庇谷和约翰·梅纳德·凯恩斯。从马歇尔的洞见和反思出发，他们两人各自都发展了一套独创的研究方法：庇谷创立了所谓的“福利经济学”，凯恩斯成为现代宏观经济学之父。他们的理论，基于不同的原因，而且大多是非故意的原因，掩盖了马歇尔的经济学贡献，即使在其最具原创性的、贡献最突出的方面也是如此。直到最近，对马歇尔的通信、笔记和未发表的著作（尤其是心理学论文）进行的新研究，才让人们重新发现了这位经济学之父的可贵，并开始重新评估他对经济学所作的全部贡献。

第六章　约瑟夫·熊彼特

马里奥·格拉萨·穆拉

奥地利裔美国经济学家约瑟夫·熊彼特始终被认为是20世纪经济学思想中的重要人物之一，与同时代的约翰·梅纳德·凯恩斯齐名。他将创新理论和企业家精神置于资本主义分析的核心位置，这一点特别值得称赞。他本人经常强调他的观念与标准经济学观念之间的对比。他承认一般均衡理论之父里昂·瓦尔拉斯的巨大影响力，但不同意瓦尔拉斯认为经济生活是被动的、仅仅具有适应性的观点。他反对经济变化是对外部干扰的客观适应的观点。熊彼特抗议说："在斯密—穆勒—马歇尔的理论中，经济就像一棵树一样生长……每一种情况都是由前一种情况以独特的方式发展而来的。"然而，"事实并非如此……对客观机会的反应并不是唯一的，也无法被预测"。[1]

熊彼特的研究目标是精确地解释经济是如何通过创新而内生演化（evolve）的。与卡尔·马克思的思想颇为相似，他"把经济演化（economic evolution）看作由经济制度本身所产生的特殊过程"。[2]在他的这一观念中，个体有能力作出创造性的反应，这种反应"创造出一种情境，此情境与其他可能出现的情境之间没有任何联系"。[3]在经济领域，创造性的反应就是创新，这是企业家所能发挥的作用。

然而，创业行动是一种创造性的反应。它既取决于企业家的主体性，也取决于社会环境，包括具体的制度设置。在资本主义制度下，这种制度设置包括私人银行，它们有能力在支付工具上进行创新：资本主义为创新企业进行融资的独特方式是信贷创造（credit creation）。接着，以这种方式融资的创新企业大量出现，随之而来的是合并和调整的过程，这就形成了资本主义进程的一个构成特征，即经济周期——繁荣和衰退的循环。

但是，这还不是全部。熊彼特不仅对资本主义经济学感兴趣，而且对社会学也很感兴趣。创新企业和行业取代保守企业和行业的竞争过程，用熊彼特的名言来说，就是“创造性破坏”的过程，也是个人及其家庭在社会层面上兴衰起伏的过程。成功的企业家在资本主义社会中获得了一定地位，而未能适应新环境的资产阶级成员往往会失去他们的地位。在这一兴衰过程中，资产阶级不断自我更新，资本主义也及时实现再生产。

然而，与此同时，资本主义进程也倾向于转变自身的制度框架。熊彼特猜想，资本主义：

> 通过使人类思维理性化，创造出一种与其自身基本条件、发展动力和社会制度不相容的心态和生活方式，并且会被转化为另一种社会秩序，虽然不是出于经济上的必要性，甚至可能要牺牲一些经济福利，至于这另外一种社会秩序是否被称为社会主义，那就只是一个品味和用语的问题了。[4]

熊彼特及其著作

1883年熊彼特出生在摩拉维亚的一个小镇上。[5]摩拉维亚当时是奥匈帝国的一部分，现在属于捷克共和国。熊彼特的父亲去世后，他的母亲改嫁给奥地利一位退休的高级军官。由于继父的贵族身份，熊彼特得以进入维也纳的一所贵族学校接受教育，并在维也纳上了大学。1906 年，他获得了法学学位，学习了经济学、历史、数学和哲学等课程。奥地利学派杰出经济学家弗里德里希·冯·维塞尔（Friedrich von Wieser）和欧根·冯·博姆－巴维克（Eugen von Böhm-Bawerk）都是他的老师。

不久后，熊彼特离开维也纳前往柏林和伦敦，在那里他参加讲座，并在开罗做了一段时间的律师。随后，他为了申请维也纳大学的资格学位（类似于博士学位），提交了他的第一本书《均衡经济学的辩护》（*A Defence of Equilibrium Economics*）。[6] 1909 年，他在现在属于乌克兰的切尔尼夫茨的切尔诺维茨大学（University of Czernowitz）获得了一个"特别"（相当于编外）经济学教授职位。在那里，他完成了自己的第二本书，提出了经济演化理论。[7]1911 年，他成为奥地利格拉茨大学的经济学教授，1913 和 1914 年作为交换教授访问了纽约哥伦比亚大学。1914 年，受社会学之父马克斯·韦伯（Max Weber）的委托，他出版了自己的第一本经济史著作。[8]

第一次世界大战期间熊彼特开始研究政治问题。他撰写的秘密备忘录概述了一份奥匈帝国哈布斯堡王朝保守的反德计划，在贵族圈子里流传。然而在 1919 年，他加入了德国政府成立的社会化委员会，研究煤炭行业的接管问题。之后不久，他被任命为奥地利财政部长，以无党派人士的身份参与了一个由社会主义者和保守派组成的执政联盟。在这一职位上，他只待了 7 个月。1921 年至 1924 年，他担任一家银行的行长，这是另一段不愉快的经历，因为这家银行不得不进行重组，熊彼特为此陷入巨额债务，这笔债务后来得以全部偿还。1925 年，他重返学术界，成为德国波恩大学的一名教授。

在这段动荡的时期，以及他在波恩的那些年，熊彼特担任了德国社会科学领域领先期刊《社会科学与社会政策学报》(*Archiv für Sozialwissenschaft*) 的合编者之一。他撰写了许多长篇论文，内容涉及货币、战后资本主义国家的生存能力、帝国主义、社会主义的可能性、社会阶级以及对德国历史学派领袖古斯塔夫·冯·施穆勒（Gustav von Schmoller）方法论的评价。他的第二本书的修订版，后来被翻译成英语，题为《经济发展理论》(*The Theory of Economic Development*)。[9]

在波恩当教授时，熊彼特曾在哈佛大学做过几学期的客座教授（1927 年、1928 年和 1930 年），1931 年还在日本做过演讲，在那里他受到了很多人的尊敬。1932 年，当他被任命为哈佛大学教授时，他的"漫游生涯"终于结束了。他于 1939 年加入美国国籍，在那里一直待到 1950 年去世。在他职业生涯的这一阶段，他写了三本书：有瑕疵的、篇幅宏大的《经济周期》(*Business Cycles*)，该书从历史的角度拓展了《经济发展理论》的论点；《资本主义、社会主义与民主》(*Capitalism, Socialism and Democracy*)，论述了资本主义向社会主义演化的趋势和社会主义的运作原理；以及未完成的、在他死后编辑的《经济分析史》(*History of Economic Analysis*)。[10]

1948 年，熊彼特担任美国经济协会会长。早些年，他还担任过计量经济学会会长，也是该学会的创始人之一。后来他又被任命为第一届国际经济协会会长，但不幸在上任前逝世。不过，在他生命的最后几年里，他一定感到有些孤独。因为在 20 世纪 40 年代，学院派经济学家在很大程度上倾向于凯恩斯，而熊彼特拒绝接受凯恩斯的经济学理论。此外，经济学的正规化——这是他所提倡的一种趋势——使理论与历史现实渐行渐远。

事实上，熊彼特对当代经济学的影响很难与他作为 20 世纪最伟大经济学家之一的声誉相称。他的历史和演化观点与现在占主导地位的数学形式主义方法不太相符。自20世纪80年代以来，对创新与企业家精神的讨论变得越来越频繁，而熊彼特也经常在讨论中被引用，但对他的引用往往是流于表面的。

当然，这一点在很大程度上也适用于经济思想史上的其他主要人物。然而，与许多这样的人物不同，熊彼特从未设想过建立一个流派。他的思想在许多学生和同行身上留下了印记，但却没有真正的学说接班人。自20世纪70年代以来的演化经济学家，他们的学说毫无疑问是建立在熊彼特学说基础之上的。[11] 他关于“熊彼特式竞争”和“长期波动”的观点启发了许多人。然而，就整体而言，他的成就仍未得到充分的探索。在许多方面，他的思想似乎超前于时代，这解释了他的演化倾向与均衡范式之间的错配所造成的前后矛盾。

在这里，我们只讨论熊彼特诸多著作中的一小部分内容，包括他的经济演化理论和他对资本主义进程的设想，他的经济周期理论，他的社会阶级理论，他对晚期资本主义及其自我毁灭的反思，以及他作为经济史学者的杰出成就。

经济演化和资本主义进程

奥地利学派领袖卡尔·门格尔（Carl Menger）和前面提到的古斯塔夫·冯·施穆勒于19世纪80年代发起了一场关于“精确”理论在社会科学中的作用的“方法论之争”（Methodenstreit）。但是这场争论并没有胜利者或达成共识。熊彼特的第一本书（1908年），发表于对理论和历史仍存在严重方法论争议的背景下，非常具有煽动性。熊彼特试图让他的读者接受“纯粹”或“精确”的理论，即均衡经济学所具备的优点，但同时声称方法论之争毫无意义。他认为，“历史”方法和“抽象”方法之间没有矛盾。每一种方法都只解决不同的问题，因此任何一种方法都不能声称普遍有效。[12]

不过，他对纯粹理论的理解与他的奥地利老师们不同。受到工具主义科学哲学的影响，熊彼特表示，纯粹理论的假设只是出于分析便利的需要而设定的，而且特别需要指出的是，它们并没有心理学上的意义。[13] 这也或多或少预见了后来的米尔顿·弗里德曼的观点。熊彼特写道，纯粹理论对“活动的人”不感兴趣，而只对他们拥有的商品数量感兴趣，以纯粹的理论来描述这些数量所发生的变化“就好像这些变化是自动发生的一样”。[14]

熊彼特的第二本书在其第一版（1912 年）和第二版（1926 年）之间经历了相当大的修改，在此我们将不再追溯。后者于 1934 年被翻译成英文版的《经济理论发展》。这本书介绍了他的经济“演化”理论，但是熊彼特本人更喜欢“发展”这个词。[15] 该书开篇关于“经济生活的循环流转”的章节或许会让读者感到意外。简而言之，它描述了一个具有竞争力的经济体是如何适应数据的变化，并显示出一种趋于均衡的态势的。瓦尔拉斯的影响是显而易见的。然而，有趣的是，熊彼特所描述的适应过程几乎不是机械的或自动的，这与上面的宣言对我们的引导刚好相反。[16]

第一，循环流转（circular flow）以惯例为依据，并不会对其作出优化。熊彼特观察到，“这种情况下再假设人们做事又快又合理，无论如何都是说不通的”。他继续指出，“话又说回来，可以证明，如果人们有足够的时间琢磨出做事的逻辑，这个假设就和现实没有太大出入”，但是他也承认，适应性反应总是需要时间的，而且“撇开这中间会遇到各种意想不到的障碍不说，现成适用的工具也少之又少”。[17] 第二，循环流转中有一些为实际行为提供便利（但不能与实际行为相混淆）的行事准则。个人的行为可能会依赖规则，但他们总是要进行思考和作出决定。

很难看出企业家或创新者，即熊彼特最感兴趣的主体，是如何内生于一个机械均衡系统的。事实上，“他在那里没有任何特殊的功能，他根本不存在”。[18]然而，如果我们对循环流转的解释不是机械的，那么适应和创新就开始以不同的方式出现。因为“即使是当前的决策中包含了继往的惯例中没有包含在内的元素”，在适应性反应和创新性反应之间也没有明显的区别，在什么是“企业”和什么不是“企业”之间没有明显的界线。[19]

然而，在《经济发展理论》一书中，熊彼特更倾向于强调这条分界线，同时坚持企业家来自“系统内部”。循环流转处理的是由数据变化引发的适应性过程，这体现了一种均衡的趋势。至于发展（或演化），它是“一种自发的变化，从系统内部产生，这种变化转移了均衡，以至于无法从原有的均衡点，借助极其微小的步骤到达新的均衡点。无论把多少辆邮车连续相加，你也决不能得到一条全新的铁路”。[20]换言之，发展的定义是进行创新，创新这个概念，包括引进新的商品和新的生产方法，开辟新的市场或新的投入来源，以及执行新的产业组织形式，即将原始生产要素重新排列组合为新的生产方式，以求提高效率、降低成本的一个经济过程。

熊彼特认为，实施这些创新的前提是假设这种天赋和其他天赋一样是不平等分配的。然而，“没有人永远都是企业家，也没有人永远只是企业家”。[21]因此，与其说企业家是一个人，还不如说这是一种企业家职能。这一职能本质上在于把事情完成好，这是一项不能与发明（invention）混淆的任务。事实上，想法的产生其本身与经济是无关的：“莱布尼茨（Leibnitz）提出修建苏伊士运河的想法，这一事实直到两百年后运河真正修建之前，都对经济史没有任何影响。”[22]

企业家的任务是不同的，因为“执行一个新的计划和按照惯例行事是两码事，这与修一条路和沿着路走的区别一样”。想要超越循环流转，对于个人来说，“原来一般很有把握的决策数据和行动规则，现在一概没有”，因此他必须有意识地更加理性行事。此外，个人通常在心理上不愿走出常规，因此他必须克服环境对于创新的阻碍。熊彼特写道：“一旦跳出常规的藩篱，许多人就寸步难行，还有一些人能走下去，但也是摸着石头过河——心中没底。”[23] 这就是为什么企业家精神是“领导力”（leadership）现象的一个特例。

但是，企业家应当如何运作呢？创新需要控制生产资料，按照熊彼特的“充分就业假设”，生产资料必须从目前的使用中撤出。而这反过来又需要资金。然而，在熊彼特认为的循环流转过程中，并不存在可能投资于新企业的大规模储蓄。显而易见，储蓄主要是演化的结果。在这些条件下，创新企业的融资需要信贷，而银行有能力为此创建专门的信贷；这种融资创新的方式是一种独特的资本主义融资方式。[24] 因此，银行家作为购买力的生产者和中间商，在选择创业项目方面发挥着根本性的作用。熊彼特指出，资本主义发展史上的大多数“灾难”都可以用“银行业未能按照资本主义机器结构所要求的方式运作”来解释。[25]

一旦通过信贷创造、通过增加现有的支付工具为创业企业提供资金，可以说，带有自我特色的资本主义进程就“启动”了。显然，将其从资金中“抽象”出来，是无法理解的。在熊彼特关于这个进程的构想中，资本是对企业家可用的购买力：“它不是生产要素，而是企业家和要素之间的一种独特的中介。它可以由银行存款创造。”[26] 有了资本，成功的企业家才能赢利。利润具有垄断性，但这种垄断最终会在它所激发的竞争过程中消失。绝大部分储蓄的来源是企业利润，这是工业财富的根本源泉。然而，企业家必须为资本支付利息。资金的现值高于未来值的总和，因为前者可以用来产生更大的未来值总和。因此，创新是商业领域出现利息的原因（或至少是充分的原因）。

与他的资本理论相对应的是他的利息理论，熊彼特认为，利息是一种货币现象，正如他所说，利息是“对用以获取商品和服务的资金所支付的报酬，而不是用来购买商品和服务本身的”。[27] 他的观点很快受到他的老师博姆–巴维克的抨击，同时还受到许多人的质疑。同样备受争议的还有熊彼特的经济周期理论，这也是我们现在要来探讨的。尽管它在《经济发展理论》一书中有所体现，但其最详尽的版本出现在 1939 年的《经济周期》一书中。

熊彼特在 1926 年发表的关于施穆勒的文章中，已经很明显地修正了他自己关于理论与历史之间关系的最初立场，而《经济周期》一书反映了这样一种观点，即历史经验是理解经济周期的先决条件，理论与历史必须相互配合。然而，他日益明显的历史倾向并没有改变他最初对均衡经济学的信奉。熊彼特说，“我们不攻击传统理论，无论是瓦尔拉斯的还是马歇尔的，在其自身的领域里，传统理论的逻辑架构在‘原则上’是正确的”，尽管它“只有在经过检验的经验和熟悉的动机的范围内才会相当有效”。[28] 他的经济周期理论是我们一直在介绍的资本主义进程理论的一部分。

经济周期

熊彼特从一开始就承认经济波动有多种原因，包括自然因素和政治因素。他补充说，在循环流转的世界中没有纯粹的经济周期，即使它包含了增长（例如人口），因为单纯的增长只会引发和自然数据变化时一样的适应过程。如果存在一个纯粹的经济周期，那么它一定是由于“在资本主义社会的制度条件下，有新事物融入了经济过程并被其吸收”。[29] 熊彼特声称，确实存在这样一个循环：由信贷提供资金的创新活动，足以衍生出繁荣与衰退相交替的各个阶段。那么，这个命题是如何成立的？

按照我们一直在介绍的演化论，“创新”前的经济处于竞争均衡状态，熊彼特由此出发，引入了企业家的概念：一个“新人”，用银行创造的资本创立了一家新公司。熊彼特写道，创新“通常体现在新企业中，这些新企业通常不是脱胎于老企业，而是在老企业之外新设立的企业……一般来说，铁路建设商通常不会出自马车行”。[30]

当然，会有很多企业家出现，而不仅仅是一个。熊彼特的周期理论至关重要的一点是，企业家的出现在时间上并不是均匀分布的，而是会成群结队涌现：在某一段时间，会有一大批企业家走上创新之路。

这种创业活动集聚现象的出现，是因为创新变得更容易了，特别是在相同或相关领域。创新之路“随着经验的积累和障碍的消除，对后继者来说，变得越来越平顺”。尽管如此，熊彼特指出，在任何特定的方向上，前进的步伐都一定会受到限制。此外，大批企业家的出现从根本上打破了最初的平衡，这意味着对于新事物的计算和规划，总是不确定的，而且变得越来越不稳定。“为了进行更多的创新……必须等到事情确定下来。”[31]

随着大批企业家的出现，以及随之而来的创业活动的放缓和停顿，我们很容易看到繁荣和衰退开始露头。新的购买力引发了新的支出，但创新项目还需要等一段时间才会产生效果。生产者支出增加后，消费者支出也会随之增加。由于缺乏失业人口资源（unemployed resources），生产要素价格、货币收入和消费品价格都会上涨。因此，成本会上升，但老牌企业的收入也会上升。然而，新产品将逐渐进入市场，与老产品竞争，然后情况开始改变。当竞争加剧时，支出会减少。企业家开始偿还银行贷款，新的创业贷款最终将完全停止。许多老牌企业将不得不经历一个痛苦的现代化进程，有的将无法存活下来。总而言之：

适应所创造的新事物，包括消除不能适应的事物，将创新的成果吸收进经济系统，重新组织经济生活以使其与企业变更后的数据相吻合，对价值体系进行重构，清偿债务……一旦创业冲动停止发挥作用，正是这种冲动使其从以前的均衡环境中脱离出来，这个体系就开始朝着一个新的方向努力迈进。[32]

在这个新的均衡环境中，产出将发生变化，绝对价格将下降，价格体系将有所不同，“最初出现的创业利润最终将增加其他阶层的永久实际收入”。[33] 在这种均衡状态下，企业将恢复活力。

值得注意的是，上述的熊彼特关于经济周期的基本模型（basic model）并不打算重现实际的经济周期。经济周期和资本主义进程的许多特征在他的基本模型中是不存在的。而这些特征他在所谓的第二模型（second approximation）和第三模型（third approximation）中有所考虑。

第二模型中引入了第二次繁荣浪潮（secondary wave of prosperity）的概念，它由第一次浪潮点燃，但在分量上比第一次浪潮重要得多，而在第二次浪潮中在一定程度上出现了一连串的失误（error）。在基本模型中，失误是无关的因素，因为“会有起伏和……没有任何失误的损失”。[34] 但是在第二模型中失误变得至关重要。创新会带来新的支出，许多老牌企业对新形势的反应是认为好的情况将无限期地持续下去。

狭义上的投机行为会应时而生，并且……甚至会在经济还没来得及进入繁荣阶段就开始活跃。届时，新贷款的主体将不再局限于企业家，而“存款”将被创造出来，为一般的企业和投机活动的扩张提供资金，每笔贷款都倾向于引发另一笔贷款，每笔价格上涨都将引发另一笔上涨。[35]

简而言之，“当前暂时的收入和未来想象中的收入都被资本化了”。[36] 不计后果和实施欺骗的企业也将出现。

第一次浪潮的转折打破了第二次繁荣浪潮。调整和淘汰过时公司的痛苦过程总是不可避免的，但现在还有更多的东西需要调整和淘汰。经济衰退（recession）往往会发展成萧条（depression），而萧条又自食其果。经济将经历“价值的低迷和经营活动的收缩，而这些收缩往往会极不规律地将价值降低至均衡水平以下”。[37] 本来可以幸存下来的公司现在将会倒闭。

经济周期的第四个阶段，即复苏（recovery）或复兴（revival），最终会将经济系统带回到一个新的均衡状态，但这将不同于在没有萧条的情况下所能达到的均衡。熊彼特虽然通常不愿提出政策建议，但他暗示，政府在大萧条时期采取行动的理由“独立于人道主义考虑之外，比在经济衰退时期更为充分”。[38]

熊彼特认识到，尽管第二模型更接近现实，但其中仍缺失了很多东西。例如，应该把储蓄和不完全竞争纳入考虑。不过，他的第三模型中考虑了其他的因素。他观察到，没有理由认为创新只会引发一次波浪式的运动。考虑到资本主义的历史记录，他区分了同时存在的三种经济周期，并以提出这三个周期的研究人员的名字命名：康德拉季耶夫的长周期（Kondratieff cycles），即 60 年以下的周期（长波）；朱格拉周期（Juglar cycles），即 10 年以下的周期，每个康德拉季耶夫长周期包含 6 个朱格拉周期；基钦周期（Kitchin cycles，可能不是由创新导致的），即 40 个月以下的周期，每个朱格拉周期包含 3 个基钦周期。

然而，熊彼特的大厦无法完全承受第三模型的重量。显然，较短的周期是从长周期中产生的，必然受到长周期的干扰。因此，创新过程只从均衡领域开始的基本命题就必须被放弃。[39]

尽管熊彼特的理论很脆弱，但是它强调了其他理论所忽略的经济周期的重要特征。它将经济周期描述为资本主义进程的一个构成特征：周期既不是偶然的，也不一定是病态的。与此相关的是，它拒绝接受经济周期是起源于货币和信贷领域的纯粹货币现象的概念。造成经济周期的充分原因在于其“独立于货币和信贷机制的本质”，尽管“没有货币和信贷机制它就无法产生这种特殊影响”。[40] 熊彼特的理论是对宏观经济总量思维的有力警告，因为宏观经济总量掩盖了真正重要的东西：创新过程。

社会阶级理论

熊彼特一再把企业家的成功与社会地位的上升联系起来。他还表示，他的演化观点可以超越经济领域，适用于其他方面。事实上，他偶尔会比较企业家和其他领导人。他 1927 年的一篇关于社会阶级的文章阐述了他在这方面的所有观察。这不仅仅是熊彼特从经济学轻松进入社会学的一个例子。可以说，在这篇文章中，他阐述了关于社会秩序和社会变革的一般理论，而在某种意义上，他的其他著作都是对这一理论的应用。[41]

在这篇文章中，熊彼特仔细研究了两个问题。第一个，他想了解一个家庭在阶级结构上的兴衰。这个问题被一分为二：家庭在特定阶级内部地位的上升与下降，以及家庭跨越阶级的流动。第二个，他提出要解释整个阶级的社会地位有升有降的原因。而造成这种地位消长的因素也解释了为什么阶级结构会存在。

关于第一个问题，熊彼特指出家庭在阶级中的相对地位总是在变化的，而且阶级障碍也毫无例外地都被克服了。这两个过程都被认为是反映了“家庭在多大程度上有资格解决其在社会环境中所遭遇的问题”。也就是说，它们反映了家庭及其成员在负担社会职能和领导力方面的天资上的差异，以及与这些职能相符的路线上的差异。[42]个人在领导能力方面存在差异，这就和他们在唱歌方面能力不同一样，尽管领导能力有助于自身的实现和实践。

关于第二个问题，熊彼特认为，社会阶级地位的兴衰，一方面取决于其成员能否成功地履行其特有的职能，另一方面，取决于该职能（或阶级成员所承担的其他职能）的相对社会意义。而一项职能的相对社会意义总是“由其履行所蕴含或创造的社会领导力（social leadership）的程度决定”。[43]虽然中世纪的农民和战士的职能对于社会来说都是必不可少的，但他们的社会领导力并不相同。相较于农民，单个战士更难以取代。社会领导力意味着“决定、指挥、取胜、进步”，如果生活“总是以同样的方式、按照同样的惯例运行”，那么社会领导力就不会存在。[44]

熊彼特补充说，阶级结构实际上“主要是一个社会价值问题，一旦实现，就会变得很稳固”。[45]在这里，我们必须始终对这种“固化”过程及其长久的延续进行具体的解释。然而，社会阶级的相对地位最终取决于各自天资的不同。

在这一社会阶级理论的背景下，本章前面几节所概述的熊彼特的资本主义进程理论可以以一种不同的视角来看待。资本主义进程可以解释为一个阶级结构和相应的制度随着时间的推移而再生（reproduce）的过程，特别是资本主义阶级的再生与更新的过程。银行有能力创造资本，而资本使企业家的成功成为可能，而企业家的成功使其资产阶级的地位得以确立，而如果没有进一步的成功，这种地位不会无限期地持续下去。

熊彼特实际上是借助于资本主义的例子提出阶级理论。这样做的同时，他也借此机会将自己的观点与马克思的观点进行了对比。在考虑阶级中家庭兴衰时他写道：

> 马克思所主张的资本自动积累是造成家庭地位发生转变的首要原因。更大的“资本家”……在竞争中超过了较穷的那个，逼得后者走投无路。这种观点是一个典型的例子，说明对理论的偏爱是如何蒙蔽理论家的……很显然，获取的剩余价值本身不进行投资，但是却要被投资……除非考虑到个人的性情，否则社会的逻辑和客观情况并不明确地决定应该投资多少利润，以及如何投资利润。[46]

要想提升家族在资产阶级中的地位，就必须打破常规，这取决于个人领导力方面的天资。同样，大多数家庭都是从工人阶级或工匠阶级成长为资本主义阶级的，“因为其中一个成员做了一些新奇的事情，通常是创办了一家新企业”。这种社会地位提升的方法——做一些新奇的事情——在所有的社会中都很普遍，“但从来没有像在资本主义世界中那么普遍”。[47] 因为“在资本主义的制度模式中，存在着一种机制，它的存在构成了资本主义制度的一个基本特征，使人们能够在没有事先获得必要工具的情况下发挥企业家的作用。重要的是领导力，而不是所有权”。[48]

但是熊彼特的社会阶级理论也是关于阶级结构如何消亡的理论。它隐含着一种资本主义灭亡的理论。熊彼特经常暗示，企业家的重要性最终必定降低，“就像军事指挥官的重要性已经降低一样”。[49] 我们将在下一节中讨论这一理论。

晚期资本主义

从一开始，熊彼特对经济演化理论的阐述就不时地提醒人们，他所指的“竞争”资本主义（企业家是“新人”，他们创立了“新公司”）有演变成“托拉斯化”（trustified）资本主义的趋势。在后者中，创新“不再典型地体现在新公司中，而是在现有的大单位中继续进行，基本上独立于个人”。[50] 一旦成为一家公司的所有者兼管理者，在这种新环境下，企业家可能很难被识别出来：“没有哪一种个人能力可以成为一种企业人格”，而董事长“可能只是协调者，甚至是有名无实的首脑”。[51] 的确，创新“变得‘自动化’，越来越不带人情味，越来越不是领导和个人创造精神的问题了”。[52]

正如我们所看到的，熊彼特的经济周期理论没有包含不完全竞争持续存在的情况，也没有被用于对托拉斯化的资本主义进行阐释。熊彼特只是偶尔把这些话题联系起来，举例来说，他指出，在一个大公司可以直接进入金融市场的世界里，信贷创造将相对不那么重要，经济波动也会更温和。

然而，他确实提供了一份措辞有力但支离破碎的报告，描述了托拉斯化的资本主义的创新。它出现在《资本主义、社会主义与民主》（*Capitalism*，*Socialism and Democracy*，1942，以下简称《资本主义》）一书中，此后一直受到讨论。熊彼特对竞争资本主义下的创新和托拉斯化的资本主义下的创新的描述之间的对比体现在两个模型中，这两个模型在演化经济学和其他领域中经常遇到，即熊彼特一型模型（Schumpeter Mark Ⅰ）和熊彼特二型模型（Schumpeter Mark Ⅱ）。在第一个模型中，发明是外生的，创新者是“外来者”；在第二个模型中，“内部人士”从事研究和开发活动，以再现他们的市场实力地位。

从本质上讲，熊彼特《资本主义》一书中包含三个论点。首先，他重新提出资本主义“本质上是经济变动的一种形式或方法，它不仅从来不是，也永远不可能是静止不变的”。它的本质特征是一个创造性破坏的过程，“不断地从内部变革经济结构”。[53]

其次，他指出，公认的理论不包括演化理论。因为它依赖于“其

他条件不变”的前提，未能抓住资本主义竞争的本质。事实上，它更像是“没有了丹麦王子的《哈姆雷特》”：[54]

> ……在不变的条件、不变的生产方法，尤其是不变的行业组织形式的僵化模式中，竞争事实上仍是人们注意的唯一中心。但在与教科书所描述的迥然不同的资本主义现实中，有价值的不是那种竞争，而是新商品、新技术、新供应来源、新组织形式的竞争……这种竞争与其他竞争相比，就像炮击与徒手攻击一样，有大得多的效率。这种竞争是如此重要，以致在一般意义上无论它的作用发挥得是快还是慢，都变得无关紧要了……现在我们所想的这种竞争……在它还仅仅是一种永远存在的威胁时也起作用。在攻击之前，它会首先进行训练。商人觉得……自己身处于竞争的形势中，就如同在战场上孑然一身一样，或者即使不是只身孤影而是在坚守阵地，不过进行调查的政府专家看不到在这个战场或邻近战场上，在他与所有其他企业之间有任何有效的竞争。[55]

显然，这段话对不完全竞争和垄断理论提出了控诉。熊彼特的第三个观点恰恰认为，“垄断行为”并非无关紧要，而是“在创造性破坏的长期风暴中获得了新的意义”。[56]他写道，在这种不确定的环境下进行投资，就像瞄准一个模糊而且颠簸运动的靶子进行射击一样。所以，要依靠一些必要的保护性措施，如专利等。但是，经济学家通常认可的这些措施，只是更大范围实践的特殊情况，而这些实践往往是创造性破坏过程中不可缺少的。

熊彼特澄清说，认识到这些实践具有其功能，只是证明了“不加区别地‘打倒托拉斯’或取缔够得上贸易限制的一切，是不合常理的”。由一家公司或几家大公司主导的市场不一定具有创新性。然而，行业中的垄断地位，尤其在制造业中“一般不能高枕无忧，因为垄断地位是能够设法获得的，所以只有用警惕与精力才能保持它”。[57]

事实上，在创造性破坏的过程中，“垄断行为”往往是不可避免的。熊彼特认为，“大企业”已经成为最强大的进步引擎。尽管“规模既非必要也非充分条件”，但大企业及其研究部门对生活水平的提高负有责任，而在经济学家通常支持的完全竞争条件下，提高生活水平是不可能实现的。[58]

但这一成就对资本主义的未来有着重大影响。在官僚化的企业中，创新成为训练有素的专家的业务。它变成了例行公事的非个性化的办公室工作。因此，企业家的社会地位，以及由此而来的资本阶级的社会地位，就像骑士阶级的社会地位一样，被削弱了。当然，战争在人类历史的进程中从未停止过，但它变得越来越机械化，而且与个人领导力的关系越来越小；而这就影响了贵族的社会地位。与之类似：

> 资本主义企业……使它的进步自动化，我们能够由此得出结论：它倾向于让自己变得多余……完全官僚化了的大型工业单位不仅驱逐中小型企业并“剥夺”其所有者，而且最终还会驱逐企业家，并剥夺作为一个阶级的资产阶级。而资产阶级在这个过程中不仅会失去收入，而且还会丧失……它的职能。[59]

这篇关于企业家职能被废弃的论文，恢复了熊彼特的社会阶级理论，是他的资本主义自我毁灭理论的核心要素。他的这一理论中，资本主义不是像马克思所说的那样，因为失败而自我毁灭，却是因为其成功而走向自我毁灭，这是典型的熊彼特式的悖论。虽然它的确切含义并不十分明确，但企业家职能的退化可以被看作是带有一些韦伯主义色彩的“理性化”进程的具体表现。[60]

熊彼特认为，虽然理性不是资本主义的产物，但资本主义发展并推广了理性。资本主义的“成本—利润”计算法是经济理性的产物，它“对企业的逻辑性有着强有力的推进作用”；理性的态度从经济领域传播到生活的其他领域。它改变了人类的工具、哲学、医疗实践，“他的宇宙观，他的人生观，以及他的审美观、正义感和他的精神抱负等”。[61] 换句话说，资本主义过程“不仅重塑了我们达到目的的方法，而且也重塑了最终目的本身”。[62] 它摧毁了形而上学的信仰，以及神秘和浪漫的想法。它不仅产生了拥有技术和组织的现代公司，而且产生了“现代科学的精神态度，这种态度包括提出某些问题并以某种方式对其进行答复”，或者是“以改善人类条件的功利主义思想为中心……这一点看起来比（比如说）敬畏上帝更经得起理性主义的批判”。[63]

因此，资本主义的进程往往会摧毁前资本主义的各种制度，而这些制度中有许多实际上是为资本主义提供庇护的。最终，它也倾向于破坏自己的制度框架。现代企业的兴起意味着“用一小包股票来代替工厂的围墙和机器”，这影响了资本主义的发展动力，而私人生活的理性化和“资产阶级家庭的解体”也造成了一样的影响。[64] 此外，资本主义的理性主义、批判的思维框架“在得到国王和教皇信任状之后没有停步，而是对私有财产和资产阶级价值的整个体制继续进行攻击”。[65] 简而言之，资本主义产生了反资本主义的政策（例如，高税收和管制），或者更广泛地说，一种敌对的立法、行政和司法实践：资本主义变成了“受束缚的”资本主义。

熊彼特推测，资本主义固有的自我毁灭倾向也为社会主义的出现创造了条件。他所不喜欢的社会主义，是“一种制度模式，在这种模式中，对生产资料生产本身的控制权都赋予了中央当局”。它能奏效吗？熊彼特自信地回答：“当然可以。”[66] 但支持这一论断的理由现在看来已经过时了。与20世纪40年代的大多数经济学家一样，熊彼特未能理解米塞斯–哈耶克反对社会主义（或关于市场本质）的论点。相反，他认为社会主义的健全，或至少其“纯逻辑”的健全，是由一组方程式建立起来的。[67] 他坚定不移地支持瓦尔拉斯的均衡理论，他的这种做法并非无害，而使他走上无望的迷途。

当然，熊彼特始终以他一贯的热情写作，发表他对各类问题精辟的见解，特别是在社会学的内容上。

经济史

熊彼特还有一项惊人的成绩值得一提。他不仅是一位伟大的经济学家，而且是一位杰出的经济史学家。在他的一生中，关于这个主题，他写了大量精彩的文章，但他最重要的成就是在其死后编辑的、不完整的《经济分析史》（*History of Economic Analysis*，1954）。

这段历史的范围是独特的，它的博学是无法超越的。尽管有些内容是断断续续的，但它有近 1200 页长。它开始于古希腊，并穿越中世纪的经院哲学家和自然法哲学家直到 20 世纪 40 年代，涉及的主题和学者比人们想象的要广泛得多。例如，第三部分，“1790 年至 1870 年”中，包括一个关于“知识背景”的章节，其中讨论了该时期的时代精神及其哲学、浪漫主义及编史、进化论、心理学和逻辑学。

除了它的广度和深度，熊彼特独特的风格也为《经济分析史》增光添彩：

> 国家仍然是由个人组成的无组织的聚合体。社会阶层并不是生活和战斗的实体，而只是附着在经济职能（或职能类别）上的标签。这些个体本身也不是活生生的、战斗着的人：他们仍然只是挂在经济逻辑命题上的晾衣绳……批评者嗤之以鼻。他们认为这一

切都是拙劣的社会学，甚至是拙劣的心理学……他们没有看到，对于限定范围内的问题，这是合理的方法。[68]

这本书最著名的内容是第一部分，“范围和方法”。熊彼特正是在这里提出了经济分析（经济史、统计学和“理论”，后来又加入了经济社会学）的技巧。我们发现，经济史是“迄今为止最重要的”，即使它需要“理论”的帮助：他说，“我现在想说的是，如果我重新开始研究经济学，在这三门学科中只许任选一门，那么我会选择经济史。”[69]“理论”是以一种工具主义的方式定义的，它仅仅是一套“为了证实有兴趣的结果而铸造的器械或工具”。[70]

熊彼特正是在第一部分中讨论了科学与意识形态（ideology）的关系，这也是他在美国经济协会进行的会长演讲的主题。[71]关于意识形态的问题产生于一种认识：科学的进化不是一个纯粹的智力过程。相反，科学家对问题和方法的选择是受社会制约的，从这个意义上说，这种选择是意识形态的。在马克思的语言中，它是上层建筑的一部分。一个时代的科学思想反映了科学家在特定社会环境中的位置，这种社会环境使他们“看到某些事物而看不到另一些事物，并且是以一定的视角去看的”，这种社会环境甚至还赋予了他们“一种下意识的渴望，想从一定的角度看待事物”。[72]

熊彼特指出，“政治经济学体系”受到意识形态的制约，是对一系列综合的经济政策的阐释，这些政策是基于自由主义或社会主义的原则制定的。而“浮现于公众舆论中的”关于经济方面的“意见和愿望”，即他称之为“经济思想”的东西，也同样受到意识形态的制约。[73]但是，作为经济思想中比较“科学的”那一面的“经济分析”，又怎么样呢？

熊彼特认为，经济分析工作，或者至少是真正创新的经济分析，必须有一种分析前的认识行为作前导，这种认识行为提供一个初步的“我们对所见事物的认识”：一个“想象”（vision）。这个想象既是用新的眼光看事物的基础，而且本质上是意识形态的，然后根据一定的程序规则来分析这种想象。收集事实的工作和“理论”工作在永无休止的取舍关系中相互作用，“最终产生科学的模式（scientific model），这就是它们与原有想象保留下来的成分相互作用的暂时联合产品”。熊彼特声称，我们分析工作中所使用的这些程序规则“之不受意识形态干扰，几乎与相反情况下想象之深受其干扰同样明显”。它们通常来自“很少或根本不受意识形态影响”的领域，并且“它们倾向于从想象中消除因受意识形态制约而犯的错误”。至少，它们在很大程度上“缩小了被意识形态所玷污的命题的领域”。[74]

另一个经常被讨论的《经济分析史》的特征是它对瓦尔拉斯的评价，“就纯理论而言……他是最伟大的经济学家，他的均衡体系是经济学家所做的唯一能与理论物理学家的成就相媲美的工作。”[75] 作出这种评价的理由与熊彼特第一本书中所表达的一致。[76] 熊彼特写道，最基本的科学问题是，对经济现象之间相互依赖关系的分析，是否足以决定——如果可能的话，唯一地决定——构成经济“系统”的所有产品与生产性劳务的价格与数量。[77] 这对于“任何精确的科学”都是必不可少的，否则，“现象领域实际上会一片混乱，不受分析的控制”。[78] 因此，瓦尔拉斯的均衡体系“成为经济理论的‘大宪章’——那部宪法史上的不朽之作在技术上不完善的地方，同样也可以和瓦尔拉斯体系进行类比”。[79]

熊彼特的“李嘉图恶习”概念也广为人知。这指的是李嘉图对“具有直接、现实意义的明确结果”的兴趣。为了得到它，他尽可能多地使用“给定的”东西，并积累了大量简化假设，因此“期望的结果几乎是反复出现的”。他有“在聚集物之间建立简单关系的习惯，然后获得一个具有因果重要性的虚假光环”，而重要的东西“被捆绑在这些聚集物中或背后”。[80]凯恩斯也被指责采取了类似的做法。

简而言之，《经济分析史》被认为是描述了一个复杂的过程，在这个过程中，总结和巩固以往分析成果的“经典情况”最终从斗争和辩论中产生，之后被打破传统的新突破或革命所取代。[81]毫无疑问，有这样目的的书对于初学者来说有些令人生畏。然而，它作为一部历史著作的主要缺陷却存在于其他地方。熊彼特作品的鉴定家们会从他的观点背后发现他的理论，但是这些观点只有极少数明确地，还有一小部分含蓄地提及他自己。读者可能没有意识到这本书的作者也是经济史上的主要人物之一。

但他究竟为什么是一个重要人物呢？对某些人来说，熊彼特如此重要的原因似乎很难准确地界定。这是因为他留给后世的成就既不是一个学派，也不是一套精心设计的理论体系，更不是一套明确的政策建议。从本质上讲，他的成就是一个宏伟的世界观，其中一些要素（如创新、创业精神和资本主义）得到了详细的阐述：这个世界观是关于经济体如何因创造性反应和适应性反应而演化的，这些反应也引发了制度领域的改变。

换句话说，熊彼特提出并贡献了一个革命性的计划。他的工作掷地有声地提醒了我们一些问题，这些问题是基本性的，而且仍然有些不明确。此外，它还提醒我们，经济理论本身无法回答这些问题。于是，历史便尤其不可或缺。

第七章 约翰·梅纳德·凯恩斯

维多利亚·贝特曼

约翰·梅纳德·凯恩斯所处的时代造就了他，那个时代经历了两次世界大战，1929年的全球大萧条，以及日益高涨的民族主义导致的全球化的后退。凯恩斯不相信宿命，他是一个理想主义者，想象着一个更光明的未来，更重要的是，他相信像他这样的知识分子有能力和道德义务去积极地设计未来。

凯恩斯并不害怕挑战现状，无论是在经济学内部，还是在他的学科之外的生活中，尤其是在艺术与哲学上。据曾在1919年巴黎和平会议上与凯恩斯共事的美国财政部官员拉塞尔·莱芬韦尔（Russell Leffingwell）说，凯恩斯"总是倔强而调皮……是一个聪明的孩子，他质疑上帝的存在和十诫，震惊了他崇拜的长辈们"！[1] 他在1936年出版的《就业、利息和货币通论》(*The General Theory of Employment*，*Interest and Money*，以下简称《通论》）一书中明确指出，他的主要成就是让经济学家面对这样一个事实：资本主义经济可能陷入需求不足的局面，这最终可能威胁到民主的结构和自由社会的自由。凯恩斯没有将失业归咎于工人本身，而是将责任转移到市场体系上，最终鼓励政府与工人之间建立更紧密的合作关系。通过世界大战期间在政府部门的工作，凯恩斯还帮助促进了一种新的国民核算体系的诞生，为政府提供了适当监控和管理经济所需的衡量工具。到1946年凯恩斯去世时，全球化又回到了一个新的轨道上。他用一套全新的国际机构武装全球经济，这些机构不仅支持货币稳定和降低贸易壁垒等经济目标，而且还支持国际人权议程和非殖民化。

凯恩斯常被描述为反资本主义者，但他是资本主义的终极保护者，经常被认为从资本家手中拯救了资本主义。根据亨利·西蒙斯（Henry Simons）的观点，《通论》有潜力成为"法西斯运动的经济圣经"。[2]然而，如果不是因为他能够在广大公众中产生希望，发挥经济学家将市场和国家有效地结合在一起的能力，兼顾了两者，那么法西斯主义很可能会比20世纪中叶走得更远。凯恩斯提出了第三种方法。结果，无论是自由市场经济主流还是社会主义者，都不太喜欢他。

费边学派的比阿特丽斯·韦布（Beatrice Webb）写道，"凯恩斯对经济问题并不认真；他只在业余时间（与经济学）下棋。他唯一崇拜的只有美学。"[3]也许唯一能让社会主义者和自由市场论者团结起来的，就是他们都没有重视凯恩斯。至少在一开始是这样的。当时的主流经济学被凯恩斯归为古典学派（Classical School），他不过是一个叛逆的伪知识分子。芝加哥经济学家弗兰克·奈特（Frank Knight）认为凯恩斯是一个"反知识分子（anti-intellectual）"，是"站在普通人一边"的，"把城堡的钥匙从窗户扔给敲打大门的腓力斯丁人"的人。[4]通过支持增加政府支出和央行创造额外货币，凯恩斯激怒了主流经济学界，他看起来似乎是在迎合民粹主义情绪。然而，具有讽刺意味的是，他的作品却很难读懂，可以说是浮夸的，当然也很深奥，这可能为他在学术界赢得了更多而不是更少的追随者。[5]经济学家保罗·萨缪尔森写道，《通论》席卷了整个行业，就像"一种疾病的出人意料的毒性，首先袭击并摧毁了南大洋岛民的一个孤立部落"。[6]

虽然凯恩斯没有打动所有人，但他为年轻一代的经济学家带来了新的希望。在20世纪20年代和30年代，资本主义面临着来自共产主义和法西斯主义的双重压力，两者都涉及国家的高压手段。凯恩斯提出的是另一种选择：一种经过改革的资本主义，能够实现充分就业和繁荣，而不需要那些与资本主义的替代方案相伴生的“战俘集中营、处决和残忍的审讯”，尽管其中社会主义者的本意是好的。[7]一位来自20世纪30年代剑桥大学的学生指出，“凯恩斯的改良式资本主义拥有费边那一代人在社会主义中所追求的一切，甚至更多：它在道德上来讲是平等主义的，它是充分就业的，是慷慨而令人愉悦的”。[8]

到了1965年，凯恩斯已经巧妙地适应了充斥着学术理论和政策制定的生活，他登上了《时代周刊》（*Time*）的封面，该杂志认为凯恩斯“对世界自由经济产生了最重要的影响”。当时，他将国家和市场融为一体的独特风格赢得了政策制定者和学术界经济学家的一致认可。据称，正是这一点促使理查德·尼克松（Richard Nixon）在1971年宣布：“我们现在都是凯恩斯主义者。”

在接下来的篇幅中，我们将回顾凯恩斯的一生和所处时代，关注伴随着战争和经济萧条的全球化经历对他的研究所产生的巨大影响。我们将继续概述凯恩斯的经济思想，以及这种思想如何挑战自由市场经济学家对资本主义制度的信心。我们将看到，凯恩斯著作的核心思想是相信未来是完全不可预测的。这种不可预测性使得投资，以及与之相伴的经济具有内在的不稳定性。

然而，凯恩斯并不是唯一一个相信不可知未来的人。这是他与奥地利学派的共同感受，尽管如此，就政府在经济中的作用而言，奥地利学派得出了截然不同的结果。凯恩斯认为政府在激发人们对未来的信心和巩固投资以稳定经济等方面发挥着更大的作用，而奥地利经济学家却不这么认为。因此，凯恩斯面临的巨大挑战，并不是以标准的自由市场思维的形式出现的，而是以奥地利学派的形式出现，因为在许多方面，标准的自由市场思维只是假定凯恩斯提出的问题不存在。

凯恩斯最容易受到挑战的地方，不在于他对市场的批评——我们会看到，这种批评可以对抗最狂热的自由市场思想家——而在于他对政策制定者和国家的信心。既然我们不能预测未来，我们怎么能指望政府预测未来呢？如果他们做不到这一点，那么除了短期或相对有限的干预，其他任何措施都有可能将经济引向错误的方向。

全球化、战争、经济衰退和复兴

凯恩斯出生在一个市场繁荣的时代：一个全球化的时代。英国工业革命使英国从一潭死水变成了世界领先的经济体。[9] 到了 19 世纪下半叶，英国不仅“统治了海洋”，英国的金融家们还促进了遍布全球的国际交通网络的建设，使从玉米到服装的所有东西都能跨越数千英里。新蒸汽和铁技术起源于工业革命，带来了铁路和蒸汽航运，使运输成本大幅降低。从某种意义上来看，世界变得更小，更加扁平。不仅商品市场经历了快速一体化，劳动力市场和资本市场也经历了快速一体化。1820 年后的一个世纪，大约有 3000 万人从欧洲移民到美国，而英国的资本输出为基础设施建设提供了资金，并为国际市场开辟了大片土地。[10] 一位经济史学家在 1982 年的一篇文章中指出，在此之前或之后，从未有一个经济体在全球范围内进行过如此大规模的投资。[11] 到 1914 年，世界各国之间的联系非常紧密，以至于几乎没有人会想到，各国很快就会用无与伦比的军事行动取代友好的贸易关系。第一次世界大战破坏了原本的和睦，也给凯恩斯自己的学术生涯带来了混乱，并使他产生了持久不变的政治观点。

布卢姆斯伯里团体（Bloomsbury Group）以其波西米亚和自由主义

价值观而闻名，与布卢姆斯伯里团体的和平主义者朋友们不同，凯恩斯加入了这场战争，迈出了进入决策圈的第一步。他离开了剑桥的学术生活，加入了财政部，在那里他就如何最好地资助战争向英国政府提出了建议。到 1919 年，随着战争的结束，凯恩斯参与了和平谈判，包括那些关于战争“赔款”的谈判：战败国应该赔偿战胜国多少。尽管许多政治家采取了强硬路线，但是凯恩斯认为，持久的和平需要一个更宽容的经济解决方案：长期而言，折磨德国既不利于德国，也不利于欧洲其他国家。凯恩斯在 1919 年发表的论文《重建欧洲的建议》（*Proposals for the Reconstruction of Europe*）中警告：“如果我们有意让中欧陷入贫困，我敢预测，复仇将不会是软弱无力的。”[12] 他在 1919 年发表的《和平的经济后果》（*Economic Consequences of the Peace*）主张，和平谈判应该有一个更友善、更合作的结果。最终，凯恩斯的方式并没有实现，但是事实证明，他对报复性和议方案会带来的后果，预测得非常准确。

到了 20 世纪 20 年代，德国已经无力支付到期的赔款，整个欧洲都在努力重建。到了偿还短期战争债务的时候，许多欧洲政府发现自己无力应对。由于赔款支付的辩论仍在继续，债券持有者不相信政府有能力偿还债务，他们坚持要把钱拿回来。到 1922 年，由于愿意购买政府债券的人太少，加上无法通过议会获得更高的税收，欧洲大陆国家开始求助于印钞机来支付账单。结果是恶性通胀，德国、法国和比利时都受到了冲击。而在英国，凯恩斯主持的财政部成功地通过税收和长期（而非短期）债务为战争提供资金，但是相反的问题出现了：通货紧缩。虽然战争的胜利带来了战后经济的迅速繁荣，但乐观很快变成了悲观，经济陷入了严重的萧条。到 1921 年，英国的失业率已升至 10% 以上，出口贸易正在崩溃。[13] 无论是欧洲大陆还是英国国内，经济都处于动荡之中。战争留下了长长的阴影。

对凯恩斯来说，战争对经济的破坏对他和他的布卢姆斯伯里团体朋友所珍视的自由开放的社会构成了重大威胁。1922 年凯恩斯在《曼彻斯特卫报》（*Manchester Guardian*）上撰文指出：

> 今天真正的斗争，和 19 世纪第二个 25 年一样，是两种观念之间的冲突。一种是被称为自由主义或激进主义世界的观念，认为政府和外交政策的主要目标是和平、自由贸易和自由交往以及经济财富。而另外一种观点，是军国主义的或者更确切地说是外交上的，更多考虑权力、威望、国家或个人荣誉、强加一种文化传承或种族偏见等。对于善良的英国激进分子来说，后者是如此虚幻，如此疯狂，它将徒劳与邪恶结合在一起，以至于他常常处于一种忘记或不相信它真实存在的危险之中。[14]

只有正视资本主义的缺陷，然后赋予经济学家纠正这些缺陷的责任，自由主义才能得到拯救。然而，对凯恩斯同时代的许多人来说，经济问题不是出在资本主义"太多"上，而是"太少"；对市场进行干预这一结果，是由左倾政策推动的，这些政策试图帮助工人，但实际上却适得其反。例如，高失业率被归咎于从工会主义抬头到工作意愿下降的方方面面，可以说，这是二战前英国首相戴维·劳埃德·乔治（David Lloyd George）任内福利支出扩大的结果。

尽管当代大多数经济学家把工人的困境归咎于工人自身，但凯恩斯辩称，这种痛苦是市场的错。这种思路，是对经济现状的最大挑战，始于他写的一本名为《丘吉尔先生的经济成果》（*The Economic Consequences of Mr Churchill*）的小册子。在这个小册子里，凯恩斯认为，英国当时面临的高失业率是汇率过高的结果，这损害了对英国出口的需求，同时为了支撑被高估的汇率，利率也被设定得过高。1925 年，时任英国财政大臣的温斯顿·丘吉尔（Winston Churchill）决定让英国依照战前汇率平价 1 英镑兑换 4.86 美元回归金本位制——一种国际固定汇率体系。根据凯恩斯的理论，考虑到英国经济已被战争严重削弱，原来的汇率平价已经过高。他估计，要使英国的竞争力维持在战前水平，汇率至少需要降低 10%。凯恩斯没有将工人面临的失业归咎于他们自己，而是将其归咎于政府政策。

凯恩斯的想法与经济思想的精髓背道而驰。尽管看上去很有吸引力，但许多经济学家仍不相信凯恩斯的观点。在经济学家看来，如果汇率过高，价格就会下跌，从而使英国商品再次更具吸引力。它们不会下跌的唯一原因是工人设置了障碍——他们拒绝在降低价格的同时削减工资，这将意味着企业的成本将过高，裁员将不可避免。理应受到指责的是工人，而不是自由市场。

到 1929 年，大萧条和失业不仅是英国特有的现象了，而且已经蔓延到世界各地。现在的风险甚至比以前更大，因此，为了顺理成章地挑战当代的经济思想，凯恩斯需要建立一个他自己的成熟理论。他需要证明，一个经济体最终可能会陷入这样一种境地：消费（“需求”）不足以让所有人都保住工作，而这并非工人或企业的过错。

凯恩斯在 1930 年出版的《货币论》（*A Treatise on Money*），以及 1936 年出版的《就业、利息和货币通论》中阐述了自己的观点，进而引发了经济学的革命。经济学主流理论认为，如果放任市场自行其是，市场将确保每个想找工作的人都能找到工作，但是凯恩斯并不认同，他认为，只有在巧合的情况下，经济才会趋向于充分就业。凯恩斯认为，政府有责任积极管理经济中的支出水平，以确保有足够的需求来消化掉经济体能够生产出的所有商品，政府不能只是充当次要角色——这是一种自由放任主义。这将财政政策推到了风口上：凯恩斯认为，相较于在每个年度的基础上实现收支平衡，政府更应该在经济衰退时期支出，在繁荣时期储蓄，在整个经济周期的范围内平衡税收和政府支出计划。

到第二次世界大战开始时，这个问题变成了一个需求过多而非过少的问题。政府开支达到了前所未有的高涨。意识到一段时间之前的恶性通胀，英国政府热衷于利用凯恩斯的经济学理论自上而下而非自下而上地对需求进行管理。问题有两个方面：首先，在需求方面，战争使双重收入（dual-income）家庭成为常态，因为男人和女人都被安排上战场或进入军工厂；其次，随着政府接管生产，指导工厂将资源转向坦克和枪支的生产，可供销售的消费品数量减少了。综合来看，这两个因素——额外需求加上供应收缩——有可能将价格推高至无法控制的水平。凯恩斯参与进来，既要衡量经济中的需求，又要考察为了避免价格过度上涨，要在多大程度上以及通过什么手段对需求加以限制。到战争结束时，凯恩斯对经济政策制定的影响开始生根发芽。他在政府部门的工作，与理查德·斯通（Richard Stone）和詹姆斯·米德（James Meade）的工作一道，催生了现代的国民收入核算方法。

然而，尽管凯恩斯相信政府可能需要通过干预来管理经济，但他不是共产主义者。凯恩斯认为，与其把市场一股脑儿扔掉，还不如适时地对其进行干预，让市场合理运转，包括确保每个想找工作的人都能找到工作。凯恩斯试图将市场从其自身的桎梏中解救出来，以确保社会能够享受到市场的诸多优势，包括个人选择的自由，同时以繁荣和萧条的形式消除其阴暗面。凯恩斯是自由价值观的捍卫者，他向外看而不是向内看。事实上，他不仅影响了英国国内经济政策，而且还为后二战时代建立了一个新的国际经济秩序。

凯恩斯的新国际秩序认识到了全球化的好处。他很清楚，当各国相互背弃时，将会发生什么。国际市场在 19 世纪下半叶达到了新的发展高度，却在两次世界大战之间以惊人的速度解体。关税上涨是对 20

世纪 30 年代大萧条的回应，革命和法西斯主义增加了奉行闭关自守的国家数量。经济增长在萎缩，世界贸易也在萎缩，两者相互促进，形成恶性循环。全球贸易瓦解，对劳动力市场（包括移民政策）的限制增加：世界经济去全球化。根据两次世界大战之间的经验，决策者们得出了两个结论，这两个结论对二战后的政策产生了重大影响。[15]

第一个结论是完全依赖市场并不总是能保证充分就业：凯恩斯主义（干涉主义）经济政策和福利国家（welfare state）诞生了。因此，在英国国内，一种与完全自由市场经济战略相反的"混合"的经济战略被推崇。第二个结论是在国际市场上，关税政策被证明是于己不利的，它导致了国际需求的紧缩，这不仅伤害了世界其他地区，而且也损害了国内经济。因此，国际商品市场是有待解放的。在凯恩斯和美国经济学家哈里·德克斯特·怀特（Harry Dexter White）的共同努力下，布雷顿森林体系诞生了，它得名于联合国货币金融会议的召开地点。

这一体系是在上个时代的固定汇率制度基础上的一种进步，而凯恩斯认为 20 世纪 20 年代英国的严重衰退倾向就是旧的固定汇率制度造成的。首先，新的体系使各国货币的贬值有更大的灵活性，允许被高估货币向下调整。此外，各国之间的资本流动受到限制，抑制了投机攻击的可能性，并减少了各国政府暴露在国际资本短期风向下的风险。这反过来又促使各国政府对其国内经济政策有更大程度的控制。总之，新体系依赖于商品的自由流动，而不是资本的自由流动。关税壁垒将被取消，但资本流动的壁垒不会被取消。在实践中，这意味着个人在一个经济体中可以带入或者带出的货币数量是有限制的。

在国际经济新秩序的密切注视下，世界经济进入了 20 世纪 50—60 年代的黄金时代。没有什么地方比欧洲对此经历得更为深刻：低失业率，低通货膨胀率，贸易和投资蓬勃发展。然而，到了 20 世纪 60 年代末，固定汇率制度开始面临巨大压力，因此，20 世纪 70 年代汇率制度大量地转向浮动汇率制度。与此同时，资本市场放松了管制。国际市场此时达到了自 19 世纪末第一次大规模全球化以来再未达到过的一体化水平。然而，由于缺乏固定汇率这一限制了央行肆意印钞能力的机制，通胀很快失控。不久之后，欧洲国家开始寻求恢复固定汇率，尽管这一次的资本是自由流动的。其最终的结果，是欧元的诞生。

在凯恩斯看来，布雷顿森林体系的最终失败，以及关于欧元所作的尝试和所经历的磨难，都是完全可以预测的。布雷顿森林体系是一种妥协：一种对凯恩斯想要的东西和德克斯特·怀特想为美国人争取的东西之间的妥协。凯恩斯还有一个愿望从未实现：一个“盈余循环”（surplus recycling）体系，在这个体系中，实力较强的经济体以相互合作的方式帮助实力较弱的经济体摆脱困境。对二战后的美国人来说，这样的体系听起来太像是资助饱受战争蹂躏的欧洲。在当代的欧元背景下，这样的体系听起来太像出口强劲的德国向南欧的施舍。然而，在凯恩斯看来，只有实力较强的经济体帮助实力较弱的经济体，固定汇率体系才会存在。在固定汇率体系中，单个经济体缺乏改变汇率或利率的能力。稳定不是免费的，它是有代价的。在强国不遵守合作规则的情况下，不稳定就成了家常便饭。两次世界大战之间实行的金本位制，不仅凯恩斯将两次大战之间英国的困境归咎于它，而且巴里·艾肯格林（Barry Eichengreen）也将全球大萧条归咎于它；布雷顿森林体系当然是对金本位制的一种改进，但它只走了这么远。[16]

经济理论：凯恩斯 vs 古典学派

凯恩斯的经济理论不仅仅是对其所在经济形势的一种回应——当时的经济形势将他从 19 世纪晚期的经济全球化带入两次世界大战之间的战争和萧条，而且是对二战以后全球经济进入重建时期的一种回应。

凯恩斯的《就业、利息和货币通论》也代表了对他同时代的经济学家的直接攻击。[17]

在古典经济学看来，自由市场提供了一种稳定的力量。人们找不到工作但又迫切想工作的情况不应该发生。如果市场能够自由运行，那么价格和工资应该自然地调整到每个想要工作的人都能有一份工作的水平，每个公司都能够生产自己想要的产品数量。而像企业遭受消费者支出不足之苦、导致员工下岗的情况，就不应该发生。就这种“前凯恩斯主义”思想而言，经济的产出和收入取决于“供给方面”，即经济的生产能力。这种由供给决定的生产水平是由经济体的先天能力所决定的，即它的技术水平、机器的数量和愿意工作的人数。

下面的图显示了为什么劳动力市场总应该达到一个点，在这个点上，想要工作的人数与市场提供的岗位数完全相等，这意味着不应该出现失业率较高的时期。

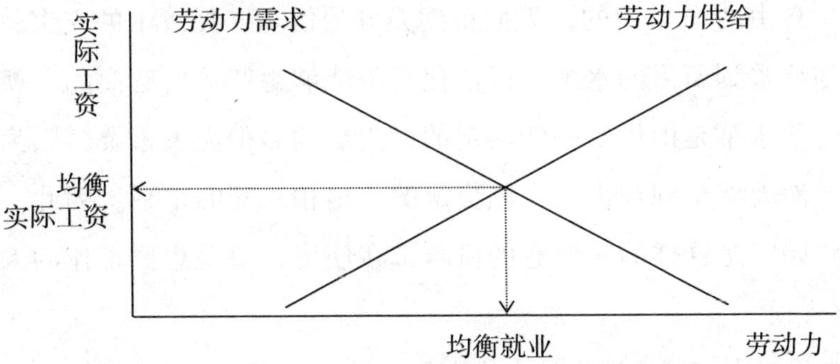

图 1：劳动力市场

“劳动力供给”这条线显示了在每一个工资水平上愿意工作的劳动力数量；它向上倾斜是因为工资越多，选择工作的人就越多。“劳动力需求”这条线显示了在每一种工资水平上企业想要雇佣的工人数量；

它向下倾斜是因为随着工资的下降，雇用工人变得“成本更低”。只要工资是灵活的，这两条线就会自然地调整到交叉点。在这个神奇的交点，工人想做的（他们想要供给的劳动力数量）和公司想做的（它们需求的劳动力数量）会完全相等。这就是所谓的“市场出清工资”。要想知道为什么经济会自然而然地达到这一水平，需要假设有一段时间工资水平高于这一市场出清水平。在这一工资水平上，劳动力需求低于供给：过高的工资使得企业雇用与之前同样数量的劳动力时的成本增加，这意味着一些愿意工作的工人此时会失业，他们找不到愿意雇用他们的公司。面对工作岗位的缺乏，工人们将接受减薪，直到每个人都重新开始有工作、工资回到市场出清水平为止。因此，只要没有干扰市场的因素，如工会和最低工资法，每一个想要工作的人都应该能够找到一份工作，而且所有的公司都应该可以找到足够的劳动力来生产它们想生产的商品的数量。

就古典经济学而言，经济中的需求一侧能够进行自我调节。只要市场是自由的、灵活的，人们得到充分的信息，经济中的支出就应该自然地调整到所需的水平，以消化经济能够生产的所有商品。换句话说，生产水平是由供给一侧决定的；支出的多少无关紧要，因为它总是会自然地调整到与供给一侧决定的产出相匹配的水平。因此，产出水平将始终是这样的：所有的机器都在使用，每个想要工作的人都有工作。

如果自由市场经济中的支出数量能够自行调节，那么政府就没有必要担心经济可能会遭遇衰退。政策制定者就可以退居幕后。偏离纯粹的“均衡”应该只是偶尔的和暂时的。事实上，当这种偏差确实发生时，古典经济学家将责任直接归咎于政府或工人自己，认为他们干涉了自由市场力量。在他们看来，国家能为经济做的最好的事情就是让市场尽可能自由，使工资和价格能足够迅速地调整，以便在出现不利冲击时自然地平衡经济。

20世纪20年代和30年代的经济学家从这种古典经济学思维的语境出发，将笼罩当时社会的高失业率归咎于以下两种原因。第一个，是对经济施行的干预措施，它们阻碍了工资和价格的调整。这些干预措施包括工会和失业救济金，工会的地位在第一次世界大战期间得到了加强，而失业救济金在战后有所增加，实施范围也扩大了。在这里，最应该受到指责的是工人——无论是加入工会的，还是选举出一个过于干涉主义的政府的。第二个潜在的失业来源，被认为是来自战争对经济"供给侧"产生的影响，即对经济体中工人与技术和机械相结合生产商品的能力所产生的影响。如果经济体的生产力下降，企业将无法支付与以前相同的工资。这种观点认为，由于工资降低，一些工人发现做了工作却根本没有工资，因此他们主动选择退出工作。其结果就是"自愿失业"。然而，无论高失业率的原因是以上这两种原因中的哪一种，罪魁祸首都是失业者，而不是市场经济本身。

但是凯恩斯对于同时代的这种关于失业的解释并不满意。失业者的贫困和不幸使他相信，失业可能是市场本身的失败，而不是因为工人犯了任何错误：需求不足是可能的，这可能导致企业对劳动力的需求过低。尽管在实际操作中，凯恩斯的观点似乎很直截了当，但是说服经济学家接受观点却要困难得多。就古典经济学而言，应始终有足够的需求来购买经济中生产的所有商品，而不会让任何企业——或工人——想要更多。理解这一点的关键在于：经济中生产的每一件商品的价值，比如价值1000英镑的电视机，都会使同等数量的工资或收入被支付出去。这一支出可能包括，比如说，500英镑的工资和500英镑的公司所有者利润。任何没有支付给工人的东西，最终都必然会作为利润落入公司所有者的口袋。因此，无论一个经济体生产什么，人们（无论是工人还是企业所有者）都将有购买的手段，只要所有挣来的钱都被实际花掉了。

古典经济学理论告诉我们，人们购买经济体中所有商品的这种潜力总是会转化为实际支出。虽然人们想要花费的自己的工资或利润的金额可能低于经济中正在生产的数量（因为有人希望进行储蓄），但只要公司借入（投资）的金额与消费者储蓄的金额相同，消费力就将被重新注入经济。正如古典经济学家所主张的那样，利率总是会调整到确保投资等于储蓄的水平，从而使经济中的总支出等于正在生产的商品的价值：如果人们的储蓄超过了公司的投资意愿，银行就会有大量的储蓄，从而以较低的利率提供贷款。作为回应，企业将借入更多资金，消化过剩的储蓄。同样，如果想要投资的公司对贷款的需求超过了人们想要储蓄的数量，那么利率就会被推高，这样一来，想要贷款的公司就会减少。通过这种方法，经济中的投资总额将始终与人们希望储蓄的金额完全相等。由于任何储蓄都将被借贷和消费，总支出将始终与那个确保经济中生产的所有商品都能被购买的数额完全相等，从而保证每个人都有工作。因此，结论是，自由市场经济不会产生失业率不断上升的时期，因为经济中生产的所有产品都会被购买。

对凯恩斯来说，这种充满希望的想法只是经济的诸多可能结果之一。这是一个特殊的情况而不是普遍的情况。《通论》的第一章只有一页纸，也许是所有书中篇幅最短的第一章，他在这一章中煞费苦心地指出：

> 这本书叫作《就业、利息和货币通论》，我把重点放在“通论”上。这样一个标题的目的是将我的论点和结论与古典学科理论的性质进行对比。我就是在古典主义理论的背景下长大的，这一理论在这一代的统治阶级和学术阶级的经济思想中，无论从实践还是理论方面，都占主导地位……我认为古典理论的假设只适用于特殊

> 情况，而不适用于一般情况，它所假定的情形只是各种可能的均衡位置的极点。而且，古典理论所假定的特殊情况的特征不符合我们实际生活于其中的经济社会的特征，如果我们试图把它应用于实践中，结果势必成为一种误导，甚至造成灾难。[18]

理解凯恩斯思想的核心是首先要认识到未来是完全不可知的。凯恩斯不仅是一位学院派经济学家，也是一位股市的忠实追随者，还是一位能干的数学家。每天早上，他都会坐在那里阅读财经报纸，试图找出自己作为一个精明的投资者可以利用的模式。不仅是为了他自己，也是为了国王学院（King's College），他受托管理该学院的投资组合。他的投资策略似乎一直奏效，直到1929年的一天，出乎意料地，市场开始下跌，跌得越来越深，越来越深。这段个人经历让凯恩斯停下来思考。这让他意识到，无论人们如何努力去预测，未来都是无法预测的。

如果未来是未知的，投资就会变得非常困难。凯恩斯在《通论》第12章中写道：

> 我们据以估计预期收益的知识基础极其脆弱。坦率地说，如果想估计10年后的一条铁路、一座铜矿、一家纺织厂、一种专利药品的信誉、一艘大西洋油轮、一座伦敦市中心区的建筑物的收益到底有多少，我们所能依据的知识实在太少，有时甚至完全没有，即使把时间缩短为5年以后，情况也是如此。事实上，那些认真尝试作出此类估计的人往往是少数，他们的行为并不支配市场……我们的积极行为，有一大部分与其说是决定于冷静的算计不如说是一种动物精神的结果。假如做一件事的后果，需要过很多天之后才能明白，那么要不要做这件事，就不是把所得利益的多寡乘以获得这

一利益的概率，求出一个加权平均数，然后再进行的决定。大多数做这样决定的人，大概只是出于一时的、自发的、想行动而不想无所作为的冲动。无论是多么的坦率和真诚，企业只是假装自己主要受到其招股书陈述的驱动。[19]

无论是一个公司决定是否扩张，一个人决定是否购买“以租换贷”（buy-to-let）的房产，还是我们每个人决定如何使用养老金，当进行投资决策的时候，我们有必要尝试对未来作出预测。说到股票市场，如果我们不能预测未来，我们就不能计算一只股票（或整个股票市场）的真实价值。因此，股市没有“锚”，相反，股价会像一艘没有锚的船一样“随风飘荡”，反映出人们总体上认为未来会发生什么。因此，投资者纷纷跟风，担心错失良机，这一刻自信满满，下一刻又被恐慌压倒。如果一种繁荣的预期一时间占据了上风，股价就会不断上涨，直到有什么东西敲响了警钟，然后股价就会跌回现实，甚至可能远超现实。这些乐观和悲观的浪潮转化为投资活动和股市繁荣和萧条的剧烈波动，破坏了经济的稳定。

凯恩斯提出了一种与他的前辈截然不同的投资理论。古典投资理论依赖于经济中投资对利率的响应；如果储蓄太多，而经济中的支出又太少，无法保证每个人都有工作，那么利率就会自然下降（毕竟，银行里存着人们的大量储蓄）。然后借贷和投资变得更便宜，于是投资增加。额外的投资支出会弥补消费者支出的不足，防止任何人失业。但是，对凯恩斯来说，在最初储蓄超过投资的情况下，利率是否会自然下降并不明朗。

在凯恩斯的思想中，金钱扮演着核心角色，当面对未知的未来时，它提供了一定程度的安全感。因此，如果储户开始变得特别担心未来，他们可能会以货币的形式储存自己的积蓄（藏在床底下或者别的地方），而不是合理地进行投资，不管是直接地通过投资股票市场为企业提供资金，还是间接地通过银行体系为企业提供贷款。这种以货币形式储存积蓄的能力意味着储蓄不会自动流向投资，其结果是经济最终可能陷入支出太少的境地。古典理论认为，人们储蓄时失去的消费力将通过投资（随着储蓄重新回到投资者手中）自动注入经济，而凯恩斯认为这种观点是错误的。

即使利率确实因经济中支出过少（以人们储蓄过多的形式）而下降，凯恩斯也不相信它会带来让经济再次运转所需的投资。凯恩斯认为，利率并不是投资的关键驱动力，投资者对未来的“信心状况”要重要得多，同样至关重要的还有“动物精神”。对凯恩斯来说，由于未来是未知的，因此对未来的乐观或悲观程度会对企业的投资意愿产生很大影响。如果公司觉得他们有理由担心未来，即使是非常低的利率也不足以诱使他们借入经济中所有可用的储蓄来投资。毕竟，如果消费者支出不多，为什么要借钱投资于产能扩张（即使这样做成本很低）？其结果是，投资可能不足以消化经济中的储蓄，因此，经济中的总支出可能会低于确保商店货架上所有可用商品都能售出所要求的水平。由于全国各地的仓库和工厂积压了大量未售出的商品，企业开始裁员。这将导致消费的进一步减少，因为新失业的工人减少了他们的消费，导致更大的未售出商品库存、更多的裁员等等，形成恶性循环。对未来的悲观信念自我应验了。这使政府成为一个激励未来信心的角色，即政府承诺一旦需要，政府将介入经济以提振需求。当然，只要消费者和企业相信政府会这样做，经济衰退就可以避免，因为对未来的乐观情绪也会自我应验。

价格和工资黏性

尽管凯恩斯认为，由于需求不足，经济可能陷入衰退，但古典经济学家认为，市场总会提供一条出路。他们认为，自由市场经济将通过价格和工资的自然调整，自动从衰退的趋势中复苏。因此，在经济衰退时期，政策制定者所要做的就是坐等物价和工资下降。凯恩斯提出的那种粗暴的干预将是不必要的。

随着价格的降低，人们会感到更富有，他们积累的储蓄（或“财富”）将使他们比以往任何时候都能买得起更多东西，作为回应，他们自然会开始增加支出。此外，随着价格下降，经济将变得更具竞争力，因此，只要向世界市场开放，就能够通过“出口”走出衰退。价格将继续下跌，直到总需求恢复到以前的水平，所有未售出的商品再次被购买。唯一（暂时）的问题是，随着价格下降，雇佣一个工人的“真实”的成本增加：如果公司仍支付同样的工资（以英镑为单位），但工人产生的价值变少（商品以更低的价格出售），工人实际上变得更加昂贵。然而，为了避免被裁员，工人们应理性地接受由于商品价格下降带来的降薪，使他们能负担得起和从前一样多数量的商品，相对来说与以往一样富裕。工人们和危机前一样快乐，而且随着成本与价格的回归，公司也是如此。经济又恢复了平衡。

这意味着，只要价格和工资能够自由调整，需求（即经济中的支出）的减少就不应造成问题。如果对自由市场中阻碍工资和价格调整的需求震荡以及干预措施缺乏认识，就会阻止自然调整的过程的启动，从而导致长期衰退。

因此，凯恩斯去世后，经济学家们在凯恩斯主义和古典主义思想之间达成了妥协：凯恩斯的需求不足问题被认为只有在短期内才有可能发生，因为短期内价格和工资可能是具有“黏性的”，而从长期的角度来看，古典经济学观点被认为是更占上风的。凯恩斯主义和古典经济学被综合起来了。因此，为了使经济在应对需求震荡时更具有弹性，人们主张价格和工资应尽可能灵活。因此，从20世纪70年代起，自由市场政府试图削弱工会的力量，提高工资的灵活性，同时解散和私有化一些大型垄断企业（如公用事业企业），以防止价格操纵，提高价格的灵活性。

然而，并不是所有凯恩斯的追随者都对这一妥协以及似乎由它带来的对自由市场思想的回归感到满意。对于坚定的凯恩斯主义者来说，价格下跌带来的问题比解决的问题还要多。事实上，他们有可能让事情变得更糟，而不是更好。首先，如果其他经济体也陷入衰退，或者全球化受到冲击，使得由出口带来的增长变得棘手，那么依靠不断下降的国内价格提高商品的国际竞争力，从而让一个经济体通过出口来摆脱衰退的做法，或许是不可行的。即使依靠价格下跌来刺激国内需求而不是出口需求，也可能是不够的。虽然握有财富的人在价格下跌后可能会觉得更富有，因此可能愿意多花点钱，但在经济中也有很多人背负债务，对他们来说，价格下跌只会增加他们债务的"实际"价值。例如，对于一个因抵押贷款而负债的工人来说，物价和工资的下降可能会使偿还抵押贷款变得比以前困难得多，从而增加违约的可能性。同样，如果一家公司之前借了10万美元的债，现在（随着价格的下降）为了偿还这笔债务，它不得不卖出比最初预期多得多的商品。欧文·费雪（Irving Fisher）认为，企业和个人偿还债务的困难，可能会破坏银行体系的稳定。[20] 因此，如果经济债台高筑，价格下跌实际上可能导致支出下降而非上升，甚至引发全面的银行业危机，只会使情况变得更糟，而不是更好。

主流经济学家倾向于认为，物价下跌非但不会刺激消费，反而会适得其反，使经济陷入恶性循环。这意味着，经济并不总是在自我修正；那些坐等经济自然复苏的政府——盲目地坚持他们对自由市场调整进程的信心——很可能会发现自己永远在等待，与此同时却面临着越来越严重的经济问题和越来越严重的社会动荡。凯恩斯主义者认为，这种坐视不管的态度，解释了1929年的经济衰退最终演变成萧条的原因，而早期的一点点刺激本就可以避免萧条。只有政府在第二次世界大战中被迫加大支出和重整军备，才使经济最终摆脱了危机。

然而，就当代后凯恩斯学派而言，凯恩斯论点的核心并不是价格和工资黏性，正如经济学教科书后来提出的、今天仍然提出的那样，其核心是“未来本来就是不可知的”这一事实。再多的价格和工资弹性也无法弥补经济陷入悲观主义陷阱的可能性。而且，在凯恩斯看来，现代金融市场使这一切更有可能发生，而这正是经济学家海曼·明斯基（Hyman Minsky）理论的基础。[21]

凯恩斯认为，股票市场允许股票份额以微不足道的交易成本进行买卖的便利性，加剧了只注重短期利益的倾向。正是这种短视主义使得股票市场比在正常情况下更加动荡，从而使得企业难以筹集到长期投资所需的资金。当金融市场受“基本面”驱动较少、而是更多地受过度的短期投机行为驱动时，我们不能确定金融市场是否会为那些值得投资的企业和行业提供资金（相对于那些不值得投资的行业）。鉴于投资在长期增长方面，以及在确保没有需求不足（即有足够的投资来消化储蓄）方面发挥着重要作用，对凯恩斯来说，投资的不稳定性是他关注的核心问题。他认为，稳定投资应该是重中之重。

凯恩斯真正的对手：哈耶克和奥地利学派

在20世纪70年代和80年代，凯恩斯的思想受到了古典思想复兴的挑战，而他真正的对手是奥地利学派。与其他自由市场学派不同的是，奥地利学派和凯恩斯一样相信市场经济的自然不稳定性和不可知的未来。然而，当谈到政策制定者是否有能力比私营部门更了解并做得更好时，他们抱有与凯恩斯不同的信念。

一旦我们把不可知的未来视作凯恩斯思想的核心，而不是黏性价格和工资，则对凯恩斯思想发起最有力抨击的就不是主流的自由市场经济学，而是奥地利学派的思想。奥地利学派的思想与凯恩斯的相似之处远远超过了与古典经济学派和新古典经济学派（neoclassical school）及新兴古典经济学派（new classical school）变体的。

和凯恩斯一样，奥地利学派经济学家也不认为资本主义经济是自然稳定的。然而，他们认为衰退是繁荣时期过度投资的产物，而不是投资不足的结果。对奥地利学派来说，在经济繁荣时期，投资者已经失去了其他生产机会，他们最终会支持那些并不总是值得投资的投机性投资。刺激凯恩斯式投资的政策只会让事情变得更糟，而不是更好。经济需要一次周期性的衰退，以摆脱非生产性投资，使其能够重振。

此外，尽管奥地利学派经济学家在许多方面同意凯恩斯的观点，即未来是不可知的，但他们辩称，无论是对于决策者，还是对于私营部门，未来都一样不可知。因此，相信政府能够引导投资，就很容易把我们引向错误的方向。相反，我们需要的是资本主义所提供的多样性：企业和投资者对未来的看法各不相同，各自做自己的事情，其中之一最终将被证明是正确的。认为一个人或国家总是能押对宝，那就大错特错了。政策制定者无法预测未来会发生什么，因此最终可能会把纳税人的钱投入一系列无用的项目。遵循标准自由市场传统的经济学家们质疑政策制定者和政治家的动机，而公共选择理论表明不能假定他们是仁慈的，在奥地利学派看来，政策制定者无法预测未来，这对凯恩斯主义思想的实际应用也同样构成了巨大的障碍。即使国家是可信的、廉洁的，也不能指望它预测未来。尽管凯恩斯对市场提出了有力的攻击，但他没有提出足够令人信服的理由，以证明政府可以做得更好。

虽然奥地利学派认为政府稳定经济的能力是有限的，这或许是对的，但事实证明，在大萧条时期，这一观点并不具有吸引力。遗憾的是，最著名的奥地利学派经济学家弗里德里希·哈耶克，从未对《通论》发表过评论。[22] 在凯恩斯主义和奥地利学派思想没有直接对抗的情况下，凯恩斯主义没有受到它原本可能受到的、来自现在仍然是它最好的对手的那种挑战。经济学家约翰·希克斯以“希克斯–汉森”模型（IS–LM Model）阐释了凯恩斯的思想。用他的话来说，凯恩斯主义没有受到挑战，哈耶克“从我们的指缝间溜走了”。[23]

然而，有一种对政府活动的自然考察，可以在凯恩斯自己的思想中找到，但只有对他的工作有更深刻的认识后才能理解。凯恩斯不仅是一位经济学家，还是一个入世的人，一个信奉自由和开放社会的自由主义者，一个信奉国家应该向外看而不是向内看的自由主义者。尽管凯恩斯经常与反全球化思维联系在一起，但他意识到了国际一体化，尤其是商品、服务和人员的自由流动可能带来的巨大好处。凯恩斯出生于 19 世纪下半叶的全球化时代，在第一次世界大战之后见证了全球化的崩溃，他帮助世界建立了二战后回归全球化所需要的国际制度，比如布雷顿森林体系。全球化不仅创造了一个旺盛的需求环境，有助于避免衰退，而且还不断地检视政府行为，防止政府滥用选民赋予它们的权力，而是以凯恩斯主义的方式管理经济。一国政府在哪里做错了，在国际上一比较就清清楚楚，所有人都可以看到，这意味着选民可以要求政府承担责任。国与国之间的市场竞争可以像公司之间的竞争一样具有强大的约束力。因此，在一个全球化的、向外看的世界里，凯恩斯那种将市场与政府融合在一起的理念，可能是最有益的。当时正处于与世界各地区相互隔绝的时期，人们不得不担心他特有的国家干预主义会转变成完全不同的、同时也是他极力避免的东西。

第八章 弗里德里希·哈耶克

斯科特·谢尔

1899年5月8日，弗里德里希·奥古斯特·哈耶克出生在维也纳，父母都是受过良好教育的资产阶级自由主义者，他从小在充满着科学讨论的氛围中成长。他的父亲是一名医生和植物学家，曾在维也纳大学任兼职教授，并向大儿子灌输了对大学教授职业的深深的敬意。哈耶克的母亲是一位著名统计学家的女儿，也是著名哲学家路德维希·维特根斯坦（Ludwig Wittgenstein）的远房表亲。

哈耶克在世纪之交出生于维也纳，这对他作为社会科学家的发展具有重要意义。维也纳19世纪末的文化辉煌（fin de siècle）是众所周知的。哈耶克青年时期，维也纳汇聚了世界著名的作曲家马勒（Mahler）、勋伯格（Schonberg），艺术家克里姆特（Klimt）和维也纳分裂主义者，作家茨威格（Zweig）、穆塞尔（Musil）、克劳斯（Kraus）和施尼茨勒（Schnitzler），哲学家布伦塔诺（Brentano）和梅农（Meinong），建筑师卢斯（Loos）、瓦格纳（Wagner），自然科学家马赫（Mach）、玻尔兹曼（Boltzmann）、薛定谔（Schrodinger），心理学家弗洛伊德（Freud），当然还有经济学家。由卡尔·门格尔创立、欧根·冯·博姆-巴维克、弗里德里希·冯·维塞尔以及后来的约瑟夫·熊彼特和路德维希·冯·米塞斯（Ludwig von Mises）创办的奥地利学派在20世纪头几十年处于经济学的国际巅峰。

出生在那个时代，在那个地方，必然要经历一系列前所未见的社会灾难，这些灾难即使是最敏锐的头脑也无法预测，更不用说进行预防了。这意味着自己的国家参与第一次世界大战。这意味着见证战后奥匈帝国的解体，以及自11世纪以来统治中欧大片地区的哈布斯堡王朝的退位。这也意味着要忍受战后维也纳臭名昭著的瘟疫般的环境。对哈耶克后来的职业生涯具有特殊意义的是，一场灾难性的恶性通胀席卷了欧洲大部分地区，对德国和前奥匈帝国的打击尤为严重。[1]这是昔日的中欧强国德国作出的通过印越来越多的钱来为战争年代及战后的开支筹措资金的政治决定所引发的恶果。结果，受过教育的中产阶级（Bildungsbürgertum）眼睁睁地看着自己的积蓄和前途化为乌有。

近来，欧文·德克（Erwin Dekker）认为，奥地利学派的经济学家应该被称为“文明的学生”，他们试图了解世界大战这样的灾难是如何从中欧环境中产生的，而奥地利学派也产生于同样的环境下，要知道，中欧一向以个人主义、宽容、和平主义和国际主义等自由主义价值观而闻名于世。[2]根据德克的观点，这些学者逐渐认识到，只有以高昂的代价来抑制我们许多最深层的本能冲动，才有可能实现文明，这些冲动包括强迫那些与我们不同的人和我们保持一致的本能，逃避我们的实践责任和道德责任的本能。想要维护维也纳相对自由的文化，就需要帝国中许多不同民族和宗教团体的成员以文明和相互尊重的方式对待彼此；意味着所有人要信守合同中的承诺，保护他人的身体和财产安全，和平参与公民社会和民主进程。然而，就在这个时候，两种截然不同的政治派别都向人民发出呼吁，声称只要纵容而不是去抑制这些原始的本能，就有望理性地重建和改善社会。

哈耶克在长达70年的职业生涯中发展出了许多类似的主题，这几十年间世界充满了极权主义。然而，除了争论之外，他还需要面对那些渴望控制和规划社会的人，他们面临着无法克服的认知困难。无论是所谓的道德光辉，还是卓越的道德原则，似乎都证明了这种做法是合理的，但是任何希望控制社会的人都面临着一个知识问题。简而言之，就是他们不知道怎么做，更重要的是，他们无从获知正确的做法。这个社会所有的丑陋和美丽，更多是意料之外的结果，而不是对有意的政治设计的实现。

维也纳时期：方法论，货币理论和米塞斯

1918年末，哈耶克从帝国军队退役后，进入维也纳大学学习。在大学的前几年，哈耶克对心理学的研究特别感兴趣。1920年，他写了第一篇流传下来的学术论文，是对维也纳著名物理学家恩斯特·马赫（Ernst Mach）的心理学理论的延伸和批评。在哈耶克看来，意识是大脑神经元网络之间关系的一种涌现特性（emergent property）。哈耶克的老师鼓励他进一步发展他的理论，但他把这个项目放在一边，专注于其他课程，近三十年都没有再进行此项研究。[3]

哈耶克之所以选择经济学而不是心理学，是因为它有着优越的就业前景，这是一个合理的解释，尽管对于这位未来的诺贝尔奖获得者来说有些陈腐。[4]具有讽刺意味的是，最初向哈耶克介绍奥地利经济学派的人是维也纳大学的经济学教授奥斯马尔·斯潘（Othmar Spann），斯潘既不是该学派的成员，也不是哈耶克的灵感来源。斯潘将门格尔《大众经济学原理》的第一版送给了哈耶克，这是奥地利学派的创始宪章。[5]然而，斯潘自己的“直觉普遍主义（intuitive universalism）”认为社会科学的推理源自对整体社会实体（如现代宏观经济学的总和）直觉上的认识，这一认识是奥地利学派经济学家所深恶痛绝的，他们长期以来一直否认整体分析法对于经济学的方法论价值。[6]

奥地利学派的方法论是个人主义的。门格尔和他的追随者认为，任何对社会现象的充分解释都必须从个体的行为开始。从奥地利学派的观点来看，国内生产总值（Gross Domestic Product，以下简称 GDP），只是将经济体中生产的所有东西简单相加，没有区分苹果和橘子，或是区分螺丝刀和电脑，用类似这样的综合概念来分析社会现象，实际上忽视了经济现象中的许多有趣之处。奥地利学派的方法论也是理论性的。事实上，奥地利的经济学家早就采纳了现在被广泛接受的观点，即感官体验是依赖于理论的，也就是说，如果没有一个理论来辨别个体之间感知对象的差异，没有标准来进行区分，比如说，一只狗的视觉体验和一只猫的视觉体验，那么你所看到的仅仅只会是一些未分化的视觉刺激。[7] 最后，奥地利学派的方法论是完全主观主义的。鉴于任何个人的行为都是其主观观点的结果，社会分析必须尽可能地从这些主观观点的已知部分出发。正是以上这种独特的方法论融合，使奥地利学派有别于其他经济思想学派。[8]

在完成他的第一个博士学位后，哈耶克需要一份工作。他向弗里德里希·冯·维塞尔寻求建议，他后来与维塞尔一起完成了他的第二个博士学位。[9] 维塞尔写了一封介绍信，让哈耶克去拜访路德维希·冯·米塞斯，当时米塞斯正在管理一个临时的“清偿局”，该机构的目的是解决与战争有关的国际债务问题。由于他的宗教（犹太教）、他的政治立场（极端自由主义）和他的性格（难于相处）的原因，米塞斯从未被授予他应有的维也纳大学教授职位。哈耶克到来时米塞斯傲慢的回应已经成为一个传说。维塞尔在信中称哈耶克是一位才华横溢的年轻经济学家。“如果是这样，”米塞斯问道，“为什么我没有在我的课上看到你？”实际上，哈耶克参加了米塞斯的几次演讲，但米塞斯对古典自由主义的狂热迷恋使他感到厌烦。当时，哈耶克在政治上倾向于维塞尔所欣赏的温和的、非马克思主义的、费边式的社会主义。然而，事实证明，这对哈耶克和米塞斯间的工作关系并没有产生什么障碍，哈耶克当场受聘。[10]

米塞斯很快打消了哈耶克年轻时对社会主义的依恋。先是在1920年发表的一篇有影响力的论文中，后来是在《社会主义》（*Socialism*，1922）一书中，米塞斯指出，一个孤立于市场活动之外的社会主义国家组织的管理者，永远不可能具备使商品供给与需求保持一致所必需的知识。在一个所有私人财产都被国家没收的社会中，将没有市场，因此也没有价格。[11]没有价格，社会主义管理者就无法计算他们经营的损益。那么，他们将如何使供给与需求保持一致？[12]哈耶克后来写到米塞斯的书所产生的深远影响："它逐渐但从根本上改变了许多年轻理想主义者的观点，他们在二战后重返大学学习。我对此深有体会，因为我是他们中的一员。"[13]

哈耶克一直在清偿局工作，直到1923年初，他前往美国进行研究之旅。在那里，他对经济波动和刚成立不久的美联储的货币政策进行了统计研究。1927年回到维也纳后，他和米塞斯创建了奥地利经济周期研究所。哈耶克担任该研究所的首任所长。[14]

1929年他的第一本书出版，深入研究了经济周期理论（不幸的是与此同时，华尔街崩盘和大萧条开始）。在《货币理论和贸易周期》（*Monetary Theory and the Trade Cycle*）中，哈耶克考虑了经济周期理论的方法论。其中最主要的问题哈耶克在他前期的著作中曾提到过，并且在其整个职业生涯中都反复提及：经济学的主要理论工具，均衡理论（"供求理论"），从根本上不适合解释经济失调，即衰退（以及与之相反的经济过热时的"通货膨胀期"）。均衡理论假定个人拥有完整的知识，假定所有的技术变化都是已知的，假定所有的经济规模（如储蓄和投资）都处于完美的平衡状态，从而排除了作为经济周期特征的波动的可能性。经济学家面临着一个选择，要么修改均衡理论，使之成为更好的经济周期分析工具，要么重新建构经济学中最基本的理论。[15]哈耶克在1929年采用了第一种方法，他认为如果辅以各种关于货币使用和银行家在经济中的作用的假设，标准的均衡框架可以解释经济波动。但是他最终认为需要采取更激烈的方法。

伦敦岁月：朋友和友好的对手

哈耶克的研究很快引起了伦敦经济学院（LSE）年轻院长莱昂内尔·罗宾斯（Lionel Robbins）的注意。与许多英国经济学家，尤其是那些素以对外国经济思想流派的无知而闻名的剑桥大学经济学家不同，罗宾斯曾多次访问维也纳，并且对奥地利学派的独特做法表示赞同。1931年初，罗宾斯邀请哈耶克在伦敦政治经济学院做了一系列讲座，这些讲座的内容于当年晚些时候发表在哈耶克的经济周期杰作《价格与生产》(*Prices and Production*）中。[16]

哈耶克到达伦敦时，世界正处于大萧条的痛苦之中，人们迫切需要知道关于世界经济在过去两年中为何崩溃、如何崩溃以及对此能做些什么（如果可以话）的答案。哈耶克扩展了最初在《货币理论和贸易周期》中提出的分析。在这本早期的书中，他并不认同米塞斯的结论，即只有故意操纵货币供应才能引发工业波动。相反，哈耶克认为，无论银行家的决定如何，经济活动的波动都是拥有弹性货币的经济体的一个永久性特征，也就是说，货币供应的变动可以独立于消费者和生产者的决定。[17]哈耶克同意米塞斯的观点，认为深思熟虑的货币政策可以使周期运转，从历史的角度来看，这可能是现实世界中大多数周期发作的原因；然而，哈耶克指出，无论银行家的动机如何，在现实中保持经济平衡归根结底是一个认知问题：银行家不知道如何确保他们的贷款活动相对于实体经济活动是中性的。[18]唯一的"解决办法"是完全消除银行信贷，但这将意味着放弃其可观的好处，包括经济增长更快的可能性。[19]因此，哈耶克得出结论，大萧条的问题没有简单可行的解决办法。只有时间才能纠正货币供应的弹性所造成的扭曲。

尽管政策的意义并不明朗，但哈耶克的讲座还是受到了热烈欢迎，罗宾斯立即向哈耶克提供了伦敦政治经济学院的一个职位。[20]在很短的时间内，英国经济界几乎所有人都成了哈耶克主义者。但是这种情况并没有持续太久。

罗宾斯在哈耶克的著作中看到了一种潜在的制衡剑桥，尤其是制衡凯恩斯日益增长的影响力的力量。罗宾斯很快给哈耶克布置了一个正式的任务：攻击凯恩斯和剑桥。尽管哈耶克和凯恩斯一样享有盛名，但他随后发表的辩论相当简短，最终也没有给人留下什么深刻印象。[21]

和许多来自一战战败国家的人一样，哈耶克崇拜凯恩斯。凯恩斯作为1919年凡尔赛和平会议的英国经济代表，第一次获得了全世界的认可。凯恩斯因为战败国赔款的问题与英国代表团决裂，离开了会议。凯恩斯在1919年出版的《和平的经济后果》一书中指出，战胜国同意的巨额赔款将给战败国带来灾难性的经济和道德后果。这一立场使凯恩斯成为德语世界的英雄，甚至在反对他后来经济理论及其政策含义的奥地利学派经济学家中也是如此。[22]

凯恩斯在20世纪20年代后半段一直在写作他本希望成为自己的代表作的作品。《货币论》（*The Treatise on Money*）发表于1930年，它将经济波动归因于储蓄和投资之间的差异。[23]哈耶克对这本书的反对主要是方法论上的，他认为凯恩斯未能将分析建立在一个详尽的资本理论基础之上，哈耶克认为，要对储蓄与投资之间的关系进行任何实质性的讨论，理论基础是必要的。此外，凯恩斯的论点依据的是储蓄和投资之间的差异对（综合的）一般价格水平的影响，而不是对不同类别商品之间的相对价格的影响，哈耶克认为这种方法与周期无关，因而拒绝接受。针对哈耶克的批评，凯恩斯认为，尽管在充分的资本理论基础上分析经济波动可能是件好事，但这可能是不必要的，而且在任何情况下都是不可能的，因为在凯恩斯看来，当时还没有适用于他目的的资本理论。哈耶克反过来辩称，凯恩斯误解了奥地利学派资本理论的意义，如果在其中加入凯恩斯的理论框架，就形成一个与哈耶克理论类似的经济周期理论。从那时起，辩论逐渐深入到资本理论的细节，以及哈耶克方法的充分性问题。此后不久，随着两位主角对于彼此的耐心耗尽，辩论逐渐平息。

从哈耶克的角度来看，可以说他赢得了战役，但输掉了整场战争，至少是输掉了公众舆论的战争。20 世纪 30 年代初，大多数读者接受了哈耶克对凯恩斯的批评（还有许多其他人的,《货币论》在当时的期刊上遭到了广泛的评论）。然而，凯恩斯本人表达了他自己对这本书的不满意，所以它受到别人尖刻的批评也并不太令人震惊。几年后，凯恩斯真正的杰作《就业、利息和货币通论》(1936) 问世。很遗憾，由于一些从未得到满意解释的原因，哈耶克选择不去评论这本新书。在随后的几十年里，他对此给出了各种各样的解释，但最终他与世人达成了共识，即他应该像对《货币论》那样，对《通论》进行批判性分析。他在 1963 年不无遗憾地说："直到今天，我还没有完全摆脱这种感觉……那就是我逃避了本应尽到的责任。"[24]

1935 年，哈耶克编辑了一系列关于社会主义经济核算的论文，其中许多从未以英文发表过。哈耶克为他的读者提供了一个历史回顾，并批评了当时刚刚出现的几个解决米塞斯提出的核算问题的建议。[25] 米塞斯假设了一个完全集体化的社会主义经济，完全孤立于所有的市场机制，最重要的是，孤立于所有由市场决定的价格。哈耶克指出，即使这一假设被放宽，比如说，一个本来是中央计划经济的国家允许存在竞争，有意识的政治控制作为一种市场出清机制要胜过价格体系也仍然是极不可能的。[26]的确，哈耶克认为，任何试图通过管理经济来反映价格均衡效应的尝试，都无法达到不受管制的市场所能达到的效果。[27]同样，这也是一个认知问题：在市场实际上不存在的情况下，决策者不知道市场会做什么。

哈耶克在他最著名的《通往奴役之路》（*The Road to Serfdom*，1944）中采取了一种反对中央计划经济的不同策略。[28]第二次世界大战期间，英国人一直在谈论所谓计划经济的好处。哈耶克认为，那些渴望实行中央计划的人，包括他的许多英国朋友，如果他们认为社会主义（和纳粹主义一样）只不过是当时感染了纳粹德国的一种疾病，那他们就大错特错了。社会主义和纳粹主义都是中央管理的经济计划体系。他们之间唯一的区别在于谁将从这样的计划中受益（反之，谁将蒙受损失）。社会主义者是要没收资产阶级的财产，为工人阶级的利益计划经济；而纳粹是将从非雅利安人那里剥夺的东西给予雅利安人。除此之外，哈耶克认为，区分这两个政治计划几乎没有什么经济意义。[29]

哈耶克在《通往奴役之路》一书中的论点经常被认为是滑坡谬误（slippery-slope fallacy）的一个例子：即使是最轻微的中央计划也将不可避免地导致极权主义。他的观点比这种夸张的说法所暗示的更为复杂。在中央计划过程的每一个阶段，从（想必是民主地）同意采用计划，到审议采用哪一种计划，再到执行所选择的计划，都会遇到阻力。[30]有的人反对一切中央计划；有的人想要计划经济，但又拒绝已选定的方案；有的人喜欢已选定的计划方案，但不喜欢实施和执行计划所需要的东西。关键问题是：规划当局将如何应对这种反对意见？

如果计划要实施的话（放弃中央计划、回归市场总是有可能的），国家规划者将不得不找到一些克服这种政治阻力的方法，这些方法或许是令人不快的。因此，哈耶克的论点并不是说只要向社会主义迈出一步就必然导致极权主义——通往奴役之路有许多岔路和迂回——相反，哈耶克的观点是，在面对不可避免的阻力时，对中央计划的不懈追求，将需要侵犯政治自由和各种执行机制，而这些也正是那些同样出于好意的、想要实行计划经济的社会主义者所憎恶的。换句话说，若想达到社会主义的目标（社会正义、经济平等等），实行中央计划是一种无效的手段。

《通往奴役之路》一书使哈耶克在英语世界声名大噪，尤其是在《读者文摘》（*Reader's Digest*）刊登了其浓缩版之后。他参加了美国巡回演讲。广受欢迎的《看电影杂志》（*Look*）刊登了这本书的卡通版。甚至温斯顿·丘吉尔在1945年5月第一次战后选举前夕的一次演讲中也提到了这本书的论点（他领导的保守党以压倒性劣势输给了克莱门特·艾德礼［Clement Attlee］领导的工党）。这本书受到了广泛的评论，受到了极度的赞扬和激烈的谴责，但鲜有中立的评价。[31]

尽管这本书的声名如此之大（或者部分原因于此），在1950年哈耶克离开英国前往美国芝加哥大学的时候（值得注意的是，他不是受雇于著名的经济系，而是受雇于独立的社会思想委员会），人们通常认为，无论哈耶克在过程中赢得了哪些战役的胜利，他（以及他所代表的奥地利学派）在与凯恩斯主义者和社会主义者的两场战争中最终都被彻底击败了。凯恩斯的追随者在整个经济学领域占据了优势地位，而英国的“福利国家”基本到位，也并没有产生极权主义。因此，哈耶克进入了一段漫长的荒芜时期，在此期间，他继续写作和出版，尽管读者人数远远少于他广受认可的《通往奴役之路》。

芝加哥和弗莱堡时期：哈耶克的核心出现了

哈耶克职业生涯的一个讽刺之处在于，他只有在步入荒芜时才真正成为一名社会理论家。在他职业生涯的剩余时间里，哈耶克发展了一种研究社会现象的方法，它综合了诸多学科的要素：不仅包含经济学方法论，还有心理学、生物学、哲学、历史和法律。这一转变的基础是他在 1936 年至 1948 年间发表的一系列开创性论文。

在这些论文中的第一篇《经济学与知识》(Economics and Knowledge) 中，哈耶克进一步发展了他先前表达的对均衡理论在解决某些经济学问题时重要性的怀疑。[32] 他指出，均衡的概念在单一经济参与者的背景下具有明确的意义：说某个人“处于均衡”是说他们拥有一个具有内在一致性的行动计划，他们可以不矛盾地行动，如果要求同一个人同时出现在两个地方，这个计划就会发挥作用。但是，哈耶克问道，世上没有人能知道所有的事情，并且每个人都有不同的信仰，在这种情况下，如果说社会或整个经济处于均衡状态，这意味着什么？如果说行动可以在社会层面毫无矛盾地进行，这又意味着什么？

它并不仅仅意味着每个人都处于上述意义上的个人均衡：即使我们每个人的计划都是内部一致的，但它们可能相互之间并不一致。比如，我打算以 1000 英镑的价格购买你的汽车，这可能就会使你打乱自己的计划。如果你的计划是以不低于 1500 英镑的价格出售你的汽车，那么我们双方就不能成功实施我们各自的计划。我们就无法达到经济均衡。如果我们要协调我们的行动，我们中的一方或双方就必须修改计划。每个人的计划既在内部保持一致又与其他人的计划保持相互一致也是不够的：计划可能是内部及相互一致的，但有关计划中没有考虑到的因素会与之相矛盾。例如，我们可能会达成共识，决定我以 1250 英镑的价格购买你的汽车；但是，如果你的汽车在我们完成交易之前被盗并在黑市上被拆成零件出售，那么，我们双方一样不能成功地实施我们的计划，我们将失去均衡。因此，哈耶克在《经济学与知识》中得出结论，均衡描述了一个状态，在这个状态中，每个人的计划与计划执行相关的事实是内部一致的、相互一致的和正确的。当且仅当这些条件得到满足时，社会中的每个人才能有效地实施各自的计划。

如果要实现一种均衡状态，这意味着，我们都可以采取行动，既不相互碰撞，也不会对世界上发生的事情感到失望。很明显，没有人（甚至主流经济学家）会轻信这样的状态在现实世界中可能存在。相反，经济学理论通常假定，在正常情况下，存在一种趋向均衡的趋势，而在现实世界中，情况是不断变化的，这种均衡永远不可能完全实现。哈耶克则认为，有充分的证据表明，趋向均衡的假设通常是适用于现实世界的。[33] 如果没有达到这个条件，就会经常看到，例如，相隔一个街区的两家加油站以迥然不同的价格出售同一加仑汽油。然而在正常情况下，这种情况很少（如果有的话）被观察到，这就是经济有走向均衡趋势的证据。

如果这就是均衡的含义，那么经济学的根本问题就涉及各种各样可能帮助或阻碍不同个体的信念在人与人之间得到更好协调的机制。这就是哈耶克在《知识在社会中的运用》（*The Use of Knowledge in Society*）中提出的问题，这篇文章经常被引用，是 20 世纪经济学中最重要的论文之一。[34] 在市场竞争中，每个人都计划自己的经济活动，并且必须使自己的计划与他人的相适应。在社会主义条件下，一切经济活动都是由中央计划和指挥的。哈耶克问道，哪种经济规划体系最能鼓励（或最不阻碍）经济走向均衡的趋势呢？[35]

如果社会上所有的知识都是科学性的，能够以一般规律或法则的形式表达出来，那么社会主义相对于竞争的优越性就不存在问题了。如果是这样的话，那么社会上所有的知识都可以被收集起来，交给中央计划部门来处置。然而，哈耶克指出，有一种非常重要的知识是永远无法收集并传达给政府的规划者的，即我们每个人拥有的关于我们自己的独特经济状况的知识，或者是哈耶克称之为“关于特定时间和地点的情况”的知识。正是基于这种认识，分散管理的经济计划相对于社会主义具有明显的优势。[36]

哈耶克所举的关于锡的例子是20世纪经济学中最著名的片段之一，它描述了自由调整价格在协调个人之间的计划方面所发挥的作用：

> 假设在世界某个地方出现了使用某种原材料的新机会，例如锡，或者锡的某处供应来源枯竭了。对于我们的目的来说，这两种原因中的哪一种造成了锡的紧缺并不重要——而明白这一点非常重要。锡的使用者所需要知道的是，他们一直使用的锡中的一部分，现在在其他地方更有利可图，因此，他们必须节约用锡。对于绝大多数使用者来说，甚至不需要知道对锡最迫切的需求出现在哪里，也不需要为了满足其他需要而节约供给。只要其中有部分人直接了解到这种新需求，并将资源转而用到这种新需求上，只有了解到由此产生的新缺口的人，寻求其他来源来填补这个缺口，则其影响将迅速蔓延到整个经济系统，这不仅会影响锡的使用，也会影响锡的替代品的使用、替代品的替代品的使用，影响所有锡制品的供应、其替代品以及替代品的替代品的供应等等。有助于提供替代品的绝大多数人，都对这些变化的最初原因一无所知。所有这些构成了一个市场，并不是因为其中的任一成员都能对市场有整体的了解，而是因为他们每个人的有限视野合在一起足以覆盖整个市场，所以通过许多中介，相关信息就能传达给所有成员。任何商品都只有一个价格，这一事实……带来了解决方案（这只是概念上的可能），可能是由一个拥有所有信息的头脑得出的，而这些信息实际上分散在参与这个过程的所有人当中。[37]

价格体系完成了原本只能由无所不知、无所不能的独裁者管理的东西。价格以简明的形式告诉我们每个人，我们需要使我们的计划适应他人的计划和不断变化的环境。由此得出的一个重要推论是，价格越是受到控制和操纵，就越不能很好地发挥这一功能。与此相关的是，价格对规划当局的价值有限，因为规划当局不具备关于使价格生效的时空条件的必要知识。而竞争则允许这些知识在有需要的地方和时刻被使用。相对于竞争来说，为适应不断变化的价格而对中央计划进行调整的速度总是太慢。

在《竞争的含义》（*The Meaning of Competition*）中，哈耶克考虑了如何评价一个经济体系的绩效的问题。他认为，根据完全竞争理论所设定的标准来评估现实世界的市场是错误的。现实世界中的市场从未达到完美的标准，这并不意味着“市场失灵”。《知识在社会中的运用》一文中回答的相关问题不是市场是否完美，而是我们在有或者没有由市场决定的价格的情况下是否能够更好地实现我们的目标。[38]哈耶克后来扩展了这一论点，表明市场竞争与科学非常相似，是一个发现过程，是一种获取知识的机制，没有它就无法获得知识。[39]因此，中央计划者所面临的任务不仅是获取相关数据的困难，而且是没有市场就不可能获得知识。

哈耶克在这一系列论文中构思了一种经济学，这种经济学从根本上讲不是关于商品和服务本身，而是通过认知过程来获得和传播关于商品和服务的知识。哈耶克很快就意识到，这种主要关注知识协调的社会科学的创新观点所带来的影响远远超出了社会的范畴。

秩序（均衡）在任何领域，无论是社会领域还是自然领域，都是各要素协调一致的结果。秩序可以是建构的（如有意设计、执行和强制的），也可以是自发的（如无意的，产生于不以秩序的形成为目的的活动之中）。在一个（管理良好的）军事组织中所观察到的秩序是一种建构的社会秩序的例子，而自由市场的秩序则是自发的社会秩序的例子。在后一种情况下，没有人会像军事将领设计军队那样，专门设计市场；相反，市场是在每个人对各自计划中所包含的目标的共同追求中无意地出现的。哈耶克认为，由于个人对自身行动计划的追求而出现了秩序井然的市场，亚当·斯密在撰写将自身利益导向公共利益的“看不见的手”时正是想到了这一点。

哈耶克对自己因《通往奴役之路》一书所受到的关注感到有些不安，因为这本书更具规范性、更“政治化”，而不是他一直想以之建立声誉的那种严肃的科学著作。20 世纪 40 年代末，哈耶克决心重新投身于严谨的科学研究，他回到了自己最初的兴趣之一——心理学，翻出了他 1920 年学生时代写的关于意识的旧论文。他的精神现象理论的实质并没有改变，但在学术界待了三十年之后，他已经具备了更好的表达能力。他由此撰写了《感官秩序》（*The Sensory Order*，1952），这是哈耶克经典中的一部重要著作，因为正是在这部著作中，哈耶克首次明确认识到，在社会科学之外的语境中，自发秩序无处不在。哈耶克的认知心理学是当代“联结主义”认知理论的先驱，该理论认为，精神现象产生于神经元放电网络之间的联系。在哈耶克的语言中，感觉（或心理）秩序是自发的，是神经元活动的一种未经设计和意外的结果。[40]

从哈耶克认识到自发秩序的存在开始，他就发现它们在社会和自然中无处不在。其他自发的社会秩序的例子还包括自然语言，其规则不是预先规定的，而是从实际使用中产生的。还有货币制度，它也不是预先设计的，而是从原始的物物交换实践中无意识地发展而来的。[41]

哈耶克在 1950 年至 1975 年的 25 年里发展了研究社会现象的这种新路径，取得了巨大的成果。[42] 他摒弃了奥地利学派认为社会科学在方法论上有别于自然科学的旧观念，认为社会科学和自然科学的方法最终是相同的。然而，他对我们预测和解释不同程度的有序现象的能力作出了重要区分。秩序可以分为两种，一种是简单的，它们是从相对较少的已知（或可知）元素的活动中产生的；另一种是复杂的，它们之间的元素和关系如此之多，以至于超出了人类知识的极限。[43]社会学科是复杂现象的科学：在这些领域中，我们只能对那些控制着元素活动的原理进行解释，并对复杂事件中发现的模式进行预测。我们永远无法完全解释或精确预测复杂现象科学中的事件。[44]

哈耶克将简单和复杂现象之间的光谱与现象的易认知性（cognitive tractability）或“合理性”联系起来。[45]简单的秩序在建构主义意义上是合理的，也就是说，我们拥有完全重构它们所必需的知识。更复杂的秩序在另一个意义上是具合理性的，即后来被哈耶克主义者称为“生态的”意义上：只要我们拥有所有与因果相关的知识（事实上我们并不拥有），这样的秩序就可以完全重建。[46]哈耶克将不同复杂程度的秩序的易认知性的差异与可能对有序现象采取的态度分歧联系起来。建构论理性主义者把所有的秩序，不论其复杂性如何，都视为简单、易认知的。另一方面，生态理性主义者认识到秩序的复杂性超过我们的认知能力的可能性。

建构论理性主义者往往支持中央计划或干涉主义经济政策。然而，生态理性主义者倾向于认为，这些政策所涉及的认知困难，在某种程度上超出了我们的认知能力。哈耶克认为，大多数社会现象都是建构主义与生态主义理性相结合的结果。很少有社会秩序是完全计划的或完全自发的，但他认为，经济学家们大多忽略了自发有序社会现象的可能性。哈耶克认为，在某种程度上失去了亚当·斯密深厚的生态理性主义基础之后，大多数经济学家都接受了建构主义。

在被主流经济学界忽视了几十年后，哈耶克在 1974 年被授予诺贝尔经济学奖，他感到震惊和高兴。对哈耶克来说，这个奖项来得正是时候，因为当时世界正遭受凯恩斯主义所带来的严重通胀，而他和他的奥地利学派同僚早就作出过警告。哈耶克的诺贝尔演讲（被指责为“知识的僭妄”）严厉批评了经济学界对凯恩斯主义的偏向。他还总结了他对经济科学的看法，这门科学从根本上来说关注的是复杂现象，而这些现象已经被凯恩斯主义者和社会主义者傲慢的建构论理性主义所扭曲：

> 人类在改善社会秩序的努力中，如果不想弄巧成拙，那么他就必须明白，在这个方面，就像以性质复杂的有机体为主的任何领域一样……他不可能获得主宰事务进程的全部知识。因此，他不能像工匠打造器皿那样去模铸产品，而是必须像园丁看护花草那样，利用他所掌握的知识，通过提供适宜的环境，养护花草生长的过程。……社会研究者认识到自己的知识有不可逾越的障碍，便应懂得谦虚为怀的道理，不至于再去充当那些极力想控制社会的狂妄之徒的帮凶；这种做法不但会使他成为自己同胞的暴君，并且可以使他成为一种文明的毁灭者——他不是出自哪个头脑的设计，而是通过千千万万个人的自由努力成长起来的。[47]

哈耶克获得诺贝尔奖后再次声名大噪。到他1992年3月去世时，他在与凯恩斯主义者和社会主义者的辩论中均败北的说法，已遭到许多人的反对。为了解释这些事件，许多人求助于哈耶克和米塞斯在20世纪初提出的论点。[48]尽管把他们的最终政策与哈耶克相提并论是错误的，但罗纳德·里根（Ronald Reagan）和玛格丽特·撒切尔（Margaret Thatcher）上台时都曾为自己的竞选活动大肆宣扬哈耶克式的论点。凯恩斯主义在大多数经济学部门中已被取代。虽然新古典主义的方法在任何意义上都不能被描述为哈耶克学派或奥地利学派，但到1992年时，哈耶克又像20世纪30年代初的时候那样，成为当时在世的最著名的经济学家。

哈耶克经济学与主流经济学

哈耶克在他职业生涯的开端，是“一名非常纯粹和狭隘的经济理论家”。[49] 几十年来，他的思想发生了演变，以至于他后来的经济学与主流经济学几乎没有相似之处。事实上，哈耶克的经济学充斥着其他学科的观点，以至于长期以来，人们普遍认为，在他职业生涯的某个时刻，哈耶克把经济学抛在了身后。关于哈耶克的二手文献中充斥着这样或那样的论点，都声称是对哈耶克思想理解上的根本性突破。[50]

哈耶克在他漫长的学术生涯中有所改变，但经济学也变了。特别是，这门学科变得更加形式化、理想化和数学化，从哈耶克的观点来看，所有的变化都变得更糟，这进一步证明了建构主义倾向，即把当代经济（或任何其他从根本上来说是复杂的秩序）视为简单的现象。从两次世界大战之间，特别是战后扰乱经济学的变化的角度来看，我们要问的问题，不是哈耶克是否离开了经济学，如果是的话又是什么时候离开的，而应该是经济学是什么时候离开哈耶克的。

和本书中提到的几位经济学家一样，哈耶克之所以是一位伟大的经济思想家，很大程度上是因为他不仅仅是一位经济学家。事实上，他最著名的言论之一表达了一种超越经济学的意愿，也是他作为一个伟大的经济思想家的实践前提：“只是物理学家的物理学家仍然可以成为一流的物理学者和社会中最有价值的成员。但仅仅是一名经济学家的人，不可能成为一名伟大的经济学家。我甚至忍不住要补充一点：如果经济学家仅仅是一名经济学家，他即使算不上是危险人物，也很可能是个令人讨厌的家伙。”[51] 哈耶克践行了这种想法。他对与经济学密切相关的领域（方法论、经济思想史）作出了贡献，对与经济学有一定相关的领域（思想史、科学哲学、法学、政治学）作出了贡献，对与经济学看似不太相关的领域（认知科学、精神哲学、认识论）也作出了贡献。当然，拥有不同的兴趣，甚至跨学科的出版物，都不足以使经济学家成为伟大的经济思想家。而哈耶克是一个真正的博学之人，因为他把各种各样的兴趣都带入了他的经济学研究。

对哈耶克的研究最恰当的理解是，它阐述了经济学（以及更广泛意义上的社会科学）的工具，对于应用到它们的许多任务，尤其是政治任务来说，都是不恰当的。如果说哈耶克给我们上了一堂课，那就是经济学和社会科学提供的知识不足以实现政策制定者的许多抱负。这是一个重要的教训，不管你的政治观点如何，这是一种预防愚蠢的政治傲慢的方法。哈耶克对古典自由主义的虔诚也不应该妨碍人们对他的社会理论的欣赏。是的，哈耶克认为古典自由主义不像其他政治哲学那么傲慢自大，但哈耶克的教训在整个政治领域都是有意义的。没有任何一个派别可以伪装垄断了知识。

第九章　米尔顿·弗里德曼

维多利亚·贝特曼

亚当·斯密于1776年发表了《国富论》，这本书被普遍视为自由放任主义圣经，两个世纪后，米尔顿·弗里德曼（1912—2006年）获得了诺贝尔经济学奖。尽管弗里德曼经常被认为是经济“主流”的核心人物，但他却是一个激进分子。他毕业于大萧条时期的美国，是来自东欧的贫穷犹太移民的第四个孩子。同时代的许多人从20世纪30年代吸取了教训，认为“看不见的手”有其局限性，与他们不同，弗里德曼却成为自由市场的主要倡导者之一。他为资本主义辩护的时候，资本主义的未来没有任何保障，共产主义在东欧和其他地区生根发芽，西方的国家干预正在兴起。其中包括美国，富兰克林·德拉诺·罗斯福（F. D. Roosevelt）的新政创造了各种政府机构，林登·约翰逊（Lyndon Johnson）的“向贫困宣战”扩大了福利体系，旨在追求一个“伟大的社会”。弗里德曼挑战了当时的经济方向。

用他最大的竞争对手之一保罗·萨缪尔森的话来说，“在推动美国经济自1940年顺利发展至今的过程中所起的作用方面，20世纪的经济学家中还没有谁可以与他相提并论。”[1]根据弗里德曼的观点，资本主义不仅是达到目的——实现更大的经济繁荣——的一种手段，而且本身也是一种目的：保障个人自由。权力的集中是种威胁。国家控制只是用一个由国家经营的单一垄断者取代了多个相互竞争的企业。对弗里德曼来说，无论是国家垄断还是私营部门垄断都无关紧要：无论哪种情况，缺乏竞争都会限制个人寻找替代品的能力。当国家决定我们是否在哪里工作，我们能买什么或不能买什么时，个人自由就受到了威胁。对弗里德曼来说，自由市场不仅是经济自由的必要条件，也是政治自由的基础。

弗里德曼和他家人的经历塑造了他对资本主义的看法。弗里德曼将他父母的幸存归功于美国的自由企业制度。[2]他们在少年时代孤身来到纽约，像许多其他东欧移民一样，孤独地生活在这个世界上，赤手空拳，一无所有。他们面临着为自己创造新生活的挑战。弗里德曼的母亲找到了一份裁缝的工作，父亲则是一名小商贩。[3]父亲去世后，弗里德曼找到了一份临时工作来资助自己的学业和帮助家人。[4]虽然年轻时并不容易，但弗里德曼肯定没有把美国提供的自由视为理所当然，他很清楚其他经济体系的现实。正是这种背景，这种非经济精英成员的身份，让弗里德曼对国家干预持怀疑态度，并成为自由市场的拥护者。

虽然弗里德曼的著作构成了芝加哥学派的一个重要支柱，可以与哈佛大学的萨缪尔森的凯恩斯主义相媲美，但直到 20 世纪 80 年代，他的影响力才真正波及严肃的公共政策圈子。二战后的经济进入了黄金时期，政府一直在扩张，公众对低通胀、低失业率和稳定增长逐渐习以为常。然而这之后，西方社会陷入了一场严重的经济危机。这就是 20 世纪 70 年代的“滞胀”：失业率和通胀同时上升，经济增长放缓，政府赤字飙升。这是一场弗里德曼自己预测的经济危机，他将自由放任与货币约束（保持对货币供应的控制）相结合，似乎为这场危机提供了一个解决方案。在罗纳德·里根担任美国总统和玛格丽特·撒切尔担任英国首相期间，弗里德曼的影响力推动了经济政策的彻底改革：弗里德曼是里根经济政策顾问委员会的成员，这是一个由12名经济学家组成的志愿者小组。然而，据他自己承认，公众舆论是“由经验而不是理论或哲学”塑造的，而且“只有真实的或可感知的危机才能产生真正的变化”。[5]正如弗里德曼的思想一样，公众对政策向新自由主义的转变负有责任——这是一种反对政府、支持市场的转变。

接下来，本章将概述弗里德曼对经济学的三大主要贡献。第一，是他的方法论思想，因他的《实证经济学论文集》(*Essays in Positive Economics*，芝加哥，1953）而闻名，这使得弗里德曼支持经济学是一门科学的观点，并抛弃了有关规范的争论（normative debates）。第二，是弗里德曼的货币经济学，从他的货币数量论的复兴到他的实证主义的著作——与安娜·施瓦茨（Anna Schwartz）合著的《美国货币史》(*Monetary History of the United States*，1963)。第三，是弗里德曼更广泛的政治经济学，尤其是他对市场优点的关注。他的著作《资本主义与自由》(*Capitalism and Freedom*，1962）和《自由选择》(*Free to Choose*，1980，与罗斯·弗里德曼［Rose Friedman］合著）都是畅销书；前者从未停版，而后者还有一套相应的由美国公共广播公司出品的十集电视节目。

正如我们看到的那样，弗里德曼的货币经济学和政治经济学完全不够新颖。人们记住他，与其说是因为他的原创性思想，倒不如说因为他捕捉到了某个重要时刻：在决策者和公众都在寻找新东西的时候，他却在复兴已经存在的思想。弗里德曼提出了一个清晰、一致和全面的方案，这个方案充分利用了关于自由的言辞，迎合了美国公众已经根深蒂固的信念。正如经济历史学家乔尔·莫克里（Joel Mokyr）所指出的那样，从弗朗西斯·培根到卡尔·马克思，具有影响力的思想家们常常在一个既有的泳池中游泳，他们具有一种能力，能够触及同僚或同时代的人无法触及的时代精神，因此而闻名。[6]不管他本人知不知道，借用戴尔德丽·麦克洛斯基（Deirdre McCloskey）的话来说，弗里德曼是一位修辞专家。[7] 他的货币政策议程与他工作的其他方面相结合，使他成为有吸引力的“一站式”经济学家：这要归功于他的信条，即经济学可能是“实证的”（它可以超越规范性问题），似乎把弗里德曼所说的一切都放在了科学的基础上；同时也要归功于他的政治经济学，这在冷战时期特别有吸引力。尽管弗里德曼在众多其他经济学家的观点中徘徊，但是他对所有问题都有一个答案。正是这种思维的广度，而不是他的深度，造就了弗里德曼的成功。

一旦人们开始寻找深度，弗里德曼的研究很快就开始土崩瓦解。在他研究的三个关键领域，都存在着对他的或多或少的批评。问题在于，尽管弗里德曼避开了新古典主义传统，但他没有走得太远。他是一个“一只脚在一个房间，一只脚在另一个房间”的人，从来没有作出过逻辑上的飞跃，或许是因为这样做会破坏他潜在信息的吸引力和简洁性，这一信息就是自由市场总是可以被信任的。弗里德曼用深度换了广度。[8] 在最有说服力的地方，他借鉴了奥地利学派和周围其他思想的影响力，包括哈耶克的思想；他踌躇不前的地方，往往是因为过于靠近他声称已放弃的新古典主义潮流。结果，正如我们将看到的，弗里德曼从未完全摆脱他暗含的假设：自由市场经济是稳定的，它独立于社会和文化，而且经济学家可以消除自身的偏见。这是他最终失败的祸根，也是在 2008 年全球金融危机爆发时，更广泛意义上的经济学的祸根。

经济方法

在弗里德曼之前，经济学是艺术和科学的混合体。规范经济学处于该学科的前沿。在参与政策制定的过程中，经济学家不可能回避这样一个问题：什么驱动了人类的幸福，以及生命的意义是什么。结果，经济学充满了争论。这门学科涉及政治、哲学和宗教，毫无争议地被称为“政治经济学”。弗里德曼向经济学家提出了一个完全相反的观点：规范性考虑服从于实证经济学。对弗里德曼来说，事实优于价值，科学优于艺术。

弗里德曼在其具有里程碑意义的论文《实证经济学方法论》（*The Methodology of Positive Economics*）中提出，通过遵循某种方法，即理论预测的经验证实，经济学可以达到和自然科学同样程度的客观性。[9]弗里德曼认为，经济学可以从过去经济学家以伦理和价值为基础进行判断的情况中解脱出来。实证经济学可以不顾及规范而继续前进；严酷的事实是不可能反驳的，这可能有助于解决政策制定者在政策目标上的分歧。弗里德曼希望，他的模式能够给经济学学科带来共识，即让所有经济学家，无论他们的政治立场或信条如何，都能同意的一些方面，这明显使得政策制定变得容易了。

事实证明，弗里德曼的观点很受欢迎。[10]基于此，经济学家越来越认为自己是科学家，他们发现了“真相”，并得出了坚定的答案，而不是无休止地争论那些永远不可能有“正确”或简单答案的问题。[11]对一些人来说，弗里德曼是经济学的救星，他使得经济学更加严谨，解放了经济学，而对另一些人来说，他则是将经济学引入歧路的人。不出所料，弗里德曼的方法论论文被称为“20世纪经济学领域被引用次数最多、影响力最大、争议也最大的方法论著作”。[12]

弗里德曼认为经济学可以以某种方式摆脱主观性，这个观点尤其值得商榷。[13]用戴尔德丽·麦克洛斯基的话说，“任何一位经济学家所相信的，都超过了他的证据所暗示的一种适当的现代主义和客观主义”，这导致得出的结论比实际应得的影响更深远，而且往往是把某些事实上仍有争议的事情视为理所当然的结果。毕竟，经济学家的经历和条件会影响他们选择研究的问题类型、他们采用的方法、他们测量的现象类型以及他们对结果进行解释的方式。根据制度学派的诺贝尔经济学奖得主纲纳·缪达尔（Gunnar Myrdal）的观点：

> 社会科学中的偏见不能简单地通过“坚持事实”和改进处理统计数据的方法来消除。事实上，数据和数据处理往往比“纯粹的思想”更容易受到偏见的影响。研究中可能出现的数据的混乱并不能仅通过观察就将自身组织成系统的知识……如果科学家在试图证明事实的过程中没有把他们的观点表述清楚，就可能会留有偏见。[14]

事实上，比阿特丽斯·谢里耶（Beatrice Cherrier）认为，弗里德曼过去的生活经历“创造了一些滤镜，他以此解释了新的证据，因此他认为这些证据支持了他的信念”，在芝加哥学派“保护性的和互相团结的”背景下，周围都是有着相似背景的人，就形成了一个自我强化的循环，这意味着弗里德曼“显著地免疫”了包括来自威斯康星的制度主义在内的其他流派的影响。她总结说：“不仅是他基于先验性信念（即经济体系具有稳定性和政府干预会产生有害影响）所形成的理论假设，还有这些假设与现实遭遇的过程——数据的收集、对历史事件的选择、模型的建构和对测试结果的解释——所表现出的不确定性，都足以让弗里德曼的价值受到质疑。”[15]

与弗里德曼形成鲜明对比的是，缪达尔的制度主义认为，品味、技术和经济行为是由“制度”（包括思维习惯）塑造的，而这些“制度”引发了社会控制的问题，用约翰·罗杰·康芒斯（John. R. Commons）的话说，制度控制了个体“可以、必须、可能做或不做的事”。[16] 从女权主义的角度来看，人们也可以认为，弗里德曼方法论上的吸引力证明了一种受社会制约的大男子主义品味，这种品味带来了一种学术偏见，将科学置于艺术之上，认为科学是最“严谨”的研究领域。[17]

弗里德曼不仅错误地认为经济学家可以做到完全客观，而且他似乎忽视了一个事实，即许多与新古典主义和自由放任经济学相关的思想家，对经济学的规范性，也就是经济学伦理的思考，要谨慎得多、深入得多。艾夫纳·奥弗尔（Avner Offer）认为，理性选择理论和新自由主义中的“看不见的手”的现代版本……与启蒙主义和功利主义经济学的伦理精神背道而驰，与亚当·斯密的立场也不一致。[18] 正如瓦莱里娅·莫西尼（Valeria Mosini）所指出的，就连数学天才里昂·瓦尔拉斯也在思考事实的同时思考价值：他对市场效率的“证明”附带了一个警告，即经济学家需要思考伦理。[19] 对于瓦尔拉斯来说，自由放任主义起了作用，但它是有条件的：它需要在一个恰当的环境中运作，在这个环境中，经济学家无法逃避对规范性的考虑。对于哈耶克来说，经济学需要超越简单的放任主义，以确保一个合适的制度环境，使市场在其中发挥最佳作用。[20] 虽然哈耶克并不是同意所有的建议，但他赞扬了亨利·西蒙斯（Henry Simons）在1949年出版的《自由放任的积极纲领》（*A Positive Programme for Laissez Faire*）。[21] 对于许多有类似想法的经济学家来说，分歧不在于是否将自由放任纳入正确的制度环境（在这方面存在着很大的共识），而恰恰在于这种制度环境应该包括什么，还建立了鼓励对此问题进行讨论的朝圣山学社（Mont Pelerin Society）。这类议题与现代的“预先分配”概念和对“改革资本主义”的呼吁有许多共同之处。然而，弗里德曼的方法论思想甫一流行，这一议题就被排除在自由主义思想之外，规范性讨论被抛在一边，经济学被提升到科学的水平。这最终为左派打开了垄断道德和价值观议题的大门，而在此之前，那些赞同自由放任主义的人也同样熟悉这一过程。

然而，除了他的“实证经济学”之外，弗里德曼方法论思想的其他两个方面受到的关注要少得多，但是相对而言，它们对我们今天有更多的借鉴意义。

首先，弗里德曼认为，决定政策动向和经济结果的是普通民众的经历，而不是学者的著作，正如他在声明中总结的那样，公众舆论是“由经验而不是理论或哲学”塑造的。[22] 相比之下，凯恩斯更重视经济学家影响公众舆论的力量，他写道：“那些认为自己完全不受任何知识影响的实干家，通常是某位已故经济学家的奴隶。”[23] 正如弗里德曼所说的，政策和关于选举的决定肯定能够而且确实会违背经济学家的建议，包括2016年英国就其欧盟成员国身份举行的公投。而且，当经济政策转向时，它往往是对公众意见的回应，而不是对经济学理论的回应。推倒柏林墙的不是经济思维，而是普通人的经历，即他们对现状的失望。1846年，大卫·李嘉图和理查德·科布登（Richard Cobden）的著作不仅终结了英国的谷物法，还引发了自由贸易运动：正是工业革命中反对关税保护的工人和实业家推高了生活成本。持支持观点的经济学家往往不是领导者，他们只有在指责开始时才会站到风口浪尖，乘势而上。[24]

其次，弗里德曼认为，经济学家引导或指导经济的能力实际上是有限的。在这一点上，他又一次从根本上反对凯恩斯主义的方法论。尽管凯恩斯本人并没有把他的代表作《通论》设想成一个方程组，但他的许多追随者肯定是这样想的。因此，经济学家被置于一个由他或她掌控的经济体的主导地位：能够按下按钮，带来一个期望的、可预测的结果。凯恩斯本人曾设想，在某个时代，经济学家的工作将相当枯燥乏味，就像牙医一样。

即使有些经济学家已经背离凯恩斯主义思想，但是他们仍然坚持数学方法的脉络。这包括那些遵循自由放任主义传统的经济学家，即新兴古典经济学派（new classical school）。然而，有趣的是，与凯恩斯主义不同的是，他们方程的解表明，政府试图干预是不值得的。弗里德曼得出了同样的结论，尽管不是通过复杂的数学得出的。在他看来，这种经济学的数学方法，如果走极端的话，从根本上是有缺陷的：它使我们得出了“假想世界的形式化模型，而不是对现实世界的概括”。[25] 对弗里德曼来说，经济学家需要接受这样一个事实：他们对经济的了解非常有限，如果不这样做，他们就会导致公众“期待经济学家达到他们无法达到的业绩标准”。[26] 因此，具有讽刺意味的是，通过鼓励经济学变得更加“科学”，弗里德曼或许不可避免地也导致了经济学变得越来越数学化。

货币主义理论

或许弗里德曼货币经济学最简单、最基本的结论是，要想让货币保持其价值，就必须谨慎控制其供应。然而，鉴于货币已经存在了数千年，弗里德曼不是第一个考虑货币对经济影响的经济学家，也就不足为奇了。他是一个站在巨人肩膀上的人，正如我们将要看到的那样，他恰好在正确的时间出现在正确的地点，使他能够被人记住的那个想法，他也并不是唯一的拥有者。

长期以来，货币对经济的影响一直备受争议，尤其是它是否会产生“实际”（产出）效应和“名义”（物价水平）效应。17 世纪的重商主义者意识到，贵金属的过度流入可能会推高价格，尽管他们确实指出，这也可能通过刺激贸易和生产，为经济带来更广泛的好处。欧文·费雪（Irving Fisher）和克努特·威克塞尔（Knut Wicksell）在 19 世纪开创了现代货币思想的先河，弗里德曼沿袭了前者的传统，而奥地利学派、凯恩斯学派和斯德哥尔摩学派则追随后者的脚步。弗里德曼还受益于他的老师亨利·西蒙斯（Henry Simons）。在 20 世纪上半叶，西蒙斯曾强调控制货币供应的重要性，以及基于规则的货币政策制定的好处，指出赋予货币当局过多自由裁量权的危险。此外，詹姆斯·安吉尔（James Angell）还建议实行货币持续增长的政策，以帮助稳定经济，弗里德曼后来也提出这一政策。[27]

然而，尽管有历史先例，而且也远不是唯一在货币领域工作的经济学家，但人们普遍认为，弗里德曼的工作对20世纪五六十年代相对"占主导地位"的凯恩斯学派提出了关键挑战。凯恩斯认为，经济不稳定起源于投资的波动性，是任何自由市场经济的自然组成部分。相比之下，弗里德曼认为，经济不稳定是货币增长不稳定的结果。[28]尽管凯恩斯主义者不再强调货币政策的重要性，转而转向财政政策（税收和政府支出），但弗里德曼认为，货币政策是极其有力的，具有破坏经济稳定的力量。

因此，正是在这种背景下，"货币主义"试图将货币带回经济学，并主张其在决定收入、产出和价格方面的主要作用。弗里德曼在他对货币数量论的重述中发挥了关键作用：恒等式 $M\overline{V}=P\overline{Y}$，其中 M 代表货币供应量，P 代表价格水平，V 代表流通速度（货币易手的频率），Y 代表实际产出水平。假设 V 是稳定的，而 Y 是由外生决定的，弗里德曼认为这个恒等式给出了一个经济体中货币供应与价格水平之间清晰而紧密的关系。[29]

在复兴货币数量论的同时，弗里德曼也提出了自己的理论，使之成为货币供给和货币需求之间的均衡理论。弗里德曼认为，货币需求是稳定的，这最终意味着货币供应在决定价格水平和通货膨胀率方面发挥着至关重要的作用。

与他所青睐的实证经济学方法一致，弗里德曼将历史证据作为一种手段，来证明货币不仅在长期内对价格有影响，而且（至少在一定程度上）会影响产出和收入。采用美国国家统计局对于经济周期的调查方法（跟随亚瑟·伯恩斯［Arthur Burns］和韦斯利·米切尔［Wesley Mitchell］开创性工作的脚步），弗里德曼和安娜·施瓦茨（Anna Schwartz）收集了有关美国货币和金融史的数据，并在他们的巨著《美国货币史》（*A Monetary History of the United States*）中达到顶峰。[30]

弗里德曼和施瓦茨认为，从历史上看，货币一直是美国经济起起落落的关键驱动因素，包括创伤性的“大萧条”。[31] 换句话说，有必要控制货币供应，这不仅是为了控制通货膨胀，而且也为了稳定经济，消除繁荣和萧条。回归到方程式 $M\overline{V}=P\overline{Y}$，弗里德曼提出，在短期内，M 的变化可能会有力地影响 Y（实际产出），而不是 P。然而，随着时间的推移，Y 会回到某个由外部因素决定的水平，让 M 只对 P 产生影响（也就是说，对经济的名义面而非实际面产生影响）。古典二分法提出，实体经济对包括货币在内的所有名义事物都是中性的，这从长期来看是成立的，但似乎可能在短期内偏离轨道。弗里德曼的结论很清楚：

> 我认为，当务之急是防止货币变化成为一种破坏稳定的力量……在我看来，要做到这一点，最好的办法是赋予中央银行一项任务，使货币存量保持正常而稳定的增长，一月又一月……消除货币不确定性将为个人计划和社会行动提供稳定的环境，从而促进健康的经济增长。[32]

由于长期来看，产出水平似乎不受货币的影响，弗里德曼认为，严格控制货币供应不会造成任何损失，只会收获稳定的价格和产出。该声明与凯恩斯主义理论形成对比，并且对菲利普斯曲线起到补充作用，菲利普斯曲线提出，高产出率和低失业率可以通过高水平的通货膨胀来实现：在货币领域和实体经济之间存在着一种永久性的权衡取舍。1968 年，他在美国经济协会发表了题为《货币政策的作用》（*The Role of Monetary Policy*）的主席演讲，他认为这种权衡取舍只能是暂时的，因为工人们被“愚弄”了，而决策者们试图利用这一权衡取舍，实际上却是在破坏经济稳定，推高通胀。[33]

弗里德曼在破坏菲利普斯曲线关系的同时，还提出了经济具有“自然失业率”的观点。实际上，弗里德曼认为，从长期来看，菲利普斯曲线在这个自然失业率下是垂直的，这意味着它可以与任何通胀水平保持一致：从长远来看，通货膨胀和失业之间不存在任何权衡取舍。

货币在短期和长期效应之间的这种对比表明，政客们可能会倾向于采取一种暂时提振经济的做法，比如在选举前催生不稳定的繁荣，导致之后的萧条。因此，弗里德曼的结论是，稳定经济的最佳方式是密切关注货币供应，确保政客们不会受到诱惑而采取短期措施提振经济。换句话说，政策制定者的行动应该受到限制。这一点，加上弗里德曼关于货币需求关系稳定的经验论断，促使他提出了一个简单的货币供应持续稳定增长的规则。[34] 弗里德曼认为，即使在经济受到不利冲击的情况下，以及人们可能认为有更多理由给决策者自由裁量权的情况下，积极的政策应对（无论是财政政策还是货币政策）也几乎没有什么好处，因为政策的制定和在经济体中的传导具有滞后性，这意味着任何提振都来得太晚，经济的不稳定性会增加，而不是减少。[35]

弗里德曼没有使用需求侧措施（包括货币和财政刺激）来刺激经济，而是建议“供给侧措施”，比如增加劳动力和产品市场的竞争压力，包括应对工会、福利国家、价格操纵和过度监管。弗里德曼认为，正是供给而非需求才是永久性降低“自然失业率”和提高经济实际产出水平的关键，这一论点与当时经济学家罗伯特·索罗（Robert Solow）提出的经济增长理论相吻合。

货币主义实践

弗里德曼在20世纪70年代有机会影响到政策制定者，人们普遍认为，这十年动摇了“占主导地位”的凯恩斯主义经济模式。在全球范围内，经济进入衰退，失业率飙升。但与此同时，与菲利普斯曲线相反的是，通胀达到了新的高度。用罗伯特·卢卡斯和托马斯·萨金特（Thomas Sargent）的话来说：

> 这些事件并非源自对（凯恩斯所憎恶的）紧缩货币和平衡预算等过时的“古典”原则的保守回归。相反，伴随而来的是大规模的政府预算赤字和极高的货币扩张率：尽管承认存在通货膨胀的风险，但根据现代凯恩斯主义理论，这些政策承诺了快速的实际增长和低失业率。[36]

对凯恩斯主义的不满与日俱增。

经济不景气的背景是固定汇率向浮动汇率的转变，即布雷顿森林体系崩溃。长期以来，固定汇率制度一直是政策制定者应对纸币潜在通胀风险的唯一办法。通过用黄金支持本国货币，然后再相互固定汇率，政策制定者们的印钞能力受到了限制。随着向浮动汇率的转变，这一秘密可能就会泄露。弗里德曼当然不喜欢固定汇率，而固定汇率曾受到布雷顿森林体系创始人凯恩斯的青睐，但他也意识到了其中的风险，认识到浮动汇率可能要求政策制定者寻找控制通胀的替代手段。货币紧缩现在被用于控制通胀。与此同时，在整个凯恩斯主义时代，经济的供给侧似乎一直被忽视，需要得到一些关注，弗里德曼认为，这将有助于降低失业率。虽然解决高通胀和高失业率问题的办法肯定可以在凯恩斯主义文献中找到，但它埋藏得很深，因此很难找到。[37] 相比之下，弗里德曼提供了一条清晰的前进道路。

美国的里根和英国的撒切尔都采用了弗里德曼的一揽子政策，其中包括缩减政府规模，释放自由市场力量。这包括国有工业私有化，减少工会的权力，放松包含金融在内的经济管制。通过采纳弗里德曼的货币政策建议——以不变的速度保持货币供应增长的规则——通胀将得到抑制。货币（和财政）紧缩的结果是两国经济都陷入了严重衰退，美国称之为“沃尔克休克（Volcker Shock）”。[38] 在英国，公众被告知，“如果没有痛苦，就说明没有效果”。然而，尽管政策制定者作出了最大努力，但经济陷入深度衰退，通货膨胀率仍然居高不下。通过控制货币供应来控制通货膨胀的尝试最终失败了。事实证明，货币需求曲线并不像弗里德曼所认为的那样稳定，这意味着试图通过控制货币供应来控制价格是不够的。虽然弗里德曼保持价格稳定的最终目标在当时是毋庸置疑的，但他实现这一目标的手段无疑是有待考量的。因此，需要采取其他办法。其中包括在欧洲恢复固定汇率，这最终在欧元区达到顶峰。

虽然弗里德曼的货币经济学被证明极具影响力，但也不乏严厉的批评。从经验上讲，产出与货币之间因果关系的方向存在疑问。虽然弗里德曼和施瓦茨发现了两者之间的关联，但并不清楚货币是否在起主导作用。[39] 实际上，海曼·明斯基认为，货币是由追逐利润的金融机构创造的。为了适应经济增长和回应客户需求，这些机构会扩大“货币供应”，而随着经济下滑，它们会收缩信贷，这种反应使得经济周期陷入恶性循环。换句话说，在经济形势好的时候贷款太容易，而在经济不景气的时候贷款太困难。对明斯基来说，私营部门的金融机构的自然逐利行为不断地削弱央行限制货币供应增长的能力。银行贷款不是由准备金数量决定的，而是受客户借款意愿和商业银行放贷意愿的影响，即受到需求侧的影响。在明斯基看来，当局很难保持一个稳定的增长规律——私营部门的创新将不可避免地与之相悖，而且是以新的、不可预测的方式，有时会导致最终贷款人（lender of last resort）的干预和救助，最终支持私营部门承担的各种风险。因此，对明斯基来说，“美联储政策的唯一普遍规律是，它不能被任何普遍规律所支配”。[40]

弗里德曼不仅受到了“左”派的批评，而且还受到了一批新的自由市场主义者的批评。新兴古典经济学用“理性预期”取代了弗里德曼对通胀的“适应性预期”模型。[41]其结果是，人们预测，货币不仅从长期来看没有“真正”的影响，而且在短期内的影响也比弗里德曼自己所预测的有限得多。与弗里德曼对繁荣与萧条的货币解释相反，新兴古典学派经济学家提出了另一种模型：供给侧模型，即真实经济周期模型。对他们来说，供给侧不仅是长期增长的驱动因素，也是短期走势的驱动因素。不管怎样都没有需求侧发挥作用的地方了。对这些经济学家来说，弗里德曼对凯恩斯主义思想的批判还不够深入。

虽然弗里德曼的著作经常与凯恩斯对立，但分歧并不像人们普遍认为的那么大。首先，弗里德曼用来批评菲利普斯曲线的方程，即著名的包含通胀预期的方程，实际上是由菲利普斯本人提供的，并且菲利普斯比弗里德曼更担心通胀的影响。[42]菲利普斯也很清楚，他的曲线依赖于给定的通胀预期水平，弗里德曼后来也因此得到了肯定。另外，认为凯恩斯低估了货币的重要性也是不正确的。事实上，凯恩斯早期的许多著作都以货币问题为主题，1930年，他写了《货币论》（*A Treatise on Money*）。[43]

凯恩斯和弗里德曼之间真正的分歧体现在其他地方：凯恩斯认为，经济不稳定是自由市场经济的固有组成部分，而不仅仅是货币管理不善的产物。这种自然不稳定的核心是凯恩斯相信奈特式不确定性：我们无法预知未来，这使得投资本身具有投机性。[44]由于我们无法预知未来，因此几乎没有什么信息可以锚定投资决策，这意味着投资决策将随风而去，经济也将如此。这种极端的不确定性导致凯恩斯比弗里德曼更重视这样一个概念：货币不仅是我们用来进行交易的东西，也是一种价值储存手段，我们对货币有一种“流动性偏好”。[45]凯恩斯认为，我们以价值储存方式利用货币的程度，取决于经济中乐观或悲观情绪的程度。虽然弗里德曼相信市场经济的自我平衡特性，但凯恩斯并不相信。利用他的流动性偏好理论，他认为，在经济低迷时期，流动性偏好会随着人们对货币（作为一种相对安全的资产）需求的增加而加强，这时人们会抛售股票，转而持有现金。这种对货币的额外需求降低了利率的下行压力。考虑到货币需求的增长，即使增加货币供应也无济于事。[46]因此，对于利率在衰退中会自然调整到使经济恢复至接近充分就业的水平的观点，凯恩斯并不认同。然而，通过排除凯恩斯所考虑的那种关于未来的极端不确定性，以及凯恩斯的流动性偏好理论，弗里德曼对自然的经济不稳定视而不见，而且过于相信市场的自我修正趋势。[47]

市场的优势

对于一位在教科书中接受新古典主义经济学教育的经济学家来说，弗里德曼对市场的信心初看可能显得幼稚。毕竟，新古典主义经济学家在对亚当·斯密的“看不见的手”进行数学形式化研究时，发现了多个严格的假设，这些假设是确保市场产生“有效”结果所必需的，包括完全竞争、无外部性和完全信息。然而，尽管弗里德曼接受了这些严格的条件，但他质疑这些条件在长期内的相关性，以及政府在多大程度上可以真正被信任去改善市场结果，无论这种结果可能多么不理想。

弗里德曼从完全竞争的假设出发，认为尽管垄断存在，但它们

"通常是不稳定的，而且持续时间很短，除非它们向政府求助"。[48]他赞同奥地利学派的观点，承认正是企业盈利的能力促使企业家开发新的、更好的产品来满足我们许多人的需要。在垄断利润最终获得的地方，它作为一个信号，诱使其他公司进入市场，最终破坏垄断权力。弗里德曼认为，政府并不能够解决垄断"问题"，恰恰相反，政府往往是垄断滋生的根源，因为是他们颁发许可证和颁布禁止进入的法规。[49]

在外部性问题上，弗里德曼和他的追随者认为解决这个问题应当更多地利用市场，而不是更少地利用市场：在不存在财产权的地方创造财产权，例如人们必须为污染付费，作为市场对这种活动的威慑。

在谈到信息不对称时，弗里德曼提出了一个著名的观点：不向消费者销售有害或劣质产品符合企业的利益，因为如果这样做消费者就会开始寻找替代产品，最终就会触及企业的底线。用国家生产取代市场生产意味着消费者将没有其他选择，因此将更多地听从单一生产者即国家的命令。最近，马克·彭宁顿（Mark Pennington）遵循经典的自由主义立场认为，在对克服信息不对称的手段进行开发时，市场比政府处于更有利的地位。[50]例如，这可能包括汽车保险公司可以在您的汽车中放置的黑匣子，以此来跟踪您的驾驶情况，判断您是否是一名优秀的驾驶员并相应地向您收取保险费，也包括各种对消费进行追踪的工具，以判断我们的健康状况。此外，虽然政府可以尝试对这些比我们更"知情"的企业进行管控，以确保消费者不会被其利用，但是他们却无法做到始终都充分地了解自身而制定出正确的规章制度，而且他们有被私人游说集团蒙骗的风险。

弗里德曼指出，即使国家在教育和医疗领域可以进行干预，国家提供资金并不一定等于国家实际提供学校和医院。他提议建立一个由政府发行、由纳税人支付的代金券体系，允许父母在市场上为孩子购买教育。弗里德曼认为，把购买力放在父母的手中，可以让他们用脚投票，自然地扩大优质学校的规模，缩小劣等学校的规模，从而提高教育质量。

当涉及公平而不是效率的问题时，古典自由主义者认为，国家应当进行有限制的干预：慈善机构往往能比政府做得更好，因为它承受着来自捐赠者的压力，要求它将资金直接用于能带来最佳效果的计划，而且，通过在基层开展工作，它比政府更了解什么可行，什么不可行。当一些东西作为慈善提供时，人们认为个人应该努力改善自己的命运；然而，当它以福利的形式作为一种权利提供时，个体会表现得非常不同，他们会失去掌控自己生活和在经济意义上进行自我完善的天然动力。正是基于这些理由，罗纳德·里根总统抨击了约翰逊关于广泛的政府福利和"伟大社会"的愿景，称善意创造了相反的结果：用艾茵·兰德（Ayn Rand）的话来说，一个由"吸血鬼"和"乞丐"组成的国家。因此，弗里德曼所推崇的福利体系是一种负所得税体系，它使福利支付依赖于生产活动。[51]

总之，弗里德曼对市场的支持并非来自对市场效率特性的新古典数学证明，而是来自古典自由主义传统。这种支持还具有明显的奥地利风味，尤其是哈耶克风味。最重要的并不在于市场是否满足了一长串新古典主义教科书假设（完全竞争，完全信息，无外部性等），而在于相较于那些被利润的可能性所驱使的公司，国家是否有动力为了我们的最大利益而工作，以及相较于市场，国家是否拥有更能满足我们需求的信息。

对弗里德曼来说，即使可以假定政府是仁慈的，这也无法解决国家控制中普遍存在的问题。国家控制剥夺了消费者的选择，并回避了竞争的力量，这对消费者来说是非常有害的。人类不是一个同质的群体；我们每个人都有自己不同的品味和欲望。我们每个人都是独立的个体。因此，国家不可能获得为我们所有人提供适合其品味和需要的产品和服务所需的信息。相反，在市场上，消费者为王。企业有生产那些迎合我们不同品味的商品和服务的动机。从长远来看，企业之间的竞争会导致价格更低以及技术更先进的新产品的推出。

有了市场，我们每个人都可以作出自己的选择和决定，就像魔法一样，我们最终没有陷入混乱，而是有了合理的秩序。我们可以在超市的货架上找到各种各样的食物，我们可以从数百个品牌和风格的服装中进行选择，我们可以欣赏各种类型的音乐、文学和艺术。没有市场，国家将不得不制订一个计划来满足我们的需求。这既要包括对经济生产能力的计算，又要包括对人们消费需求的预测，然后再据此指导生产。不仅“正确”地制订计划是一项不太可能完成的任务，而且让人们为了共同的利益而行动（在实际行动中坚持计划）也是一项不太可能完成的任务。自利的反应是坐享他人的努力——“搭便车”，毕竟，在平等分享一切的制度下，你仍然会在晚上吃饱。但是，当然，如果每个人都以同样的理由行动，结果就是每个人都饿肚子。因此，只有在人们能够互相监督、建立道德义务和集体精神的小团体中，这种制度才有可能成功。在小团体之外，计划常常会导致某种形式的威逼和强迫，因为如果没有强迫，计划就会开始瓦解，人们就有挨饿的危险。哈耶克认为，国家控制，即使没有那样的意图，也会使我们走上“通往奴役之路”。

弗里德曼认为，市场不仅是实现目标的一种手段——迄今为止发现的实现经济进步的最佳体系——而且市场本身也是一种目标。它的作用是保障个人自由。用他自己的话来说：“我找不到任何例证来表明，人类社会中曾经存在着一个社会，有大量政治自由，而又没有使用类似自由市场的东西来组织它的大部分的经济活动。”[52] 他十分关切地说：“迟早……一个更大的政府将破坏自由市场带来的繁荣和《独立宣言》中雄辩地宣布的人类自由。”[53]

虽然弗里德曼在市场受到攻击时强调了市场的优势，这一点值得赞扬，但有很多理由不那么乐观，包括以下几点。[54]

第一，我们有来自经济史的证据。市场发展的历史表明，市场远远不能满足经济增长的需要，从历史上看，国家既帮助又阻碍了经济的增长。[55] 此外，国家的问题不只是规模问题。最近的文献强调了“国家容量”（state capacity），即发展经济学家所说的“国家能力”（state capability）的重要性。[56]

第二，对于竞争总是有益的，并且会确保“最佳”技术获得成功的这一假设，罗伯特·弗兰克（Robert Frank）、布莱恩·阿瑟（Brian Arthur）和保罗·戴维（Paul David）提出了质疑。[57]

第三，行为经济学表明，我们并不总是具备充分利用市场所需要的心智能力和纪律。虽然弗里德曼认为，市场处于完美的位置，可以生产满足我们欲望的商品和服务，但乔治·阿克洛夫（George Akerlof）和罗伯特·席勒（Robert Shiller）已经证明，市场也能助长我们的恶习，利用我们的短视，操纵和欺骗我们。[58] 艾夫纳·奥弗尔认为，我们所拥有的最显著的行为偏差之一就是短视。由于经济繁荣取决于作出牺牲和权衡——用今天的面包换取明天的果酱——这可能是一个主要的绊脚石。奥弗尔认为，20 世纪大量的政府干预，从义务教育到公共养老金和基础设施项目，帮助克服了这种短视，提高了经济效益。[59]

第四，弗里德曼的自由思想受到了挑战，包括阿马蒂亚·森的“能力”方法。用经济学家布拉德福德·德隆的话来说，对于绝对贫困的人来说，他们改变自己地位的机会和手段被剥夺了。他们既缺乏哲学家以赛亚·伯林（Isaiah Berlin）所称的“积极自由”，即自我实现的权力，也缺乏“消极自由”，即在行动道路上免受到他人干扰的自由。[60] 根据奥弗尔的说法，免于死亡和痛苦的自由是我们所有人都认同的唯一一种自由，在这个基础上，美国实际上表现得相当差。[61]

最后，还有女权主义经济学家提出的批评，他们对弗里德曼著作中将经济划分为“国家和市场”两个部分的做法提出质疑。[62] 正如奥弗尔和玛里林·华陵（Marilyn Waring）所表明的那样，在除了这两部分的另外一个世界里，重要的经济活动正在发生，但由于这些活动传统上不属于男性领域，因此被经济学家所忽视。只有承认这第三个领域的存在并且对其进行思考，我们才能从整体上思考经济。[63]

这种女权主义的批评自然与福利保障制度有关。作为一门很大程度上建立在男性经验基础上的学科，人们一般认为，构成经济模型的“经济主体”拥有工作和独立养活自己的手段。家庭领域被忽视了，“依赖”一词带有一些相当消极的含义。根据奥弗尔的说法，依赖并不是一种失常，而是经济学家不应忽视的生活现实。[64] 我们每个人在一生中都会经历几个依赖阶段：童年时期、学习时期、怀孕时期、健康状况不佳时期和老年时期。在“传统”社会中，这种依赖是通过家庭来解决的，这对妇女的个人自由造成了严重的损害。

随着经济的发展，家庭的束缚开始减弱。当妇女在家庭之外寻找机会时，她们赚钱的能力使她们能够掌控自己的生活，特别是她们可以自己决定是否结婚、和谁结婚以及什么时候结婚。虽然个人自由是有益的，但在处理依赖性方面仍有空白需要填补。正是出于这个原因，历史学家认为，福利国家最初是在性别相对平等的社会中发展起来的，比如英国和荷兰，这种福利制度的早期发展促进了女性对市场的参与。[65] 这是国家可以既支持市场活动又促进个人自由的一个例子。[66]

结论

在他那个时代，成年于大萧条时期的弗里德曼是一位激进主义者。[67] 他是为数不多的几位捍卫市场不受国家干预浪潮冲击的经济学家之一。

他的才华并不在于任何特定形式的独创性，毕竟弗里德曼借鉴了许多其他伟大的经济思想家的观点，而在于他向公众展示的一整套思想体系。然而，通过提供一套看似一致且易于消化的直截了当的政策方案，弗里德曼牺牲深度换取了广度，这使得他的经济思想完全不足以解决我们面临的主要经济问题：贫困、不平等和经济波动。

弗里德曼相信经济学家有能力超越规范性问题，以一种不受个人价值观影响的“科学的”方式呈现经济学，这种想法是傲慢的，甚至是危险的，加剧了经济学学科的“帝国主义”倾向，并忽视了更广泛的社会科学。它还将道德和价值观置于“左”派的控制之下，使自由放任主义的思维与人类的需求和对现实生活的考虑脱节。弗里德曼的货币经济学对经济波动的非货币原因视而不见，忽视了资本主义经济中固有的不稳定性。此外，他对市场的辩护过于乐观，而他对国家的批评只是基于最坏情况的假设。

尽管有这些批评，弗里德曼思想在今天仍然有重要的意义。在经济学方法论上，他认为经济是极其复杂的，无法以一组数学方程式完全描绘；[68] 在货币经济学方面，他强调使用基于历史的数据；[69] 最后，他对自由力量的强调，被运用到当代世界范围内的女性赋权议程中，被置于与阿马蒂亚·森的工作同样的高度，对自由力量的强调在今天就像在冷战时期一样重要。

2006年，94岁的弗里德曼逝世，直到此时，他的“货币主义”在很大程度上已经名誉扫地，但弗里德曼花费如此多时间捍卫的资本主义制度，其根基已经牢固得多了。苏维埃体系已经从内部解体，中国正在向国际市场敞开大门。不仅长期经济增长似乎是安全的，而且经济的起起落落似乎已成为过去。弗里德曼的学生之一、诺贝尔奖得主罗伯特·卢卡斯宣布，“预防经济萧条的核心问题已经得到解决”。换句话说，大萧条再也不会发生了。弗里德曼去世时一定很快乐。或许对他来说幸运的是，他没有活到 2008 年经济地震时。

在全球金融危机的背景下，对未来的思考将把我们带向何方仍有待确定。然而，正如经济学家对大萧条成因的解释定义了经济思想从凯恩斯到弗里德曼的进化一样，我们对全球金融危机成因的解释，将在很大程度上决定未来 50 年我们前进的方向。与 1929 年的情况一样，如今对资本主义的批评和要求加大国家干预的呼声正方兴未艾。[70] 然而，追随弗里德曼的脚步，人们也可以找出应对的方法：一些人指出，2008 年以前的宽松货币政策，以及国家当局对金融机构施加的向“次级”地区放贷的压力，增加了银行体系的风险。[71] 特别是，人们可以设想回归弗里德曼式的强调控制货币的做法，尽管不是通过弗里德曼本人提出的方法。[72]

即使历史在未来几年内重演，重现大萧条之后的国家干预主义政策，弗里德曼的自由市场思想也不会消失太久。当钟摆从市场摆到国家再回到市场，当一场又一场危机接踵而来时，有一件事是肯定的：就像迷你裙和胡须一样，弗里德曼的思想将永远在潮流里兜兜转转。

第十章　小约翰·福布斯·纳什

凯伦·霍恩

小约翰·福布斯·纳什是与众不同的。他与大多数人在许多方面都不同，但有两点特别引人注目：第一，他那神秘的思想飞上了洞察的新高度，又陷入了最黑暗的幻觉深渊；第二，他在自己研究之外的一个学术领域产生了巨大的影响。

纳什是才华横溢的。但是这种才华，不同于其他杰出的学者，是一种极端的、痛苦的才华，几乎把他毁灭。1994 年，纳什与莱因哈德·泽尔腾（Reinhard Selten）和约翰·哈萨尼（John Harsanyi）一起被授予诺贝尔经济学奖，早在这之前，他就被学术界誉为“天才”。这个认可来得很早。在某种程度上，他拥有如此聪明、不遗余力地工作的大脑，似乎可以解释为什么他会性格古怪、行为怪异和情感冷漠。然而，有这样的大脑需要付出更大的代价：当他 31 岁的时候，纳什患了偏执型精神分裂症，这是一种长期的、可怕的、使人丧失能力的精神疾病，他因此被迫离开了学术界。

得了这种病，完全康复是不可能的。但是，尽管困难重重，纳什的精神分裂症在他 60 多岁的时候得到了缓解，让他从幻想中走了出来。他终于恢复了健康和稳定，可以继续他的一些学术活动了。他又开始公开露面，相较于年轻时的狂妄，他表现出更温和、更有自我意识的一面。在获得诺贝尔奖后，他戏剧性的、激动人心的人生故事吸引了好莱坞，在那里，罗恩·霍华德（Ron Howard）把西尔维亚·纳萨尔（Sylvia Nasar）出色的、调查详细的（尽管从未得到正式授权）传记《美丽心灵》(*A Beautiful Mind*）改编成了一部广受好评的获奖电影，由罗素·克劳（Russell Crowe）主演。[1] 尽管由此而来的名声并不是他想要的，但这可能是他的名字在诺贝尔基金会网站的“最受欢迎的经济学奖得主”名单上高居榜首的原因之一。[2] 他那非常正式、复杂和难解的作品当然不会有如此广泛的受众。

然而，在经济学的学术领域，纳什已经成为一个熟悉的名字，一个不可避免地出现在教科书中的名字。他的著作对这一学科产生了重要而持久的影响，许多学者都追随他的脚步。很明显，许多伟大的人物也是如此。然而，他的情况之所以特别引人注目，是因为纳什完全是个局外人。他根本不是经济学家。他是一个纯粹的数学家，他自己也很乐于承认这个身份。他接受过的经济学培训只有大学时代的一门关于国际经济学的课程。他与经济学的联系来自博弈论，这是数学的一个分支。

他的工作在经济学领域受到热情的接纳，这影响了纳什后来的发展，为他提供了第二个知识家园，并促使他在经济学领域进行其他的冒险。然而，他从来没有提出过一个纯粹的经济理论，一直是个局外人。经济问题有时会引起他的注意并引发他的思考，但他是通过博弈论模型而不是经济理论来看待这些问题的。纳什一次又一次为之着迷的是兴趣各异的人之间的互动之谜：是否有可能用数学上可解的方式来模拟这种互动，这个解的数学性质是什么？如果是这样，这种互动会产生什么结果？为什么？在这个脉络下，人们可以发现纳什在晚年思考了“理想货币”的问题，例如，一种在设计时考虑到所有相关用户利益冲突的支付工具。根据纳什的直觉，建立在一篮子实物商品基础上的一种新的金本位制或许是最适合的。[3]但他更感兴趣的是这种货币在逻辑上的可能性，而不是它在现实中能否实现。

纳什的重要贡献基本上都是数学上的。尽管不如他的博弈论那么有名，但他也帮助纯数学界在微分几何和偏微分方程的研究上取得了新的进展。他认为，与他获得诺贝尔奖的博弈论论文相比，这种“正统的”纯粹数学研究“微不足道”。[4]在这一章中，我们将集中讨论他对博弈论的主要贡献，他将博弈论转化为一片沃土，不仅对经济学，对所有社会科学来说都是如此。如果没有“纳什均衡”（Nash equilibrium），今天经济分析的必备工具箱将是不完整的。

“博弈论”这个名字有点误导人，这个理论并不像游戏那样好玩（博弈论的英文名为Game Theory，即“游戏理论”——编者注）。博弈论对掷骰子等碰运气的游戏只字未提。这一切都与策略有关。这一领域是在匈牙利出生的数学家约翰·冯·诺伊曼（John von Neumann）1928年发表的一篇论文的基础上发展起来的，该论文分析了人们熟悉的策略游戏，如莫里斯或国际象棋，以及纸牌游戏。[5]诺伊曼自己也喜欢打扑克。但他清楚地意识到，他的理论所适用的范围可以也应该扩展到各种形式的策略互动中：“最后，任何事件，在给定外部环境和给定玩家（假设后者具有绝对的自由意志）的情况下，如果考虑到交互玩家的影响，都可以被看作是一场游戏。”[6]就像在现实生活中一样，在玩棋牌类游戏时，人们也要提前考虑。当一个人的行动在一定程度上取决于另一个人的行动时，一个人必须试着预测另一个人会做什么，适应它，并试图先发制人。这在博弈论的术语中，就是所有的参与者都需要根据对其他参与者行为的预期来为自己设计出最佳策略。

因此博弈论是一个专门研究战略决策分析的领域。在过去的几十年里，它已经开发出了特定的词汇库和丰富的概念工具包。博弈论已应用于各种各样的问题，如军事冲突的升级或降级，包括核威慑，国际气候政策的谈判进程，或者寡头垄断市场的定价行为，等等。当经济学家们分析各国为何难以就贸易政策达成协议时，当他们试图解释工会和雇主协会之间工资谈判的结果时，当他们帮助政府为特定的市场制定一套规则时，博弈论都是一个有用的工具。博弈论具有解释和预测能力，这使得它在提出政策建议时非常有用。

冯·诺依曼的另一项研究——他与他奥地利学派的同僚奥斯卡·摩根斯特恩（Oskar Morgenstern）共同撰写的具有开创性的《博弈与经济行为》（*Theory of Games and Economic Behavior*），为纳什所注意，纳什在自己的博士论文中表明，最优的个人策略确实是可以确定的。[7] 概略地说，纳什在关于“非合作博弈”的论文中做了两件事，这篇论文最终为他赢得了 1978 年的诺贝尔奖：他证明了对于任何一个这样的互动来说都存在一个数学解，没有一个参与者会有合理的理由偏离这些策略，他算出了这个均衡解。同样，他也坚定地把这种情况确立为一种有用的、普遍的分析性概念。[8] 这个概念被称为“纳什均衡”，另一个博弈论者、诺贝尔奖获得者罗杰·迈尔森（Roger Myerson）在 2007 年称赞其为“博弈论中最重要的解概念”，“在经济学和社会科学中具有根本性和普遍的影响，可与生物学中 DNA 双螺旋结构的发现相媲美”。[9]

上升之路

尽管纳什并不是个神童，也没有在家里接触过抽象数学，但他的天赋在他很小的时候就显现出来了。1928 年 6 月 13 日，他出生在西弗吉尼亚州一个熙熙攘攘的小镇布鲁菲尔德，他的家庭是一个中产阶级的、奋斗不息的家庭。他父亲的家族，最早来自得克萨斯，曾出过种植园主、学校创始人和教师；然而，纳什的祖父是一名教师的儿子，性格不稳定，抛弃了妻子和孩子。从他母亲的家族来看，纳什的祖先来自北卡罗来纳州，受过良好的教育，生活富裕。

老约翰·福布斯·纳什（John F. Nash Sr）是一名电气工程师，拥有得克萨斯农工大学的学位，他也曾在那里任教过一段时间。为了给家人赢得更多的社会尊重，他最终在布鲁菲尔德的阿巴拉契亚电力公司工作了 38 年。他的妻子玛格丽特·维吉尼亚（Margaret Virginia）曾在玛莎·华盛顿学院和西弗吉尼亚大学学习语言，并取得了教师资格。她的兴趣主要是文学。在遇到她的丈夫之前，她教了 10 年书，后来被迫辞职，因为已婚妇女不允许在她所任教的学校教书。于是她开始专注于自己孩子的教育，也就是约翰（John）和玛莎（Martha）。

在布鲁菲尔德高地街的家中，总能看到小约翰·纳什在读书。马虎、心不在焉、孤独，让他赢得了古怪的名声。“约翰尼总是与众不同。”他妹妹回忆道。[10] 他的成绩并不总是很好。在所有的学科中，数学是他的一大障碍，虽然他喜欢这个学科，埃里克·坦普尔·贝尔的书《数学大师》(*Men of Mathematics*）使他着迷。[11] 作为一个没有耐心的男孩，他所遇到的问题大多与他觉得枯燥乏味的形式主义有关，尤其是当他的直觉在高速运转时——这是在他生活中反复出现的矛盾的根源。

纳什 13 岁时，他的父母把他送到当地的社区大学学习额外的高等数学课程。纳什对复杂数学问题的兴趣与日俱增。二战结束后不久，17 岁的纳什毕业了，离开了布鲁菲尔德，带着有一天能成为像他父亲一样的工程师的希望，他搬到了宾夕法尼亚州的匹兹堡。他获得了卡内基理工大学的全额奖学金，成为该校的一名学生。

纳什在他最初选择的领域没有坚持多久。正是在他大学的第一年，在老师的鼓励下，这位早熟的天才决定从化学工程专业转到数学专业。他在不到三年的时间里修完数学专业的课程，之后他成功地申请了美国四所顶尖大学的数学研究生课程：哈佛大学、普林斯顿大学、芝加哥大学和密歇根大学。在他的卡内基大学导师理查德·达芬（Richard Duffin）的推荐下，纳什最终去了普林斯顿大学。达芬在信中简单地写道："这个人是个天才。"

约翰·纳什做了一个很好的选择。那时普林斯顿被认为是整个世界的数学中心。阿尔伯特·爱因斯坦（Albert Einstein）、库尔特·哥德尔（Kurt Godel）和约翰·冯·诺伊曼等学术界翘楚，都在普林斯顿大学附近的普林斯顿高级研究院工作，这是一家著名的私立学术研究机构。当时第二次世界大战已经结束，尽管麦卡锡时代已经开始，美国的政治压迫正在抬头，但总体氛围肯定是思想丰富、学术气息浓厚和鼓舞人心的。纳什住在校园里，那里的生活是"男性化的、僧侣式的、学术化的"，关于"数学的八卦"甚多，博弈论成为人们谈论的主要话题。[12] 在普林斯顿大学数学系的范式大楼（Fine Hall），纳什逃避阅读、逃课。他大部分时间都在向教授或其他研究生提问，一边在走廊里踱步吹着巴赫曲子的口哨，一边在脑海中计算复杂的数学问题。

纳什的古怪并没有让他受欢迎，他的傲慢也成了传奇。但系里的每个人似乎都喜欢他发明的棋盘游戏，在公共休息室里玩这种游戏的学生们称它为"纳什"。它与丹麦数学家皮特·海因（Piet Hein）早些时候独立发明的"六贯棋"（Hex）游戏相同。这是一款有趣且要求很高的策略游戏，两名玩家在一个六角形网格上进行游戏，目标都是通过交替放置将棋盘的两端连接成一条完整的线。这种游戏在数学上很令人兴奋，因为纳什可以证明它的两个基本性质：第一，第一名玩家总是赢，除非他采用了次优策略或犯了错误；第二，不可能同时有两条完整的连线。[13]

在普林斯顿大学的第二个学期内，纳什还写了他的第一篇独立署名的学术论文——《交易的问题》（*The Bargaining Problem*）。[14] 这不是他第一次发表论文，早在 17 岁时，他（和父亲）就联合发表了一篇电气工程论文。[15] 他这时构思的这篇论文，其灵感来自他在卡内基大学选修的一门经济学课程。他一直想知道，国际贸易的收益或任何合作的收益是如何在相关方之间分配的。经济学理论对这种情况究竟会如何发生、根据哪种逻辑、得出何种结果、产生何种水平的效用等没有任何解释。这是一个盲点。纳什在普林斯顿大学潜心钻研的现代博弈论方法，现在为他提供了一个用数学方法解决这个问题的视角。他的这篇短文本质上是对双人非零和博弈（two-person non-zero-sum game）中的互动进行了形式化描述，并给出了一些假设，其解决方案仍然相对容易理解，文章采用了一种清晰、简洁和简单的风格，并通过例子和图表加以说明。

最终，纳什开始写他的论文，他选择阿尔伯特·塔克（Albert W. Tucker）作为他的导师。他雄心勃勃：他想超越诺依曼 1928 年提出的双人零和博弈中的所谓“最小最大原理”（minimax solution），在这种博弈中，每一个理性的玩家都试图在对他最不利的结果中最大化自己的收益——正如诺伊曼正式证明的那样，如果允许所谓的混合策略，那么解决方案总是存在的。而混合策略即玩家可用的各种策略的概率分布。纳什还想概括诺伊曼和摩根斯特恩在其开创性著作中提出的方法。[16] 他寻求三个方面的拓展：（1）他想要得到的解决方案不仅针对特定的赛局，即玩家可以通过谈判达成协议的情况，而且还针对每个玩家是相互独立、不合作的情况，这种情况下他们的决策就不会受到谈判和有约束力的承诺的影响；（2）他希望博弈可能是非零和的，这对博弈论在经济学中的应用非常重要，因为所有的提供合作机会的市场互动，从定义上来说都是潜在的正和；（3）他希望设定是开放的，适用于任意数量的 n 个玩家，而不是只有两个。后来，他又回到合作博弈的分析中，推导出一种讨价还价的方法（“纳什议价”）。[17]

目前的挑战仍然是将整个设定形式化，为每个参与者以及相互作用的结果推导出最优策略，并确定和证明均衡解的存在。纳什用两种不同的技术方法解决了这个数学上极其复杂的问题，一开始是借助于鲁伊兹·布劳威尔（Luitzen Brouwer）的不动点定理，后来又以角谷静夫（Shizuo Kakutani）对这一定理的变体为基础。[18] 纳什提交的博士论文只有 27 页，两倍行距，全是手写的方程式，一直未发表，[19] 而第二版是更为简洁的版本，于 1950 年以论文的形式发表在一本数学杂志上。[20] 对于普通经济学家来说，这两个版本都不适合作为消遣进行阅读。

纳什均衡

纳什 22 岁生日时获得了博士学位。他的论文并没有在纯技术层面取得突破。它以一种创造性的、奇妙和新颖的方式应用了已经存在的工具。更重要的是，纳什的研究带来了概念上的创新，极大地提高了博弈论在社会科学中的适用性。这一创新与纳什是以什么样的方法计算出互动问题的解无关，而是与他引入的结构性的区别有关：他已经认识到，从数学上讲，你研究的是合作博弈还是非合作博弈，有着至关重要的区别。正是因为没有对此加以区分，诺伊曼和摩根斯特恩才无法在技术上证明多人博弈的均衡。

一方面，合作博弈是一种战略环境，在这种环境中，相互作用的主体可以观察对方在做什么，可以形成合作关系，可以作出有约束力的承诺，这样每个人都会遵守自己的承诺。另一方面，对非合作博弈的分析可以解决冲突的情况，在这种情况下，没有人能够直接观察到另一方的行为，但仍然需要确定自己的最优策略。每个玩家“独立行动，不与其他玩家合作或交流”。[21] 从某种意义上说，非合作博弈是更普遍的人类互动形式，合作博弈是它的一个子集；纳什主张人们应该以相同的方式来模拟它们（被称为“纳什规划”）。在现代抽象的社会中，市场互动不再需要面对面的接触，非合作博弈的设定肯定与我们更相关：我们必须作出一系列决定，而不知道其他人会做什么，尽管他们的行为必然会对我们的福祉和效用产生影响。

在他的论文（以及《数学年鉴》上发表的孪生出版物）中，纳什证明在所有有限的非合作博弈的设定中至少存在一个均衡点，这是一组最优策略，不管其他玩家做什么，这组策略中的每个策略都满足成为最佳策略的条件，所以任何理性的玩家都不应该背离它。换句话说，他“正式地定义了非合作博弈的均衡解，它是一个所有玩家的策略组合，对于博弈中每个玩家来说，在给定了其他玩家策略的情况下，其自身的策略都最大化了他的预期效用收益”。[22] 这个证明对经济学很重要，特别是对模型的预测能力。在很大程度上，经济学领域，特别是微观经济学，就是研究人类对激励的反应的，不论激励是否与金钱有关；但是，当考虑到每个参与者的策略可能会相互影响，从而产生相互矛盾的最优策略时，激励机制可能不会像预期的那样发挥作用。

在这个阶段，有个例子可能会有帮助我们理解。为了让事情变得简单，让我们来看一个古老的经典案例，即囚徒困境，一个典型的、有完整的信息的、静态的非合作博弈。1950 年，纳什的论文导师阿尔伯特·塔克为了教学目的，正式提出了这一例子。[23] 在他的短笺中，塔克写道：

> 两名被控共同违法的男子，被警方分别关押。每个人都被告知（1）如果一个人坦白而另一个人不坦白，前者将得到一个单位的奖励，后者将被罚款两个单位；（2）如果双方都坦白，每个人将被罚款一个单位。同时，双方都有充分的理由相信（3）如果双方都不坦白，那么双方都将被认为无罪。这种情况产生了一个简单的

对称双人博弈（不是零和博弈），其收益如下表所示，其中每组数字代表 I 和 II 的收益，I 的收益在前，II 的收益在后：

		II	
		坦白	不坦白
I	坦白	（-1，-1）	（1，-2）
	不坦白	（-2，1）	（0，0）

显然，对每个人来说，“坦白”的纯策略（pure strategy）主导着“不坦白”的纯策略。因此，这两个“坦白”的纯策略给出了一个独特的均衡点。与这种不合作的解决方案相反，如果两人能够结成联盟，彼此约束，坚持“不坦白”，那么两人都将从中受益。

这也是所谓的“单次博弈”或单一阶段博弈，即只有一个操作窗口的设置：一个玩家不能适应另一个玩家的行动，承诺也无法履行。此时沟通是无法进行的。从某种意义上说，二者都知道所有可用策略的可能结果或回报，这就是完全信息。如果两个人都理性行事，就会有一个均衡解，任何一方都没有理由放弃这个均衡解。众所周知，“纳什均衡”包括两名囚犯的坦白。对于两名囚犯来说，这当然是一个次优结果——他们更愿意获得自由。

一方面，结果的次优性使这个例子令人失望。相互依赖的理性个人行为并不一定会为那些直接参与其中的人带来共同利益，这一论证使它闻名于世。从这里，似乎很容易得出这样的结论：市场中相互依赖的理性个体行为同样会产生次优结果。另一方面，我们必须记住，就这个囚犯的案例而言，他们的共同利益并不是真正重要的。对法律的执行感兴趣的公众当然是最终的赢家，这要感谢立法者以恰到好处的狡猾巧妙地安排了惩罚。当谈到政府制定新的规章制度时，人们也希望如此。例如，银行业在过去经历了一系列监管规定，它们的设计没有充分考虑到为规避这些规定而进行的合理做法。纳什均衡对于银行来说不是最优的，对于整个社会来说也不是最优的。

合作博弈和非合作博弈的区别当然不是博弈论故事的终点。纳什的想法有缺陷。例如，有时会存在产生多个均衡的情况；他的理论无法解释哪一种均衡会占上风。此外，现实生活中的一些场景非常复杂，没有一个人类大脑能够完美地处理所有需要的信息，而经济学中普遍存在的理性假设可能被夸大了。而关于偶然事件的无关性的假设又有多现实呢？尽管如此，纳什的工作使诺伊曼和摩根斯特恩的方法在这些年来变得越来越富有成效。它为纳什普遍均衡概念的完善“打开了闸门”。[24]

另一个重要的区别来自对“单次博弈”或“重复博弈”之间差别的重要认识；这是由邓肯·卢斯（R. Duncan Luce）和霍华德·拉法（Howard Raiffa）完成的。[25] 虽然诺依曼和摩根斯特恩的书中已经区分了静态与动态设定，或“标准型”和“扩展型”，哈罗德·W. 库恩（Harold W. Kuhn）却将不完整信息引入了扩展型博弈，即其他玩家之前的行动是未知的。[26] 德国博弈理论家莱因哈德·泽尔腾，后来与约翰·纳什和约翰·哈萨尼共同获得了诺贝尔奖，他对纳什均衡进行了精炼，使这一概念适用于动态策略互动，即必须区分博弈的不同阶段以及在各个阶段（称为“子博弈”sub-game）的可用信息。泽尔腾将每个阶段的纳什均衡称为“子博弈精炼纳什均衡”。[27] 他还为贝叶斯博弈引入了“颤抖的手”的完美性——这一概念允许玩家出现小的策略失误，而不会破坏均衡。[28] 在晚年，泽尔腾对博弈论中的理性假设提出了质疑，并开始了实验研究，他认为自己是一个非教条的“方法二元论者”。至于约翰·哈塞尼，他处理了策略互动的设定中普遍存在的不完全信息问题，并由此发展了“贝叶斯纳什均衡”的概念。[29]

但为什么这一切对经济学如此重要？广义上说，它改变了经济学的前景。当时，宏观经济学已经由于凯恩斯主义理论而获得了巨大的发展，人们主要关注的是GDP、消费、投资、财政赤字和贸易顺差等广义的统计总量，而博弈论的发展拯救了微观经济学，使其免于被遗忘。这并不意味着它与政治无关，事实恰恰相反。博弈论将经济学的焦点重新集中在个人决策和规则框架上。它使人们有可能分析：在给定的互动环境中，人们就是他们自己，那么现有的规则是否会产生积极的结果，或者换句话说，激励的设置是否可以促进人们的共同福利。将博弈论加入经济学者的工具箱，可以使人们更好地理解不完全竞争等现实世界现象。博弈论在很大程度上提高了经济学的现实性。

然而，托马斯·卡莱尔（Thomas Carlyle）曾将经济学称为“沉闷的科学”，博弈论的兴起似乎证实了这一著名的论断。从亚当·斯密及其著作《国富论》开始，古典经济学一直天真得令人难以置信，它假定私人利益与公共利益之间存在上帝赋予的自然和谐关系，这一假定多年来一直被强化。[30] 毕竟，博弈论之所以存在，是因为事情没有那么简单，相反，现实世界充满了囚徒困境，在这种情况下，理性的个人行为会导致次优结果。这类似于新古典福利理论对“市场失灵”的诊断。事实上，“市场失灵”随处可见：否则我们为什么会担心公共产品得不到提供，只是因为它们具有非排他性而导致人们不想为它们付钱，尽管每个人都重视它们？虽然这些反对意见似乎可以理解，但它们是基于对古典经济学尤其是亚当·斯密所想要回答的问题的一种深刻的误解而提出的。这个问题并不是：对个人利益的追求是否会自动指向公共利益？而是：为了实现经济财富，我们究竟可以依赖什么？在这类问题中，没有任何天真的东西，无论是在研究项目中，还是在围绕它构建的理论中。

与此类似，博弈论的兴起助长了对经济学家的一种旧有的批判，批评他们使用甚至提倡一种贫穷的而非现实的人的形象，因为他们把经济主体描述成超级理性的、消息灵通的、冷静算计的、谋略精明的、令人厌恶的机会主义僵尸，他们在生活中除了自己眼前的利益之外没有其他的目标。在经济学的模型世界里，这是多么可怕的一群人啊！这又是一种误解。经济学并不真正关注个人动机或道德。经济学不与人争论，而是接受他或她的本来面目。经济学是关于人类行为的，因为它受到稀缺现象、竞争和规则框架的制约。为了清楚地计算出规则框架对人们所做的决策和所采取的行动的影响，有必要从所有那些不是由这些规则直接触发的内容中抽离出来。因此，严格来说，为了探究的目的，我们需要假设人们会对给定的规则及其修改作出反应。无论是关于完全理性和完全信息的新古典主义标准假设，还是专注于策略互动的博弈论假设，都不能提供一个关于人的形象。记住这一点很重要。

在博弈论（尤其是纳什均衡）兴起之前，策略思维和激励在经济学中几乎没有或根本没有地位——安东尼·奥古斯丁·库尔诺（Antoine-Augustin Cournot）和海因里希·冯·斯塔克尔伯格（Heinrich von Stackelberg）关于双寡头垄断的著作除外。占主要地位的范式是完全竞争假设，这意味着，由于市场参与者众多，没有任何一个单独的人能够影响均衡价格。所有参与者都是“价格接受者”。然而，现实世界充满了只有少数供应商（或者客户）的市场。即使数量众多，进化的风俗和时尚也有可能将行为限制在平均水平；纳什在他的论文中已经暗示了这种可能性。但当个体或群体的行为确实产生影响时，其他人的反应就变得相关了。有目的的经济行为需要策略。例如，对于一个双寡头市场的垄断者来说，如果他提高了所生产和销售的商品的价格，而他的竞争对手却没有这样做，那么他的做法就没有什么意义了。客户只会更换供应商，而他的境况将比以往任何时候都更糟。所以他需要猜对对手会怎么做。他可以利用抽象的概率，也可以依靠实际的经验。这种情况如何发展，不仅对直接相关的两个主体很重要，对监管也很重要。认识到什么是进退两难的局面，并在可能的（和需要的）情况下尽量避免它们，是非常重要的。从这个意义上说，正如迈尔森所说："纳什创立的非合作博弈理论已经发展成为一种实用的激励计算方法，可以帮助我们更好地理解几乎任何社会、政治或经济制度中的冲突与合作问题。"[31]

崩溃、缓解和荣誉

纳什的学术生涯只持续了不到十年。然而，在这十年里，他的工作效率很高。他发表了 5 篇博弈论的重要论文和 10 篇其他数学问题的论文。在他完成博士论文之后，他转向了流形数学问题，这个主题当他在卡内基的时候就已经吸引了他。这个时候，他努力提高自己作为纯粹数学家的地位，所以需要与博弈论保持一定的距离。[32] 他希望得到普林斯顿数学系的一个职位。

与此同时，他进入了位于加州圣莫尼卡的兰德公司，这是一个以数学为导向、具有明确政治目的的研究机构。兰德公司（今天仍然存在）是 1946 年由美国陆军航空部队基于道格拉斯飞机公司的合同，作为兰德（RAND，即"研究与发展"）项目创建的。1946 年，他们公布了一艘实验性的"环绕地球宇宙飞船"的初步设计。1948 年，兰德项目从道格拉斯公司分离出来，成为一个独立的非营利组织，最初由福特基金会赞助，目的是"进一步促进科学、教育和慈善事业，所有这些都是为了美利坚合众国的公共福利和安全"。[33]

在 1950 年、1952 年和 1954 年的夏天，纳什都在兰德公司做顾问。

在他那个年代，兰德公司的人非常关心冷战问题，“俄罗斯人已经获取了美国军事机密”的这种普遍的妄想也在蔓延。西尔维亚·纳萨尔写道，兰德公司是“最初的智囊团，一个奇特的混合体，其独特的使命是运用理性分析和最新的定量方法来解决如何使用可怕的新型核武器来阻止与俄罗斯的战争的问题，或者一旦威慑失败，该如何赢得战争的问题”。[34] 正如另一位诺贝尔奖得主肯尼斯·阿罗（Kenneth Arrow）在1948年回忆的那样：“他们意识到，我们不知道有了原子弹之后新的战争会是什么样子，所以他们想要一些自由的思考。”[35] 只要能获得安全许可，他们允许各色各样、古怪的人进入。针对国防部的各个部门，包括海军和空军，纳什发表了关于军事战略的机密报告——当然是使用博弈论。虽然这一主题与纳什的研究重心非合作策略非常契合，但他对当时的政治并不太感兴趣。他只想一个人做他的工作。

1952年，纳什在普林斯顿大学任职的希望落空了（他那令人难忘的教学风格和非学院派的个性至今仍被人们铭记），他最终成为麻省理工学院数学系的一名教员。他的教学任务量适中，这使得他能够专注于流形数学，发表了几篇关于这个主题的重要论文。[36] 他此时对纯粹的数学很感兴趣。在政治上，这是一个紧张的时期，麦卡锡的长臂直指麻省理工学院的心脏，目标包括数学系的主席、副主席和一名教授。虽然不能说总体政治气候对纳什的精神状态和心智健全产生了决定性的影响，但可以肯定地说，他当时所处的环境变得风雨飘摇，而且他也一定感觉到了。纳什爱情生活的波折当然也不利于他的精神稳定：纳什在男女情人之间摇摆不定。他与男同事有过各种各样的风流韵事，后来又与护士埃莉诺·斯蒂尔（Eleanor Stier）共同生活。然而，后来他们的关系逐渐恶化，纳什抛弃了他的伴侣和他们的孩子约翰·大卫·斯蒂尔（John David Stier）。1954年，他在一次同性恋者的集会中被警方逮捕，因“有伤风化的暴露”被指控，因此失去了安全许可和兰德公司的工作。最后，他遇到了艾丽西亚·拉德（Alicia Lardé）。拉德是麻省理工学院的一名物理学天才毕业生，出生于一个来自圣萨尔瓦多移民的上流家庭。他们于 1957 年结婚。

这对年轻夫妇只有两年的幸福和平静，然后风暴就爆发了。1959 年，纳什开始听到一些声音，而且表现得比以往任何时候都更加奇怪。就在他们的儿子约翰·查尔斯·纳什（John Charles Nash）出生前不久，艾丽西亚觉得有必要将丈夫（第一次但不是最后一次）强行送往医院。他被诊断为患有偏执型精神分裂症。对于他和他的整个家庭来说，20 世纪 60 年代是可怕的十年，西尔维娅·纳萨尔对这十年的描述是令人痛苦、扣人心弦的。纳什现在成了最糟糕、最荒诞幻想的受害者，他不顾一切地抛弃了自己在麻省理工学院的稳固地位，迂回曲折地逃到欧洲，试图摆脱美国国籍，但没有成功，直到最后被遣返。他听到了来自外太空的声音，感到自己被邪恶的力量包围，并认为自己是肩负特殊使命的神谕使者。这对他的妻子来说太难了，她与他离了婚。

纳什的处境很悲惨。他接受了各种各样的临床治疗。他的前同事们尽可能地支持他，最终为他安排了在普林斯顿高等研究院（Institute for Advanced Study）的职位，并带领他进入波士顿布兰迪斯大学。但是这些努力并没有什么效果。在一次精神崩溃后，纳什最终搬回了弗吉尼亚的罗诺克，和他寡居的母亲住在一起。然而，即使在这些痛苦的时刻，他也总是试图进行某种研究。

在几次想要展开新生活的尝试都失败后，艾丽西亚把她的前夫接了回来，此时他的母亲刚刚去世。起初他只是一个“寄宿者”，她仍然住在普林斯顿一所不起眼的小房子里，照顾着他，努力养家糊口。而纳什，已经不再是学院的一员了，尽管如此，多年来他仍然在学校的数学大楼里游荡。他的学生和前同事称他为“范式大楼的幽灵”。人们认为他疯了，但他并没有冒犯别人。然而，他的家庭情况变得更加复杂了，因为他和艾丽西亚的儿子约翰·查尔斯，不论是在作为数学家的方面，还是在患有精神疾病的方面，都紧跟了他的步伐——这个孩子同样也被诊断为患有偏执型精神分裂症。

对纳什本人来说，直到20世纪90年代，当他60岁出头的时候，视野才开始变得明亮起来。在他自己看来，这种不同寻常的缓解是由于一种强烈的意愿："渐渐地，我开始理智地拒绝一些受妄想影响的思维方式，而这些思维方式曾经是我思维取向的特征。最显而易见的是，这始于对政治导向性思维的拒绝，这种思维本质上是对脑力劳动无可救药的浪费。"[37]有趣的是，他说这话时带着一点儿遗憾。虽然他的幻觉给他带来了痛苦和毁灭性的错觉，但它们也在数学上指引着他——他相信，数学是一种直觉，让他在知道如何到达那里之前就能看到问题的答案。这些幻想是他一生中最大悲剧和最伟大学术成就的根源。

纳什健康状况的改善来得正是时候。经济学家们从他的研究中获益良多，他们记住了纳什，并试图向他致敬。此前曾有人建议他加入计量经济学会，并且认为他应该获得诺贝尔奖，但由于他的病，这些提议没有任何结果。所有这些荣誉都需要公开露面，必须进行会谈，出席会议，积极参与社区活动。因此，人们担心纳什可能无法胜任这些任务也是可以理解的。然而，随着他病情减轻的传言散播开来，越来越多的门为他敞开了。1990年，他被选为计量经济学会会员。然后，在1994年10月的一个清晨，他的电话响了，传来的是他获得诺贝尔奖的消息。

然而，在瑞典皇家科学院（Royal Swedish Academy of Sciences），这是一场不同寻常的险胜。该学院必须对诺贝尔经济学奖委员会提交的提案进行投票。虽然诺贝尔经济学奖并不真正属于诺贝尔奖的范畴，但它经历了与其他奖项相同的过程，而且传统上认为，最终决定不应该仅由多数人作出，而最好是全体一致同意。诺贝尔经济学奖，确切地说是“纪念阿尔弗雷德·诺贝尔的瑞典央行经济学奖”，最早是由瑞典央行在1968年设立的。这笔资金来自铸币税，即央行发行货币（本质上是纳税人的钱）带来的净收入。诺贝尔经济学奖历来争议颇多，因为诺贝尔奖之父阿尔弗雷德·诺贝尔（Alfred Nobel，1833—1896）是一位瑞典化学家和商人，因发明了炸药而成为百万富翁，他对经济学持批评态度。

评奖的程序如下。每年9月，该委员会向世界各地的数千名科学家、学术机构成员和大学教授发出邀请，要求他们提名下一年的候选人。委员会审查提名书，对各种建议进行表决，然后将结果提交给瑞典皇家科学院。为了避免任何泄露，科学院在宣布之前就进行了投票。[38]这一次，委员会决定把重点放在博弈论上，特别是在诺伊曼和摩根斯特恩的开创性著作出版50年之际，表彰非合作博弈理论的进展。[39]事后看来，如果科学院在投票时，把纳什拒之门外的话，是完全没有道理的，然而当时的情况却与此大不相同。如果选他的话会不会让场面很尴尬？会议记录被保密了50年，但据称当年的委员会成员英格玛·斯塔尔（Ingemar Stahl）曾试图说服科学院成员投票反对纳什获奖的提议。他差点就成功了。[40]这可以算是这一奖项历史上的一个重大丑闻。

在之后的颁奖典礼上，纳什一切顺利。三名获奖者分享了1000万瑞典克朗的奖金，这笔钱帮他偿还了部分债务，而且这一荣誉也给了他动力。慢慢地，他开始重新出现在公众视野中，他发表演讲并接受采访。2004年，德国林道诺贝尔经济学奖得主大会（Lindau Nobel Laureate Meeting in Economic Sciences）召开，这是诺贝尔奖得主与来自世界各地的一群精选学生每半年举行一次的会议。虽然他年轻时不喜欢教书，也不擅长教书，可是现在，他似乎很喜欢和学生们交谈，学生们显然被他迷住了，称他善良、耐心、最鼓舞人心。艾丽西亚一如既往地忠诚，总是陪伴着他。他说，她的出现给了他稳定和内心的平静。[41]

他们在 2001 年复婚了。

约翰和艾丽西亚·纳什一直在一起，直到生命的最后一刻。两人都死于 2015 年 5 月 23 日的一场车祸，当时他们乘坐出租车从机场回家。他们刚从挪威回来，纳什和路易斯·尼伦伯格（Louis Nirenberg）一起在挪威获得了亚伯奖。亚伯奖是一个重要的数学奖项，奖金为 600 万挪威克朗，是仿照诺贝尔奖设立的。它是挪威政府在 2002 年设立的。最后，小约翰·福布斯·纳什因他所热爱并深感自豪的工作而获奖："他对非线性偏微分方程理论及其在几何分析中的应用作出了惊人而开创性的贡献。"[42] 这是迟来的正义，在某种程度上是一种圆满。

第十一章　丹尼尔·卡尼曼

米歇尔·巴德利

1934 年，丹尼尔·卡尼曼出生于特拉维夫，当时他的母亲正在那里探亲。他来自立陶宛的一个犹太家庭。他的父母在 20 世纪 20 年代定居在巴黎。他们变得成功而富有。他的父亲是欧莱雅旗下一家大型化工厂的研究化学家。具有讽刺意味的是，欧莱雅是法国法西斯和反犹太运动的主要资金支持者之一。不可避免地，作为纳粹占领下的法国的犹太人，这个家庭的存在是不安全和不稳定的，他们在纳粹占领法国期间经历了巨大的痛苦。卡尼曼的父亲曾一度被纳粹逮捕，并被送往位于德兰西的法国拘留营。由于雇主的干预，他后来被释放了，此后一家人被迫搬了很多次家。

他们从巴黎逃到法国南部，直到德国人再次到达。他们在法国中部四处活动，躲避纳粹当局，一度住在一个改造过的鸡舍里。因此，卡尼曼的早期教育是多种多样的，有时肯定是混乱的。从他自己的叙述来看，他似乎有些孤僻——没有受到任何一位老师的特别启发，尽管他的家庭传统与他的科学研究方法的形成有很大关系。他很早就有了自己的学术抱负，曾说他从小就认为自己会成为一名教授。[1]

战时的艰苦生活对这个家庭的健康状况产生了巨大的影响。1944

年，战争接近尾声，就在诺曼底登陆之前6个星期，他的父亲死于未经治疗的糖尿病引发的中风。其余的家人留在法国，等待进入巴勒斯坦的许可。1946年，卡尼曼在法国公立中学完成了基础教育。然后，他和他的母亲和妹妹前往巴勒斯坦，与他们大家庭的其他成员会合。

虽然卡尼曼对自己的童年很淡然，但这些经历似乎对他的思想产生了很大的影响。在一次《卫报》（*The Guardian*）的采访中，他强调，与其他许多人所遭受的苦难相比，他在战时所遭受的苦难微不足道。“这与其他犹太故事相比简直不值一提。我从来没有真正挨过饿。我从未见过真正的暴力。当时也仍然有喘息的机会。”尽管如此，这种成长经历一定产生了深远的影响。作为一个孩子，纳粹主义的恐怖在卡尼曼身上引发了深深的恐惧：一种被追捕的感觉，每一天都被想要活到第二天的最原始需求所支配。在同一次采访中，他回忆道：“我知道上帝非常忙，所以我不会要求太多。但我要求的是一次只活一天。这就是当时的感觉。就像被猎杀一样。感觉自己就像是随时会被猎捕的兔子一样。”[2]

他的战时童年还有其他令人惊讶的方面。他开始注意到人类的行为是复杂的，尤其是在战争期间。这种复杂性吸引了卡尼曼，但这并没有导致他谴责所有的反犹分子都是邪恶的。他与同时代其他一些有影响力的心理学家共同关注了这类主题。社会心理学家所罗门·阿施（Solomon Asch）、斯坦利·米尔格拉姆（Stanley Milgram）和亨利·泰弗尔（Henri Tajfel）都有犹太背景。所有这些人都试图理解种族主义和偏见的根源——尽管泰弗尔和卡尼曼是这群人中仅有的两个直接经历过苦难的人。这一代犹太心理学家的仁慈给人留下了深刻的印象，因为他们渴望的不是复仇，而是从自己的经历中学习，以进一步理解人性，不论是最好的一面还是最坏的一面。他们以不同的方式把战时的暴行理解为人性的弱点，而不是固有的邪恶。他们把极端的偏见和歧视理解为人类恐惧和无知的产物，即在动荡时期和有辱人格的生活条件下被关在温室里所产生的东西。

即使在极端的情况下，人们的邪恶行为也可以因为善良的行为而有所缓和，反映出人性的痕迹。年轻的卡尼曼经历过这样的事情，觉得很困惑，尽管这让他对人性的复杂性有了一些初步的了解。如上文所述，他父亲的反犹太雇主保护他，使他从德兰西获释。年轻的卡尼曼从中了解到，人类的动机很少是直截了当的。[3] 还有其他的情况。在他的诺贝尔奖自传中，卡尼曼回忆了他童年时期的一个重要时刻，但结果并不像他所担心的那样：

> 犹太人被要求佩戴大卫之星，并遵守晚上 6 点的宵禁。我和一位基督教朋友去玩了，一直玩到很晚。我把我的棕色毛衣翻过来走了几个街区回家。当我走在一条空无一人的街上时，我看见一个德国士兵走过来。他穿着一件黑色制服，这让我感到更加恐惧——那是特别招募的党卫军士兵穿的制服……他招手叫我过去，抱起我，拥抱我。我很害怕他会注意到我毛衣里的星星。他用德语和我激动地交谈。当他把我放下来时，他打开钱包，给我看了一张男孩的照片，并给了我一些钱。回到家，我比以往任何时候都更确信母亲是对的：人是无限复杂和有趣的。

卡尼曼在巴勒斯坦完成了高中学业。他的诺贝尔奖自传给人的印象是，他的青少年时代比他的童年快乐得多：他有了更多的朋友，生活也更加丰富多彩。他对知识的痴迷相比于在法国时减少了。1948 年阿以战争后，以色列建立了新的国家，在接下来的三十年里，这里一直是卡尼曼的家。一位有先见之明的职业顾问建议他说，心理学或经济学都可能是适合他的职业，而不可思议的是，卡尼曼选择了前者作为自己真正的职业，并且因为在这两门学科之间建立了联系而获得了诺贝尔奖。他在耶路撒冷希伯来大学获得了理学学士学位，主修心理学，辅修数学，之后才在以色列服兵役。他在军官培训学校度过暑假，在服兵役期间致力于提高专家对个人能力评估的判断力。这标志着他对判断、推理和决策的科学研究的开始，这些研究极大地影响了他之后的职业生涯。

卡尼曼在以色列的新生活恰逢政治大变革时期。和在法国一样，他的生活环境和机遇一定对他产生了深远的影响。在以色列，作为一个新国家的一员，职业选择方面的好处是显著的，特别是对于像卡尼曼这样有天赋和求知欲的人来说。对年轻的以色列民族来说，这是一个变革和缺乏经验的时期。这也是一个伟大的时代，充满了新的机会。卡尼曼和他的国家是在同一时期成长起来的。

他承认，加入一个单一民族国家让他更容易留下自己的印记。在他的诺贝尔奖自传中，他观察到，在现代看来，他的研究对以色列军队的影响如此之大，似乎有些反常。

> 如果一名 21 岁的中尉被要求为一支军队建立面试制度，这显得有些奇怪，但人们应该记住，以色列这个国家及其组织机构只有 7 年的历史……那种即兴发挥是常态，那种专业精神并不存在。我的顶头上司是一个具有出色分析能力的人，他受过化学方面的训练，但完全自学了统计学和心理学。我拥有相应领域的学士学位，是军队中最训练有素的专业心理学家。[4]

卡尼曼于 1956 年退伍，在等待前往美国之前，他花了一些时间自学心理学和哲学。1958 年，他和第一任妻子伊拉（Irah）前往加州大学伯克利分校。在这里，他开始发展他广泛的研究兴趣，从视觉感知到性格测试再到科学哲学等等。然后他去了马萨诸塞州奥斯汀里格斯中心的研究生院，获得了希伯来大学的博士奖学金。为了获得博士学位，卡尼曼与大卫·拉帕波特（David Rapaport）一起学习。拉帕波特是一位精神分析理论家，卡尼曼非常尊敬他。拉帕波特向他介绍了弗洛伊德的深入研究，特别是关于记忆和思想的见解。拉帕波特把他对弗洛伊德的理解集中在对梦的解释上，尤其是"精神能量"的概念。从与拉帕波特在一起学习的那段时间起，卡尼曼就对注意力和记忆力产生了早期的兴趣。后来，从他对注意力及努力（effort）的研究，到他对效用的见解，特别是对记忆中的效用的见解，都成为他对学科的重要贡献。

博士毕业后，卡尼曼在希伯来大学度过了20年成果丰硕的研究生涯，其中包括他与同事兼好友阿莫斯·特沃斯基合作的大部分时间。他回忆起与特沃斯基的见面："我对阿莫斯最初的记忆要追溯到1957年，当时有人向我指了指一个又瘦又英俊、戴着伞兵红色贝雷帽的中尉，他刚刚参加了希伯来大学心理学本科入学考试。"[5]

他们著名的、开创性的合作并没有在那时开始，而是在几年后，卡尼曼邀请特沃斯基来希伯来大学的研讨会展示他的研究成果。从那时起，他与阿莫斯·特沃斯基的合作，构成了他在经济心理学和行为经济学方面最有影响力的成就的基础。在许多方面，卡尼曼和特沃斯基的合作，其运作方式就像两人的想法来自一个头脑——没有哪一个比另一个更占主导地位。即使在确定作者的论文顺序时也没有争议，因为顺序是通过抛硬币随机决定的。他们合作时间的始末以两篇开创性的论文发表为标志。一开始，他们在备受尊敬的心理学杂志《心理学公报》（*Psychological Bulletin*）上发表了他们的第一份联合研究报告，探讨在人们使用小数字时所观察到的谬误。[6]后来，他们最后一篇合著的论文是1996年发表在《心理学评论》上的关于认知错觉的论文。[7]

卡尼曼多年来一直与特沃斯基合作，不过当他们各自搬到美国不同的地方后，他们的合作出成果的速度有所放缓。1978年，卡尼曼和他的第二任妻子、英国心理学家安妮·特雷斯曼（Anne Treisman）搬到了北美。安妮先是在不列颠哥伦比亚大学担任教授，之后在美国加州大学伯克利分校担任教授，后来又在普林斯顿大学担任教授。然而，1996年6月，特沃斯基死于恶性黑色素瘤，这也让卡尼曼与他的合作在悲伤中终结。他们最后一篇合著论文是与行为经济学家共同撰写的，探讨的是短视和损失厌恶。

卡尼曼和特沃斯基之间的深厚友谊和智力上的密切关系，以各种难以言表的方式继续影响着卡尼曼和他的作品。卡尼曼指出，他们的合作努力比他们单独的努力更有成效。他引用了戴维·莱布森（David Laibson）和理查德·泽克豪泽（Richard Zechkahuser）的分析，在自己的诺贝尔奖自传中写道："阿莫斯和我共同拥有一只会下金蛋的鹅，这是一种奇妙的感觉——共同的想法比我们各自的想法要好。统计记录证实，我们的合著论文比我们各自单独的论文更好，或者至少更有影响力。"[8]

更广泛地说，除了与特沃斯基的合作关系之外，卡尼曼也受到了其他同僚的启发，这种启发可以与童年时代的导师或重要人物所能带来的影响相比拟。除了他早期战争经历的影响，以及后来在一个新国家成长的影响之外，塑造了卡尼曼和他的学术风格的一个重要主题是他对与他人合作工作和思考有着很强的兴趣和能力。从他的职业生涯开始，他就与他人卓有成效地合作，早期他与杰克逊·比蒂（Jackson Beatty）以及特沃斯基进行合作。他还与许多其他心理学家合作。在职业生涯中期，随着行为经济学的影响力日益增长，他与这一领域的许多领军人物都进行了合作，包括杰克·克内奇（Jack Knetsch）、谢恩·弗雷德里克（Shane Frederick）和理查德·塞勒（Richard Thaler）。

贡献

卡尼曼和特沃斯基的成就是对经济学家的风险和效用理论的一种分析性的补充，这种理论是用当时经济学家倾向使用的数学语言构建的。这为行为经济学的发展奠定了基础。自卡尼曼与特沃斯基合作以来，行为经济学的成果和影响力在过去几十年迅速增加和扩大。卡尼曼和特沃斯基为我们转变对经济和金融决策的理解播下了种子。

更广泛地说，丹尼尔·卡尼曼对精神疾病心理学和经济学的主要贡献，是关于认知、判断和决策等多个主题的。在评估他的贡献时，重要的是要明白，卡尼曼是一位经济心理学家，而不是行为经济学家。行为经济学家的主要学科是经济学，但他们感兴趣的是如何用心理学的具体方面去解释行为，并纳入经济理论和分析。卡尼曼没有接受过经济学家的培训，但他确实与行为经济学家有过许多卓有成效的合作。相反，卡尼曼是一位心理学家，他将经济学中的创新观点加入到心理学中。

对经济学家而言，他最具影响力的著作始于他与阿莫斯·特沃斯基在直觉推理方面的合作。如前所述，卡尼曼早年在以色列军队工作。在那里，他有机会用直觉推理的极限来检验自己的理论和兴趣，这种兴趣贯穿了他的整个职业生涯。他从很早的时候就对心理学的定量研究感兴趣，包括统计分析。这与现代经济学家对数学技术的依赖密切相关。从这个意义上说，他早期的工作和他后期关于人类对风险的误解的工作之间有着明显的连续性。

大约在 1955 年，当卡尼曼还在军队中时，他的任务之一就是对参加军官培训的候选人进行评估，特别是关注他们的性格在工作中的作用。在一些战斗类工作中，某些性格维度是否比其他因素更重要？卡尼曼设计了筛选和分配士兵执行战斗任务的方法。这激发了他对专家评估准确性的好奇心，在后来的职业生涯中他进一步发展了这一兴趣，这也是他和特沃斯基共同的兴趣。对于军事人员，他调查了专家对潜在候选人打分的准确性。他注意到直觉和统计信息不一定有联系："统计信息和令人信服的洞察力之间完全没有联系，这给我留下了深刻的印象，我为此创造了一个术语——'有效性错觉'。"[9]

访谈和心理测试是由卡尼曼后来所说的面试官中的小"管理者"进行的。[10]卡尼曼指出了军队临床专家在评估相关人员时，所犯的一系列判断上的常见错误。其中一个问题是，面试官的评分与其他评估标准无关。为了解决与临床预测相关的一些不准确之处，卡尼曼设计了一些性格简述（personal profiles），并将其纳入了他提出的结构化面试模板中。

一些面试官对这种来自"新手"的干扰感到不快，认为他们会"沦为不会思考的机器人"。因此，年轻的卡尼曼作出了一些让步，卡尼曼发展的结构化和更为精算化的方法加上面试官的专业直觉的组合，被证明是最有效的折中方案。卡尼曼认为，在他所开发的结构化面试方法的推动下，面试官的努力变得更为可靠，他们判断的统计有效性增加了。他还发现，当临床医生也完成了他设计的更"客观"的性格测试时，这些测试能让面试官更有效地运用他们的直觉判断。正如他后来所说的，"想变得可靠的尝试让他们变得更有效。"[10]将直觉判断和客观测试结合起来是可能的最强大的组合。也有早期证据表明，附加的客观视角可以帮助人们克服直觉判断中的偏见。这项与以色列军方的合作为他后来的工作和早期的研究奠定了基础。卡尼曼和他的一位研究生老师埃德温·吉塞利（Edwin Ghiselli）在《人事心理学》（*Personnel Psychology*）上发表了一篇论文，介绍了卡尼曼在军队期间开发的用于处理具有多重属性数据的统计技术。[11]

早期对直觉推理的研究使卡尼曼走上了一条道路，指引着他后来在判断和决策方面取得了更加广为人知的重要成就，包括对经济决策新方法的开创性贡献。这为他赢得了 2002 年的诺贝尔经济学奖，该奖项由他与心理学家弗农·洛马克斯·史密斯（Vernon L. Smith）共同获得。根据谷歌学术搜索，他被引用最多的著作是他与阿莫斯·特沃斯基关于前景理论的著作（卡尼曼和特沃斯基，1979），以及他们关于启发法和偏见的科学论文。他最具影响力的著作包括 2011 年出版的《思考，快与慢》(*Thinking*, *Fast and Slow*) 和 1973 年出版的《注意与努力》(*His Attention and Effort*)，这两本书在学术文献中都被广泛引用。此外，卡尼曼与行为经济学家的合作产生了非常重要的贡献，因为它们将经济心理学和行为经济学结合在一起，例如与阿莫斯·特沃斯基、理查德·塞勒和艾伦·施瓦茨（Alan Schwartz）的合作。这些作品包含了卡尼曼的学术贡献中四个最主要的方面：注意与努力，直观推断和偏见，前景理论（他们对行为经济学最重要的贡献），以及双重系统和自我的模型。

离开军队进入学术界后，卡尼曼与认知心理学家杰克逊·比蒂合作，对瞳孔扩张与认知努力之间的关系进行了早期研究。他们把实验参与者带到实验室，让他们听一系列数字，然后背诵出来。他们发现，参与者在听的时候瞳孔会放大，然后在背数字的时候瞳孔会收缩。任务越困难，参与者的瞳孔会变得越大。卡尼曼和比蒂将这一现象解释为瞳孔扩张与智力活动有关的证据。[12] 这与过去几十年眼球追踪技术的显著发展有关，目前眼球追踪技术已广泛应用于行为经济学和金融实验。尽管这一著作不像他后来与阿莫斯·特沃斯基和行为经济学家合作的著作那样广为人知（至少在经济学界是这样），但它对心理学产生了重大影响。1973 年出版的《注意与努力》是他的心理学研究成果中被引用得最多的著作之一，但他对经济学的主要贡献是在他后来与特沃斯基合作进行的研究。

启发法与偏见

对于行为经济学家来说，卡尼曼职业生涯中最具影响力的阶段始于他与特沃斯基围绕启发法与偏见展开的合作。如上所述，这是一种有名的、令人印象深刻的、富有成效的伙伴关系。这种合作结合了他们各自早期关于直觉推理、判断和决策的局限性的工作，以及卡尼曼在以色列军队期间进行的关于专家判断和直觉预测的工作。卡尼曼和特沃斯基最初是在服役期间认识的，但他们的学术合作始于 1969 年春天，当时卡尼曼邀请特沃斯基在卡尼曼的一次研究研讨会上展示他的成果。特沃斯基展示了他与其之前的导师沃德·爱德华兹（Ward Edwards）合作的一些实验数据。

在这些实验中，参与者被要求从一个袋子中抽取白色和红色的扑克筹码，并判断这些筹码是来自一个装有 70 个白色和 30 个红色扑克筹码的袋子，还是来自一个装有 30 个白色和 70 个红色扑克筹码的袋子。参与者的猜测大致上是正确的，但并没有把所有的信息都考虑进去，达到概率定律（特别是贝叶斯法则）所预测的程度。贝叶斯法则捕捉到了我们对概率的更新。我们从一个概率开始，即“先验概率”，然后随着新信息的出现，我们对其进行调整，以达到“后验概率”。贝叶斯推理模型在心理学中得到了广泛的应用，在经济学和计量经济学中也得到了越来越多的应用。所以特沃斯基和他的导师得出结论，人们是“保守的贝叶斯主义者”，而卡尼曼和他的研讨会小组对此持有相反的观点。卡尼曼后来观察到：

> 认为人们是保守的贝叶斯主义者的观点似乎不符合我们日常所能观察到的人们通常急于下结论的现象。同样，得到的结果也不太可能……扩展到更典型的情况，即样本证据同时被传递。最后，

“保守贝叶斯定理”的标签暗示了一种难以置信的图像，即得到正确答案的过程中掺杂了偏见。[13]

研讨会结束后，卡尼曼和特沃斯基一起喝了杯咖啡，讨论了特沃斯基对研究结果解释的一些局限。

虽然合作在学术界并不罕见，而且随着多学科研究的趋势日益明显，这种合作也变得越来越普遍，但卡尼曼和特沃斯基之间的合作似乎发生在超越普通同事的层面上。他们的性格完全不同，有着不同的生物钟——卡尼曼是个喜欢早起的人，特沃斯基是个夜猫子。他们的性格在某种意义上是相反的——卡尼曼是悲观主义者，特沃斯基是乐观主义者。但他们合作的魔力是不可思议的。卡尼曼观察到：

> 我们所有的想法都是共同拥有的。我们的互动是如此频繁和激烈，以至于没办法区分我们的讨论是在引发一个新想法，表达这个想法，还是在对这个想法进行阐述……我们合作的一些最大乐趣……来自我们对彼此新生思想的阐述能力：如果我表达了一个半成型的想法，我知道阿莫斯会理解它，也许比我更清楚……我们之间的相互信任和完全不设防是非凡的，因为我们两个人……被认为是严厉的批评者。只有当我们独处的时候，我们的魔法才会起作用。我们很快就认识到应该避免与任何第三方合作，因为我们在三方竞争中变得非常好胜。[14]

他们早期的谈话和实验使他们在1971年发表了第一篇联合论文《小数定律》（*Belief in the Law of Small Numbers*），这篇论文发表在有影响力的《心理学公报》上。[15]它探讨了专家对概率的错误直觉——他们错误地推断小样本具有代表性，以及在判断概率时的其他常见错误。

这是一篇深刻的论文，指出了直觉判断的一些常见的、重要的局限性，并将他们各自的早期研究整合到对专家判断的局限性的研究中。这些想法后来发展为他们 1974 年在《科学》(*Science*) 杂志上发表的一篇文章，概述了他们对启发法的理解——快速决策的经验法则。[16]

启发法是当时间和信息稀缺，或者认知负荷很高时，我们用来快速作出决策的简单规则。卡尼曼和特沃斯基并不是定义启发法的先驱——这一荣誉属于另一位诺贝尔奖得主、心理学家和计算机科学家赫伯特·西蒙——但他们的见解与西蒙的洞见之间联系不大。他们所做的贡献是理解当人们面临风险选择时这些启发法是如何运作的。他们也是先驱者，他们开发了启发法的结构化分类，他们用实例和实验证据来说明概念。

他们确定了三种主要类型的启发法：可用性（availability）、典型性（representativeness）和锚定（anchoring）/ 适应性（adjustment）。这些启发法通常是但并不总是（注意这一点非常重要）与行为偏见有关——行为偏见是某种系统性的错误。当我们使用可用性启发法时，我们依赖于对我们来说最快速、最容易获得的信息，例如我们可以快速记住的相关信息。依赖我们的情绪是一种可用性启发法，因为情绪通常是非常容易获得和回忆的。典型性启发法是指我们根据不同事件之间的相似性来判断不同事件的方法，有时会得出误导性的类比——这是行为偏见的另一个来源。锚定和适应是指我们从特定参考点判断事件的方式。如果我们在出售某样东西，我们就会根据自己的收入来确定别人会花多少钱从我们这里购买。这给了我们一个参照点，为我们接受别人的提议提供了一个锚。

卡尼曼和特沃斯基开创性著作的出版进一步识别了更为广泛的启发法和相关的偏见。卡尼曼和特沃斯基还撰写了大量关于启发法和偏见的行为经济学文献，其中一些收录在他们编辑过的两卷本中。[17] 此后，他们的研究逐渐使他们转向对经济学的批判，特别是对当时主导经济学的理性选择范式和相关的预期效用理论。这使得卡尼曼对行为经济学理论作出了第二套开创性的贡献——前景理论。

前景理论和行为经济学

卡尼曼与特沃斯基在启发法和偏见方面的合作，为前景理论（一种标准经济模型中风险理论的替代品）埋下了种子。卡尼曼指出，前景理论在某种意义上是一个随机的名字。他和特沃斯基都不知道该怎么称呼它，所以就选了一个听起来与众不同的名字。1979 年，《计量经济学》（*Econometrica*）杂志发表了一篇关于前景理论的开创性文章。[18] 对于经济学家来说，这可能是他们最具影响力的成就，因为它直接挑战了预期效用理论，然后是风险决策的标准经济理论。

预期效用理论建立在理性和选择的强有力假设之上，但卡尼曼和特沃斯基认为，预期效用理论无法解释许多行为悖论和不一致。前景理论可以解释这一现象，因为它具有区别于预期效用理论的关键特征。卡尼曼和特沃斯基在他们 1979 年发表的文章中进行的一系列实验证实了这一点。前景理论还吸收了他们早期的一些见解，即人们不善于始终如一地处理非常小和非常大的数字，这在他们 1971 年的论文中部分预示了人们错误地认为小样本具有代表性。[19] 人们会对某些结果或非常不可能的结果产生扭曲的偏好。

前景理论还允许人们根据参考点作出决定，而不是每次都从零开始。这与上面描述的锚定和适应启发法有关。前景理论认为，人们的选择是不顺利和不对称的。损失将产生比收益更大的影响，这与损失厌恶（loss aversion）的概念有关——目前在行为公共政策设计中非常有影响力，并在他们后来的著作中得到进一步发展。[20] 有了对损失的厌恶，人们会更在意损失10美元，而不是得到10美元。人们对冒险也有不对称的反应，他们会冒额外的风险来避免损失；卡尼曼和特沃斯基把这称为“反射效应”。

启发和偏见以及前景理论方面的研究，使卡尼曼和特沃斯基与行为经济学家（包括理查德·塞勒等人）就框架（framing）、损失厌恶和心理会计（mental accouting）等与前景理论相关的主题展开了广泛的合作。塞勒进而激发了一代行为经济学家的灵感，尤其是在与行为金融学相关的主题上。[21] 对卡尼曼和特沃斯基来说，这项工作也标志着他们富有成果且相互激励的合作关系的结束：他们与理查德·塞勒和艾伦·施瓦茨合著的关于短视和损失厌恶的论文，是他们合作的最后一篇论文。[22]

《思考，快与慢》：双重系统与自我

卡尼曼后来的工作重点是扩展他关于标准经济效用模型的局限性的见解——我们的决策制定经常反映相互作用的力量。他在2011年出版的《思考，快与慢》一书中，对这一研究进行了简单的介绍。在书中，他提出了这样一个观点：我们的思维并不像经济学家所描述的那样简单而统一。相反，它反映了交互的系统：系统1是感性和直观的，系统2是逻辑和审慎的。系统2是缓慢和懒惰的，因为它需要付出努力，所以它对我们选择的影响比系统1要小。我们的很多决策都是由快速的本能和直觉推动的。因此，专注于逻辑的、深思熟虑的系统2的思维方式的经济学家只捕获了我们决策制定的一个小的子集。

围绕系统1和系统2思维方式的想法也与他后来关于效用的见解相联系，这与他和特沃斯基关于前景理论的工作相辅相成。如上所述，前景理论是对预期效用理论中的风险处理所进行的一种批评。卡尼曼的

双重系统研究基本上构成了对预期效用理论中的效用处理的补充批判的基础。它还与卡尼曼早期关于注意力和记忆的一些见解有关。与思维系统的联系来自卡尼曼的观点，即我们有双重自我：体验自我和记忆自我。每一个自我都以不同的方式体验效用。卡尼曼认为，尽管经济学家传统上只关注获得效用，但将各种不同的效用（即经验效用和记忆效用）都囊括进来会更有用。在发展这些想法的过程中，他还展开了与幸福感有关的新研究。由于经验效用和记忆效用之间的差异，幸福感的含义与大多数经济分析关注的获取效用是截然不同的。

公众接受度及遗产

卡尼曼文笔很好，也很清晰，但他的一些学术著作比较深奥，而且技术性较强。例如，他的关于前景理论的文章并不易于阅读。这反映了一个事实，卡尼曼的写作风格是多样的，这取决于他为谁写作。他为外行人写的文章有力、引人入胜、优雅简练。《思考，快与慢》是一本非小说类畅销书，也是一本重要的著作，因为它涵盖了卡尼曼在整个职业生涯中的许多关键洞见。它把在其他深奥的学术期刊上发表的观点带给了普通读者——考虑到他作品本身的跨学科性质，将这些观点清晰地传达给广大读者是很重要的。对于学术读者来说，他的作品深刻而极具智慧，这对于一个外行的读者来说是枯燥且技术性过强的，但也许相比于一般经济学家的作品来说，又没有那么枯燥，技术性也没有那么强。

不可避免的是，卡尼曼与特沃斯基的研究存在争议——就像行为经济学的许多开创性研究一样。直到最近，他们的观点才在整个经济学领域受到尊重。预期效用仍然是主导范式，经济学家几十年来一直信奉理性选择理论。许多经济学家基于这些经济学理论树立起了巨大的研究声誉。改变这种局面对任何人来说都是困难的。卡尼曼和特沃斯基对一些批评作出了回应，例如，他们将基本前景理论细化为累积前景理论。[23]

卡尼曼和特沃斯基的一些实验证据受到了质疑——例如，一些经济学家批评了他们的实验设计和方案，认为他们的实验数据没有得到恰当的记录，并且反映的是实验参与者对他们被要求做什么的困惑，而不是他们的行为偏见。此外，他们即使是与其他经济心理学家和行为经济学家之间，也存在重大的定义分歧和相关的误解。例如格尔德·吉仁泽（Gerd Gigerenzer）关于启发法合理性的观点。[24]吉仁泽认为启发法是一种理性的决策工具。卡尼曼认为启发法并不总是理性的。无论谁是正确的，卡尼曼和特沃斯基的研究无疑促使许多经济学家重新考虑了风险选择、效用和幸福感的本质。

卡尼曼谨慎地强调，他们的意图并非全盘推翻理性决策的理念。他认识到人们能够而且确实按照理性的原则行事。卡尼曼在他的诺贝尔奖自传体文章中强调，他与特沃斯基的合作与其说是对人类理性的广泛攻击，不如说是对经济学家理性人模型的批判。与经济学家所强调的相反，他们所说的这种理性能力并没有以经济学家通常采用的强有力的形式来定义，而是采取较弱的形式，如赫伯特·西蒙（Herbert Simon）所概述的“有限理性”。[25]人们能够而且确实理性地行事（取决于理性是如何定义的），只是并不总是这样。

卡尼曼发现，他更喜欢对话，而不是纯粹的批评。他对批评很敏感，这是我们许多人都具有的非常人性化的特点。因此，卡尼曼的成就证明了合作的力量也就不足为奇了。在他职业生涯的其他领域，他与许多人合作过，包括跨学科合作（甚至在它们流行之前）。卡尼曼过去和现在都渴望合作，他曾说过：“合作不仅更有创意，而且更有趣。”[26]学术研究中的争议问题构成了卡尼曼另一项贡献的基础，这一次是对整个科学研究的方法论贡献，重点是建立建设性对话和辩论的重要性。

在学术出版的传统中，没有辩论和对话的机会，有时会导致误解和毫无根据的批评越来越多。例如，在行为经济学中，以及更广泛的经济学中，这种紧张关系已经在人们对"理性"、"非理性"、"启发法"和"偏见"等术语的理解混乱中显现出来。学术出版领域的对话还没有制度化，大部分对话仍然依赖于双盲同行评议（double-blind peer review）。卡尼曼一直倡导要解决这些问题。这种对建设性对话的关注使他开始尝试"对抗性合作"——当知识分子之间的争端由共同撰写论文的对手共同解决时，他们会探讨彼此的分歧，并试图达成共识。[27] 他更出人意料的合作关系包括他与加里·克莱因（Gary Klein）的长期对抗性合作，他们在关于直觉的知识上存在分歧，另外，他与心理学家汤姆·季洛维奇（Tom Gilovich）、拉尔夫·赫特维希（Ralph Hertwig）和维多利亚·麦维德沃茨（Victoria Medvec），以及经济学家伊恩·贝特曼（Ian Bateman）、克里斯·斯塔默（Chris Starmer）和罗伯特·萨格登（Robert Sugden）的早期合作也有对抗性。[28] 除了对抗式合作，他还通过与丹·艾瑞里（Dan Ariely）和乔治·洛温斯坦（George Loewenstein）的联合写作项目来解决分歧。

因为卡尼曼是一位心理学家，对于外行人来说，他获得诺贝尔经济学奖似乎有些奇怪。他对经济学的贡献在于从经济心理学的角度对理性及其局限性提出了新的认识。自 20 世纪 70 年代以来，经济学家们一直专注于对理性的强有力假设：理性选择理论成为主导范式。这一范式的核心假设是，我们将自己最好的理性能力应用于所有的决策，并在逻辑上平衡收益与成本之后作出选择，从而实现自身利益的最大化。在这个世界上，个人最清楚什么对自己最有利。因此，大多数经济学家认为，我们的行为就好像我们非常聪明、消息灵通一样。

这些理性假设使得经济分析更加容易。如果每个人的行为在数学上都是理性的，那么建立经济模型就相对简单。从 20 世纪 70 年代开始，这种对理性的依赖受到了怎样的挑战？首先是与凯恩斯主义传统有关的经济学家，然后是主流经济学家，尤其是在 2007—2008 年金融危机之后。凯恩斯主义者一直对主流经济理论的强理性假设持保留态度，例如，有很多后凯恩斯主义者在 2007—2008 年之前预测了金融危机。这种断言提醒我们，卡尼曼不是一位经济学家，因此不可能意识到所有不同的经济学方法和经济学家之间的相互矛盾。具有讽刺意味的是，在经济思想史上，约翰·梅纳德·凯恩斯不仅具有压倒性的影响力和先见之明，他还强烈借鉴了丹尼尔·卡尼曼可能很赞同的观点。

卡尼曼成就的一个重要特征在于他对跨学科研究的贡献。他的开创性著作跨越了学科，并被授予了诺贝尔经济学奖，“因为他将心理学研究的洞见融入了经济科学”。[29] 卡尼曼谦虚地承认，这个奖项认可了特沃斯基和新一代行为经济学家（由理查德·塞勒主导的）以及他自己的努力：

> 我不愿放弃对我的贡献的任何赞扬，但我应该说，在我看来，集体的成就实际上主要是由塞勒和迅速在他周围形成的年轻经济学家小组完成的，首先是科林·卡默勒（Colin Camerer）和乔治·洛温斯坦，然后是马修·拉宾（Matthew Rabin）、大卫·莱布森（David Laibson）、特里·奥迪安（Terry Odean）和森德希尔·穆莱纳坦（Sendhil Mullainathan）……行为经济学的奠基之作是塞勒（1980）[30]，其中提出了一系列挑战消费者理论基本原则的小插曲。[31]

卡尼曼试图从边缘影响经济学，并通过与经济学家的强大合作关系加以巩固。2012 年接受《卫报》采访时，他对经济学持怀疑态度：“经济学家在社会科学家中是非常具有神秘感的，因为他们懂数学。他们很擅长解释到底发生了什么，但通常是在事情发生之后，而不是在事情发生之前。我根本不认为自己是个经济学家。”[32]

而卡尼曼本人并不是一位经济学家，事实上，他多少有点不赞成经济学及其对理性选择的关注。他对经济学的挑战比他的批评者或拥护者可能声称的更有分寸。卡尼曼论证了理性的局限性，他没有试图反驳经济学，也没有试图证明判断和决策是关于非理性的。卡尼曼与特沃斯基的主要著作是鼓励经济学家重新思考他们狭隘的、限制性的假设。这是一种经久不衰的观点。随着当今学术界和政策制定界对行为经济学关键洞见的接受，这种观点正变得越来越重要。

第十二章 阿马蒂亚·森

乔纳森·康林

1943 年，阿马蒂亚·森只有 10 岁时，英国管辖的孟加拉省发生了一场饥荒。森是一位孟加拉的化学教授的儿子，出生在达卡附近，属于现在的孟加拉国。尽管在这场饥荒下，大部分的城市居民幸免于难，但至少有 200 万孟加拉人死于饥饿及相关的营养不良和疾病。英国当局似乎不愿采取行动，声称有足够的食物。他们没有限制主食大米的出口，也没有采取行动从印度其他地区或其他国家进口大米。1945 年的一项调查指责了这些官员对大米短缺证据视而不见，这些指控促使印度民族主义者要求结束英国的统治。

1976 年，森在《经济与政治周刊》(*Economic and Political Weekly*)上发表了一篇题为《饥荒是交换权利的失败》(Famines as Failures of Exchange Entitlements) 的论文，随后又将其扩展为 1981 年出版的《贫困与饥荒：论权利与剥夺》(*Poverty and Famines*：*An Essay on Entitlement and Deprivation*)。1943 年以来，森在加尔各答总统学院学习经济学，在剑桥大学获得经济学博士学位，并被任命为加尔各答新成立的贾瓦哈拉尔大学经济系的系主任。森在美国、印度和英国的顶尖大学担任职务，并获得了包括 1998 年诺贝尔经济学奖在内的一系列著名奖项。

森对 1943 年孟加拉饥荒作出了修正版的描述，他总结道，印度统治政府“在估计粮食总体可用性时相当正确，但其饥荒理论却大错特错”。当时并没有因为缺乏粮食或粮食供应下降而引起饥荒，相反 1943 年的供应比 1941 年高出 13%。[1] 当时当局说，最近的恶劣天气并没有造成大米短缺，这在很大程度上是正确的。但是，森写道，饥饿不仅仅是有没有食物的问题，更是食物如何在人口中分配的问题。这是一个谁能或不能“控制”食物的问题。有许多“权利关系”决定了个人对可获得的食物份额的“所有权（或要求权）”。例如，拥有农业用地的人对在那片土地上种植的水稻拥有所有权。农业劳动者可能并不拥有这片土地的所有权，但在一套被称为收益分成佃农制的“权利关系”下，由于耕种了这片土地，他们仍可能对这片土地拥有所有权。

1943 年，孟加拉有许多人的“权利关系”是建立在交换基础上的。他们自己不种植水稻，而是用服务（如理发或河运）或大米以外的商品（如牛奶或鱼）来换取大米。这些商品或服务构成了它们的“交换权利”。1943 年当局以及 1945 年的调查没有注意到的是，这些商品与大米之间的兑换比率对理发师、农业劳动者、渔民和许多其他群体来说发生了戏剧性的变化。这些群体无法再获得足够的大米来养活自己和家人，就会因此挨饿。这种转变不是由恶劣的天气和歉收造成的，而是由巨额公共支出导致的通胀造成的——这本身就与英国正忙于与日本争夺邻国缅甸的控制权有关。1943 年，许多城市居民的工资与通货膨胀同步，但农业劳动力与大米之间的兑换比率降至 24（1941 年 12 月的比率为 100）。[2] 面对大米价格从每莫恩德（82.3 磅）13 卢比上涨到 30 卢比以上，许多孟加拉人推迟理发和旅行计划，不再吃鱼等奢侈品。理发和捕鱼需求的下降进一步降低了理发师和渔民的“交换权利”。

《贫困与饥荒：论权利与剥夺》一书也考虑了 1974 年孟加拉国的饥荒，以及埃塞俄比亚和萨赫勒地区的饥荒，森在那里发现了类似的模式。在埃塞俄比亚，从1972年到1974年，粮食价格没有上涨多少，即使是在受灾最严重的沃尔夫地区也是如此。1974年，孟加拉国受影响最严重的三个地区的粮食产量（按人口比例计算）实际上出现了增长。简而言之，市场上有足够的食物，但价格只是略有上涨。就像1943年的孟加拉一样，那些挨饿的人是没有土地的日工、牧民和运输工人。所有这些国家都受到劳动力和粮食之间兑换比率急剧下降的影响，而不是受收益分成的佃农或土地所有者的影响。绝望中，埃塞俄比亚的牧民卖掉了所有的奶牛，这导致市场供过于求，导致每头奶牛的价格暴跌。[3]

在其中的几次饥荒中，交换权利的转变早在饥荒发生之前就开始了。例如，1974年在孟加拉国，一名农业工人一天的劳动所能获得的大米量，早在许多孟加拉人将饥荒归咎于洪灾之前就一直在下降。如果当局一直在研究正确的数据，他们本可以通过建立公共工程计划来干预，防止饥荒的发生，该计划将允许底层的人直接用他们的劳动力换取大米。然而与之相反，政府和外部观察者正在庆贺该国贫困人口的下降，贫困人口的下降是按贫困线以下人口比例衡量的。这些数据本身并没有注意到这样一个事实：尽管贫困人口的“总人数”有所改善，但穷人之间的财富分配正在发生变化。在20世纪60年代末和70年代初，“极端贫困”的比例急剧上升，尽管上述指标显示总体贫困率有所下降。

森的权利视角引起了人们的注意：识别是哪些特征造成贫困的几种方法存在缺陷。19世纪80年代，查尔斯·布斯（Charles Booth）对伦敦东区的“贫困”现象进行了调查，以贫困线为依据得出贫困人口的数据。而营养模型则是以维持生命所需的卡路里数量作为贫困线的标准。每种方法都有其缺点，即使是卡路里模型也没有考虑到肠道寄生虫的存在，这些寄生虫会导致个体需要的营养超过最低生存限度。而在1943年的孟加拉，一种只注重粮食供应和市场的做法，使当局没有预见到饥荒。正如森所指出的："令人震惊的灾难可能隐藏在令人欣慰的总量之下。"[4]

当然，对于一个学者来说，在主流理论中发现漏洞可能是一种生活方式，或者至少是在自己的领域内获得晋升和提升的途径。正如我们将看到的，森本人为有关社会选择理论中一些相对深奥的问题的方程式论文作出了许多重要贡献。社会选择理论研究的是如何将个人偏好或福利结合起来，从而达成集体决策。许多20世纪的经济学家都是在一本影响力很大的期刊上发表了一篇广受好评的论文，这篇论文往往指出了一个在智力上令人满意的难题或悖论，并以此为基础建立了成功的职业生涯。

然而，森自称是一位伟大的经济思想家，是基于他认识到自己有责任超越这种修修补补的做法，并声称自己找到了一种衡量社会福利的新方法。这包括挑战亚伯兰·柏格森（Abram Bergson）和保罗·萨缪尔森在20世纪40年代创立的"福利主义"学派。福利主义者首先设想了在一定的限制条件下（比如说不允许奴隶制），可能存在的每一种社会状态。然后，他们使用所谓的社会福利函数为每种状态分配价值，再根据它们在最大化福利方面的成功程度对它们进行排名。研究结果可用于为各国政府制定政策建议。正如我们所看到的，森对福利主义者衡量一个给定社会的福利的方式提出了质疑，并接着指出了这些限制条件可能会相互阻碍。

福利主义者已经受到詹姆斯·布坎南（James Buchanan）和其他契约论者和自由主义思想家的挑战，他们怀疑政府是否有能力和权威以福利最大化的名义行事。对他们来说，使福利最大化的任务理所当然地属于个人，个人的选择不应受到福利主义者施加的那种限制的约束。这些限制是规范性的，体现的是福利主义者所认为的可以定义和建立的

"社会福利"。对于契约论者来说，政府的作用不是最大化这种社会福利，而是简单地维持一个基于规则的框架，在这个框架内，个人尽可能自由地追求他们认为值得追求的任何东西。森对福利主义进行了持续的批判，但没有抛弃社会公益的理念。

正如森在《贫困与饥荒：论权利与剥夺》一书中所问的那样，当我们质疑所有定义贫困和衡量贫困的程序时，会发生什么？是我们放弃了尝试去理解这种现象，还是说我们试图去发现我们能"挽救"什么？"那我们怎么办呢？"[5] 本章的第一部分考虑了森对这个问题的回答。讨论森从功利主义方法和"福利主义"手中拯救了什么，比"拯救"一词本身更具有前瞻性和乐观精神。事实上，在另一种语境下，森将其描述为接受"富有的困境"，即将不同的方法结合起来，而不是把它们套在彼此的脖子上，再用达尔文主义的方法来确定谁是最合适的。第二部分介绍了森对经济思想最重要的贡献"能力方法"，即根据个人在特定社会中所能获得的机会来理解发展。自 20 世纪 90 年代以来，森的研究开始强调这些"职能"在推进一个公正和宽容的社会中必须发挥的积极作用。除此之外，这也帮助森解释了另一个关于饥荒的有趣发现——没有一个民主国家经历过饥荒。第三部分是对这一研究的考察。最后一部分是对森的正义理论的考察。

方法论上的混合

在他题为"社会选择的可能性"的诺贝尔奖获奖演讲中，森指出了他对经济学的三项贡献，他将其描述为"信息扩展"、偏序的运用和"一致性条件"的弱化。所有这些都与经济学家在试图评估社会福利时所做的计算有关。哪些数据属于此类计算，哪些数据应该作为无关的"噪声"被忽略？我们能对这些计算提出什么样的要求，或者更确切地说，我们能达到多少精确度、完整性或一致性？我们可以或应该在多长时间内合并不同的结果？长期以来，经济学家一直将“有序”数据（允许进行排名）和“基数”数据（衡量水平或规模）区分开来。最后一个问题是我们用这些结果做什么。当我们在对福利进行评估之后，聚合那些像投票系统一样有效的计算结果（以作出决定）可能并不那么有效。[6]

森指出，“形式经济学对一个人的状态和利益的多元性并不是很感兴趣。”在18世纪，杰里米·边沁可能已经定义了福利（或者用边沁的话说，“效用”，这些术语或多或少地变成了可以互换的）为“最多数人的最大幸福”，但边沁自称的继承者只是简单地将福利等同于人均GDP，等同于“个人最大化（或可以被视为最大化）的任何东西”。人均GDP的吸引力在于它有助于“展示实际（即数字）价值”，而不在于我们可能会将其归因于一种内在的假设，即更高的收入会让我们更快乐，或者个人总是会采取行动使自己的收入最大化。“数学公式的精确程度与内容的不精确程度密切相关。”[7]

森将大部分责任归咎于莱昂内尔·罗宾斯（Lionel Robbins），这位伦敦经济学院的领军人物于1984年去世。事实上，森迄今为止的职业生涯可以被看作是试图治愈罗宾斯的观点对经济学学科及对人性的看法所造成的暴力，罗宾斯称“经济学涉及的是可确定的事实，而伦理学涉及的是价值判断和义务”。接下来的讨论认为，福利的人际比较是不可能的，因为“每个人的头脑对于别人来说都是不可理解的”（引用自威廉姆·斯坦利·杰文斯），罗宾斯为这一观点添砖加瓦，并给予那些将福利理解为整个社会享有的福利总额的人进一步的许可，而不考虑这些收入如何分配给该社会的成员。[8]在接下来的十年里，帕累托比较（Pareto comparison）的流行进一步简化了情况。帕累托效率（Pareto efficiency）是以意大利人维尔弗雷多·帕累托（Vilfredo Pareto）的名字命名的。帕累托效率指的是一种被认为是最优的资源配置，在这种资源配置中，任何个人的福利都不能在不损害他人福利的情况下得到改善。

森认为，简化可能有助于福利经济学的计算，但代价是产生狭隘的、近乎疯狂的或根本荒谬的结果。1951年，美国人肯尼斯·阿罗的《社会选择与个人价值》(*Social Choice and Individual Values*)一书提出了阿罗不可能定理(Arrow's Impossibility Theorem)。该定理假设，如果给三个选项按偏好排序，那么就不存在既能得出社会整体偏好排序，又能满足一组共四个条件的排名顺序的投票机制(与之相对的是更常见的“相对多数决制”)。帕累托效率是条件之一，非独裁统治(即总的排名不得以一个人或少数人的偏好所决定)和“二元独立”(如果增加了第三个选项X，选民A优先于B的偏好不应改变)也是。这个定理的影响如此之大，以至于阿罗似乎已经以一己之力完备了他自己所创立的社会选择理论领域，他因此在1972年获得了诺贝尔奖。

森认为，这个理论虽然很吸引人，但是这个定理本身就是信息匮乏的产物，它本身是罗宾斯式的对人际比较的排斥，以及某种程度上的一致性的强加的结果，这种一致性可能是直觉上的，但它根本不符合人类在现实世界中的行为。美国社会选择理论的另一位奠基人保罗·萨缪尔森也提出了类似的观点。萨缪尔森和他的追随者们围绕着弱显示偏好理论(Weak Axiom of Revealed Preference，WARP)建立了他们的模型，这个弱公理与阿罗不可能定理的二元独立性类似，认为如果增加第三个选项X，A优先于B的偏好不会改变。根据萨缪尔森揭示的偏好理论，消费者所作的选择只是反映了他们的偏好，而且都是基于最大化自身福利的愿望。

有许多因素可以让消费者“不遵守”或违背这些条件或假设，并使他们的选择(而不是偏好)根据他们所看到的选项“菜单”而变化。森举了一个例子，在一个聚会上，一位客人想吃一个苹果，发现自己站在水果盘旁。对她来说，不管盘里还有多少个苹果，她都拿一个苹果，这似乎是直觉和理性的。毕竟，她偏向于拿一个苹果。然而，她的选择可能是“菜单决定的”，因为如果盘里只剩下一个苹果，她可能会选择不吃苹果，因为不想让其他客人觉得没有机会。[9]

在这种情况下，对一致性的要求可能让萨缪尔森的模型看起来很整洁，但是这种仅仅用偏好来解释行为的方法，“反过来又只由行为（即显示性偏好）来定义”，却“对人类的快乐和痛苦保持着明显的沉默”。[10]或者正如罗伯特·萨格登所说：“效用，当被理解为显性偏好时，并不是对任何特定的、似乎可以被认为是好的品质（比如快乐）的一种衡量。它只是个人选择的一种表现。”[11]

森摆脱不可能定理的方法是放宽被认为是最小理性要求的条件，例如抛弃帕累托效率。虽然被视为个人自由的图腾，但当面对两个以上的替代方案时，帕累托效率显示出了更黑暗的一面。例如，给定一个总数 100，被 3 个个体分割，那么 98∶1∶1 的分配与更公平的 33∶33∶34 的分配一样具有帕累托效率。在《帕累托自由主义者的不可能性》（*The Impossibility of a Paretian Liberal*，1970）一文中，森提出了他自己的不可能性定理，让经济学家们在帕累托原则和他们的自由主义价值观之间作出选择。[12]

对帕累托效率的关注导致福利经济学家忽视了不平等，而这种不平等在其他方面是显而易见的，因为他们只考虑整个社会的福利总额，而不考虑它是如何分配的，而且判断行动或政策时，只考虑其对这个总和的影响。没有人把财富的价值归因于个人之间的水平差异（个人之间的比较是禁忌），只有一个总和，并根据这个总和可以得出一个完整的国家财富排名。因此，一个拥有三个个体，其效用分别是 33、33 和 33 的国家，要比三个公民所拥有的效用分别是 98、1 和 1 的国家“更穷”，尽管后者显然是一个高度不平等的社会。然而，根据总数排名，无论哪个人把额外效用给了拥有 98 或拥有 1 的公民，这个国家的福利都会增加。当然，边际效用会表明，一个单位的额外效用对任何一个拥有 1 的公民来说都比拥有 98 的公民有益得多，但禁止人际比较使得这一点毫无意义。

因此，在评估某一特定社会国家是否成功地实现了福利最大化时，柏格森和萨缪尔森等福利学家只是简单地考察个人收入总额。1973 年，森提出了他自己的函数，即人均收入乘以基尼系数，而基尼系数是统计学家科拉多·基尼（Corrado Gini）在 1912 年提出的一种衡量不平等的方法。森并没有像萨缪尔森和其他人一样，对自己的函数提出同样的要求。例如，他没有要求它产生一种“全序排列（complete-ordering representation）”，只是一种不那么雄心勃勃的“拟序（quasi-ordering）”，允许进行部分而不是完整的排名。他指出：“不平等的概念本身似乎就有这种拟序的框架，这个概念不是为了作出细微的区分，而是以更鲜明的对比形成自己的特色。”[13]

森没有把它描述为理想的社会福利函数，而是坦率地指出了它的局限性：它有助于提出一些问题，但对其他一些问题无益。它是一种工具，可用于与其他工具作“交集”，而这些工具都有自己不同的局限性。[14] 森从不可能定理中得到的教训是，必须避免“传统理论的全有或全无的方法”，即以任意性或禁闭于不可能之内为代价来获得稳健性、通用性、精确性和其他统计或数学性质。[15] 简而言之，“混合”（Mongrelism）比“单一”更可取，至少在方法上是这样。对于一个专注于整洁模型和图表的学科来说，这是非常令人不安和可疑的。

能力方法

福利经济学家急于用他们自己的数学术语来理解福利，似乎忽略了“存在的现象”：幸福（well-being）已成为一种富有（well-having）的问题。在《正义理论》（*A Theory of Justice*，1971）一书中，美国哲学家约翰·罗尔斯（John Rawls）试图用功利主义的方法来解决衡量福利的一些问题，他定义了一组对个人福利必不可少的“初级产品”。这一组产品包括自然初级产品，如健康和智力，以及社会产品，如权利、收入和“自尊的社会基础”。一个人对这类商品的禀赋可以与另一个人的禀赋进行比较，罗尔斯探索了几种假设的场景，在这些场景下那些被认为是最穷的人（以“初级产品”衡量）的福利将被赋予特权，根据所谓的“差别原则”（difference principle）。

然而，对森来说，这是一个手段与目的混淆的例子。人类太过多样化，无法设定一套普遍的“初级产品”。甚至基本的营养需求（维持健康所需的卡路里数量）也因气候、寿命和卫生保健水平的不同而不同。[16] 罗尔斯等人过于关注事物和权利的价值，忽视了事物和权利与相关“功能”（functioning）之间的关系。[17] 各种“转换因素”决定了拥有这些商品的个人所享有的一套“能力”。

例如，一辆自行车的天赋，或“禀赋”，可以简单地根据它能卖多少钱来估价，也可以根据在公共汽车或人力车上省下的钱来估价。对于一个小商人来说，自行车可以扩大他们买卖的市场，可以在相同的时间内完成更多的交易。用森的话说，自行车增加了个人的能力集，即可能完成或实现的行动和结果的范围。虽然不可能实现所有这些行动或结果，但福利并没有因此而丧失。相反，对福利本身的评价最好聚焦于提高这些“能力”，以及扩大现有“功能”的范围，不论这些功能是否实现。

“能力”变成“功能”的过程可能看起来很简单，以至于有人可能想知道我们是否需要不同的术语。人们需要接受一些骑自行车的培训，但这不需要很长时间，并且通常有人可以在很少或没有成本的情况下提供这种培训。此后，似乎有新的“功能”在召唤着你：为你的商品或服务开辟新的市场，结交更广泛的朋友，感受迎面吹来的风，或者只是想象下一个人可能会去哪里。这些都能提升你的生活乐趣。然而，将“新自行车”转变为“新的运动自由”并不像表面上看起来那么直截了当。一系列的“转换因素”在决定是否享有这种自由以及享有到何种程度上发挥着作用。从某种意义上说，这些都是外部性，它们与自行车无关，但它们决定了一辆自行车的禀赋是否真的有助于扩展接受者的能力集，或者只是闲置生锈。它们是将商品（在本例中是自行车）与特定的活动和存在状态、将富有与幸福联系起来的功能。

森确定了个人、社会和环境的转换因素。身体残疾、寄生虫和疾病是可能限制个人骑车能力的个人因素。坑坑洼洼的道路、拥挤的交通和相关的污染可能会造成进一步的限制。与这些环境因素相比，社会因素就不那么明显了，但可以说，在决定自行车是否能提高车主的能力方面，社会因素发挥了最大的作用。在世界上许多地方（如维多利亚时代的英国），妇女骑自行车在社会上是不被接受的。人们很难把这些因素很好地区分开来（如果高水平的污染导致高水平的哮喘，我们应该将其列为环境因素还是个人因素？），但这并不能减轻它们的影响。

能力方法将我们的注意力转向更广泛的问题，而不是简单地将个人的收入或物品与同一社会中其他人的收入或物品相比较。社会规范、公共卫生和基础设施都牵涉其中。如果我们在上述例子中就如何提高低转化率向政府提供建议，我们可能会发现自己对从驱虫到道路拥堵费等各种问题都感到不满。当然，这些举措将对许多没有自行车的人产生许多影响。然而，自行车的功能是否已经实现并不是重点。森认为，社会越富裕，个人就越富裕，这仅仅是因为他们拥有了这种能力。尽管在某种意义上存在外部性，但为解决这一特定的自行车问题而可能采取的大量措施，可能对古典经济学家感兴趣的核心问题产生有益影响：它们扩大了市场规模，使劳动力更加专业化，等等。

1990 年，联合国开发计划署推出了一个新的基准指数——人类发展指数（Human Development Index，HDI）。它的首席设计师、巴基斯坦经济学家赫布卜·乌·哈格（Mahbub ul Haq）征求了森的建议，并努力将他的能力方法融入其中。这个名字本身就表明，人们对“发展”的理解焦点发生了转变。人类发展指数没有从国民收入或市场开放的角度来理解福利，而是把“人”放在首位。人类发展指数不只是衡量人均的国民总收入（Gross National Income，GNI），它将基础教育（以平均受教育年限衡量）、寿命（出生时的预期寿命）和收入（按人均购买力折算的 GNI）这三项指标合为一体，恰当地显示出一种森式的“信息丰富度”。

森在 1995 年与让·德雷兹（Jean Drèze）合著的《印度：经济发展与社会机遇》（*India：Economic Development and Social Opportunity*）一书中，提出了重视教育和寿命（作为公共卫生供应的一个指标）的历史理由。这项研究利用了印度三个不同种族、宗教和政治取向的邦（喀拉拉邦、西孟加拉邦和北方邦）的研究结果，分析了预期寿命、婴儿死亡率、识字率和性别比（female/male ratio，女性与男性人口之比，以下简称 FMR）等数据，以及基于国民总收入的常见基准。除了对印度不同地区进行比较外，作者还对印度与中国的比较特别感兴趣。

在 20 世纪 90 年代，中国和印度都可以从大致相同的人均国民生产总值的水平来回顾自身五十年的发展。在印度精英阶层中，中国的独生子女政策及其开放的市场常常被认为带来了“亚洲奇迹”，而他们觉得这个奇迹已经与印度擦身而过。人们还认为，中国的发展不仅证明了其生育政策的合理性，更证明了市场自由化举措的重要性。许多人总结说，为了赶上中国令人羡慕的增长速度，当务之急是废除被称为

“许可证制度”（License Raj）的官僚主义繁文缛节。

在《印度：经济发展与社会机遇》的序言中，森和德雷兹对于优先“讨论给予跨国公司税收优惠的细节、印度人是否应该喝可口可乐，或者是否应该允许私营部门运营城市公交车等问题”的现状表示了惊讶。与此同时，“基础教育和初级卫生保健的糟糕状况”以及其他“对人民的福祉和自由有着至关重要影响”的问题被忽视了。[18]

印度人的预期寿命比中国少10年左右。印度不仅识字率较低，而且显示出更大的性别差异：39%（女性）和64%（男性），而中国女性和男性的识字率分别为68%和87%。中国的年青一代普遍识字，而印度的情况则远非如此。尽管印度政府承诺将初等教育普及至14岁，但它根本没有分配资源来实现这一目标。与此同时，它提供的医疗诊所专注于“人口问题”，优先考虑绝育，而不是采取低廉但有效的措施与疾病作斗争。数据表明人口增长对人均GDP几乎没有影响：印度根本不存在人口危机。[19]

总的来说，这些历史数据表明，公共医疗和全民教育远非经济增长的回报，就中国而言，经济增长是国家在提高识字率和预期寿命方面取得重大进展之后实现的。增长是国家干预的回报。公共卫生和教育并非发展中国家只有在经济增长达到一定水平之后才能“负担得起”的奢侈品，也不是许多自称是亚当·斯密和新古典主义经济学信徒的人所认为的那样，国家对健康和教育的干预会对经济增长造成诸多阻碍。这不是一个“政府做多做少”的问题，而是一个“治理类型”的问题。[20]印度把重点放在“许可证制度”和可口可乐上，而不是放在免疫接种和教师上，这是在冒着吸取错误教训的风险。

能动性和过程

自 20 世纪 90 年代初以来，森对能力方法的思考已经有了进一步的发展，越来越强调“面向主体的视角”（agent-oriented view），关注作出行为的那个“谁”。[21] 在基本层面上，对能动性（agency）的关注只是认识到，谁能给我们的福利带来改变以及如何改变，对我们来说是非常重要的。回到自行车的例子，我们不只是把它当作好像是“从天上掉下来的”；如果我们把它当作礼物，当作对高尚行为的奖赏，当作一种权利，当作乐透奖，当作一种社会地位的特权，或者当作一种慈善恩惠，那么我们对待它和对待自己的态度是不同的。在更复杂的层面上，能动性可以是构成性的或建设性的，从而塑造“谁”以及他们的行为能力。

通过建立一个受过良好教育、博学和参与性的公众群体（“我们”），实现个人能力所涉及的过程可以使整个社会走向自由和民主的方向，要求各国政府承担责任并改变那些否定妇女和某些民族或宗教团体具有充分能力集的社会规范。我们学着去重视这些结果，不仅因为它们对我们的能力集（换言之，工具）作出了贡献，而且因为通过与他人协调一致的活动，我们从得到这些结果的方式中能获得自尊等好处。自由与过程有关，与拥有同样多的某些机会或权利有关，这些机会或权利是罗尔斯式“初级产品”的一部分。

通过引起人们对商品与存在状态之间关系的关注，森已经开始关注不同的“功能”如何交叉，并且可以相互加强以“扩大真正的自由”。这不可避免地涉及思考我们应该如何引导这种变革，进而导致对正义与公平观念的思考，这些观念似乎与经济思想格格不入，甚至完全对立。在这方面，森的思想可以被看作是对亚当·斯密时代道德哲学的回归，那时经济学还没有成为一门独立的学科。尽管斯密享有“经济学之父”

的美誉，但很少有经济学家愿意通读斯密的著作，更不用说其他哲学家了。

不同寻常的是，森在剑桥大学三一学院的奖学金项目中获得了对这一传统深入研究的机会，该项目让其参与者可以完全自由地学习任何他或她希望学习的东西。个人关系也起到了一定的作用：森的第一任妻子是意大利经济学家阿尔伯特·赫希曼的侄女。赫希曼的《激情与利益》(*The Passions and the Interests*，1977）一书讨论了斯密和同时代的孟德斯鸠和杜戈尔德·斯图尔特。赫希曼认为，斯密及其之前的经济思想已经忽视或试图积极地压制激情，因为他们认为应该更加理性地关注利益和他们创造的看起来很整洁的行为模式。[22] 森从斯密和赫希曼身上得到的教训是，人类不是孤立的、理性的利己主义者，而是一种“复杂的心理和文化过程”。[23]

在《发展即自由》(*Development as Freedom*，1999）一书中，森将自己的“能力观”描述为“一种对亚当·斯密所倡导的经济和社会发展的综合研究方法的回归”。[24] 斯密认为交换自由远不止是经济增长的保障，森指出：“交换和交易自由本身就是人们有理由珍视的基本自由的重要组成部分。”然而，当时发展专家对市场角色的描述方式，导致这一点并不像它应该表现的那样清晰。人们普遍认为，市场是一种需要用“有利但遥远的影响”来捍卫或辩护的东西，甚至是一种必要的恶，而实际上，“参与经济交流的自由，在社会生活中发挥基本作用”。[25]

正如有些人敦促印度政府在经济增长使他们“负担得起”之前先放弃扫盲运动，也有人主张公民自由和政治自由是“奢侈品”，国家要想享受经济增长，就必须先将其放到一边。这种观点通常被称为“李命题”，以新加坡前总理李光耀的名字命名：新加坡剥夺了其公民思考和讨论这个城市国家是如何运转的自由，它的经济增长被认为是对此的一种回报。有时，像 1993 年维也纳人权会议那样，一些亚洲威权政权的领导人称，政治权利不是普遍的，言论自由等权利与所谓的“亚洲价值观”（即纪律和服从国家）存在矛盾，因此，要求扩大这种自由被认为等同于文化帝国主义。

森认为，交换自由和其他非经济的言论、集会等自由是相互关联、相互强化的，而不是像李命题中所说的那样是负相关的。森提出了五种类型的自由：政治自由、经济条件、社会机会、透明性保证和防护性保障。对他来说，这些既是发展的目的，也是发展的手段。它们也是普遍存在的。森指出，亚洲人在文化上对言论自由等政治权利漠不关心的观点，只能在自由选举中把这个问题付诸表决来验证——而这正是威权政权永远不会允许的。[26]

森的“面向主体”方法最重要的例子与妇女的不自由有关。1992年发表在《英国医学杂志》（*British Medical Journal*）上的一篇颇具影响力的文章指出，包括印度在内的许多亚洲国家的性别比 FMR 倾向于偏离由生物因素决定的标准。就其本身而言，这一比例应该会产生一个女性略多于男性的群体。然而，在一些地区，嫁妆是必需的，新娘在结婚后与父母断绝关系，所以父母不愿意在女儿身上花费太多的关爱和金钱。正如泰卢固谚语所说：“抚养女儿就像给别人院子里的植物浇水一样。”

由于这些抑制因素，FMR 在印度许多省份出现偏差（例如，北方邦有 880 名女性，1000 名男性），这是因为孕妇通过超声波确定胎儿的性别，如果怀的是女孩，就会选择（或被迫）堕胎。[27] 即使是那些负担不起超声波费用的地区，FMR 也会产生类似的结果，这大概是由于男婴和男童接受了姐妹们得不到的某种程度的护理、食物和医疗服务。结果就是可预计的男女人数的差额，或者借用森 1992 年那篇论文的题目，是 1 亿“失踪女性”。[28]

然而，森认为，不应将妇女视为等待国家或其他机构干预的“病人”，培养女性的能动性不仅是一种提高妇女福利以及她们子女（男孩或是女孩）福利的非常有效的手段，更会鼓励更广泛的经济增长和扩大森提出的其他四项自由。例如，提高女性识字率（而不是提高男性识字率）被证明是降低儿童死亡率的更有效手段，甚至是降低总体贫困的措施。当女性识字率从22%升至75%时，五岁以下儿童的死亡率从156‰降至110‰（所有其他变量保持不变）。当男性识字率从22%升至75%时，死亡率也有所下降，但降幅较小：从169‰降至141.29‰。[29]

能够阅读并不能增强女性的免疫系统，也不能给女性接种预防疾病的疫苗。对于一个福利经济学家来说，女性的读写能力似乎是一种“奢侈品”；把稀缺的资源分配给女性来学习阅读，似乎是在“浪费”本可以用在更多护士、诊疗所或疫苗接种上的资金。在印度，和世界上许多其他地方一样，妇女把绝大多数时间花在家庭生产工作上，而这些工作很少被国民生产总值或其他产出指标所衡量。因此，即使关注读写能力，把注意力放在男性身上似乎也是有道理的，因为男性似乎在经济上更为活跃。但森的观察结果表明，即使能够阅读的状态不能提高抗病能力，它确实能够使女性发挥“功能”并且死亡率显著降低（然而，我们应该小心，这里不是直接因果关系，就像上一段中使用动词“降低”一样）。读写能力也与更多地参与正式经济（即家庭以外）有关，而正式经济反过来又促进妇女更多地参与政治。例如，有文化的母亲，当她们的乡村教师不来上班时，就可以向当局请愿。[30]

其中的一些影响是意料之外的。作为亚当·斯密的信徒，人们可能会认为森会提到《国富论》中那篇著名的文章所引发的共鸣，这篇文章将每个人描述为“被一只看不见的手牵着，去推动一个并非他本意的目标”。[31]弗里德里希·哈耶克等人认为，这是一种深刻的见解，是对任何妄图修补经济运行机制的人的挑战。然而，森坚决反对哈耶克将“意料之外的”和“不可预测的”混为一谈。“经济和社会推理可以注意到可能并非有意为之，但却是由体制安排形成的结果。”[32]如果女性扫盲计划在印度喀拉拉邦意外地降低了五岁以下儿童死亡率，那么，在印度其他地区或其他国家提倡实行类似的方案，以期出现类似的下降，就不是无根据的或不合理的。意料之外的后果会引发深思熟虑的行动，而不是完全排除这种可能性。

森和德雷兹还指出了一个不那么令人高兴的意料之外的后果，那就是经济增长及其引发的社会效仿和流动性。FMR 会下降，而不是恢复平衡，因为经济增长导致地位较低的“贱民”种姓去模仿地位较高的“武士”种姓的更重的父权观念。对森来说，这是“一个有用的提醒，提醒人们经济进步本身并不一定能在很大程度上减少性别不平等”。在这种情况下，嫁妆、种姓等社会“制度安排”需要通过“与经济增长没有明显联系的积极社会变革进程”来解决。[33]然而，这种变革确实与人口增长有明确的联系，它会导致生育率的自愿降低，其效果远远超过由国家资助的绝育运动或其他新马尔萨斯主义的干预措施所能实现的。

森当然意识到了在福利评估中计算妇女人数以及让妇女参与其中所面临的相关挑战。1998 年，森在诺贝尔奖获奖演讲中回忆了他早期对 1943 年饥荒的研究中一个有趣的发现：接受调查的寡妇几乎没有报告过任何“健康状况不佳”的案例，而鳏夫们“对此怨声四起”。在这样一个男性占主导地位的社会里，人们有理由认为，如果女性的医疗需求无法像男性一样得到相应的满足，那么女性的健康状况就会更差。

寡妇们的期望显然与鳏夫们的截然不同，因为后者的性别使其具有更强的权利意识。“在一个不对称规范悄然存在的社会里”，同样程度的健康问题可能会被理解得非常不同。[34]从某种意义上说，这项调查让妇女有了发言权，请她们对自己的福利发表意见，但“制度安排”是这样的，她们的健康状况或痛苦对她们自己并不“重要”。在这个例子中，精神状态的人际比较似乎是评估福利的理想方法，但是却被打破了。

丹麦经济学家埃斯特·博斯鲁普（Ester Boserup）在1970年出版的《妇女在经济发展中的作用》（*Women's Role in Economic Development*）一书中，首次对发展中国家的农学家如何分配工作进行了研究，并考虑了妇女在发展中可能发挥的作用。然而，伊芙琳·华林（Evelyn Waring）的《如果女性有价值：新女权主义经济学》（*If Women Count*：*The New Feminist Economics*，1988）标志着女权主义经济学的诞生，这篇论文解决的是会计核算未能包括女性无薪工作的问题。森的能力方法已经被华林的追随者广泛使用。尽管森没有明确地表明自己是女权主义经济学家，但他清楚地承认赋予女性选举权的道义责任，并指出了许多扩大女性能力的方法，这些方法也同样有助于扩大她们的子女和社会中其他人的能力，不论他们是男是女。森写道：“可以说，在当今社会的政治、经济发展中，没有什么比充分承认女性在政治、经济和社会中的参与和领导地位更重要的了。”[35]

从平等到公平

森在他关于不平等的著作中指出，在讨论这个问题时，我们自然倾向于采用比较的方法。我们想知道社会A比社会B更平等还是更不平等。因此，我们不需要将我们收集的关于任何一个社会的观察结果置于本章第一部分所描述的残酷和不寻常的惩罚之下：让他们遵守一系列的要求，而这些要求的过分严格导致他们打破并产生不可能定理和其他的结果，这些结果对于它们作为政策指导的所有好处来说也可能是毫无意义的。比较在本质上是不完整的排名，但它们已经足够好了。

在他的《正义观念》(*The Idea of Justice*, 2009)一书中，森指出，政治哲学中有一种“比较的定义”，始于斯密和孔多塞，接着是边沁、马克思和阿罗。森利用它，将讨论从平等转向公平，即正义。这些讨论使森与罗尔斯以及其他政治哲学家的接触更加深入，在某种程度上，这种接触与其说是经济上的，不如说是哲学上的。《正义观念》扩展了森之前在不平等、社会选择理论和能力方面的工作，仅在此基础上它就很值得讨论。

平等和公平可能被视为同义词。例如，对基尼系数的讨论似乎假定，最好的社会是一个系数为0的社会，其中每个人的收入都完全相同。我们可以假设，森的目标是一个社会，在其中每个人的能力集是相同的。然而，能力的平等对森来说并不是正义，这不仅是因为，考虑到人类处境、阻碍、技能等的无限多样性，这种平等到底是什么样子很难确定。森从罗尔斯在《正义论》中的论点“正义即公平”出发，在《正义论》中，公平先于任何正义原则。

罗尔斯试图通过利用他著名的“无知之幕”背后的“原始立场”来弄清楚一个完全公正的社会会是什么样子。罗尔斯设想，一个社会的成员退到这个幕布后面，思考他们希望居住的社会是什么样的。最重要的是，他们中没有人知道自己最终会在社会中处于什么特定的位置。所以，这个理论认为，这种无知加上他们自身的公平感（以及一定程度的自利）将阻止他们创建一个有些人会受到不公正对待的社会，因为他们担心自己会在这场社会赌局中输掉。一旦他们彻底搞清楚了公正的社会到底是什么样子，他们就会重新回到这个世界，继续生活在其中。

相比之下，森并没有假设一个理想或原始社会，然后从中推导出一套原则或理想的“制度安排”。森对罗尔斯的批判延伸到了基于社会契约的政治思想的悠久传统上，最初的契约被认为是人类在离开“自然状态”（被认为是缺乏社交的）并进入社会之前彼此之间订立的。正如森所指出的，这种“契约论方法一直对当代政治哲学产生重要的影响”。[36]然而，对于森来说，所有这些都是无益的、没有信息量的干扰项。他指出，人们不需要就一个完美公正的制度应该是什么样子的达成一致意见，不需要认同废除奴隶制是一个好主意。即使我们知道理想的系统是什么样子的，它也不能帮助我们决定两个备选方案（比如，现状和提议的备选方案）中哪个“更接近”它。

“描述上的接近并不一定指向价值上的接近。喜欢红葡萄酒的人会选择白葡萄酒，而不是红葡萄酒和白葡萄酒的混合物，即使这种混合物在某种意义上更接近他们的理想。”[37]森的比较的方法并没有从一个假设的理想“向后”工作，也没有承诺引导我们“向前”到这样一个乌托邦。“一个关于比较正义（comparative justice）的系统理论不需要，也不一定能回答‘什么是公正的社会’这个问题。”[38]在他的抱负和他所主张的权威程度上，森的正义观似乎是有些谨慎的。

正如他对阿罗和社会选择理论的讨论中在方法论上所做的那样，在这里，森把一种被感知到的不完整或不一致，变成了“富有的困境”，变成了森所颂扬的对人类多样性的忠诚。正如森反对以普遍生活水平为基础的贫困评估（例如，以每天的卡路里为标准）一样，他发现罗尔斯模型中的无实体囚犯在智力上处于贫困状态。森更倾向于从斯密的公正旁观者的立场来作出对比较正义的判断，公正的旁观者的优势在于考虑社会之外的人，避免了罗尔斯模型中的“狭隘主义”。在这个意义上，斯密的公正是“开放的”，而罗尔斯的公正是“封闭的”；斯密的公正的旁观者更适合“全球正义”，这与“国际正义”不是一回事。[39]

森写道，“世界当然存在分歧，但更是多元化的”。[40]一个人可以根据他的寿命、工作状况、国籍、性别、种族、年龄、身体能力和残疾程度同时分为几类。在用其他标准衡量时，那些在某一标准看来受到优待的人可能不受优待：例如，富有的残疾人受到限制，而贫穷但身体健全的人则不受限制。美国的人均 GDP 比印度高得多，但非洲裔美国人（包括男性和女性）的死亡率却高于印度等较贫穷国家的男性和女性。

尽管这些美国人的收入高得多，但他们却被剥夺了“活到成熟年龄的基本能力”。[41] 然而，国家之间的比较不能捕捉到这一点。这是全球正义与国际正义之间存在明显区别的一个例子。与前文讨论的性别比一样，这里有一个相对未被使用的福利比较的“空间”（性别，而不是收入），这表明能力集存在更广泛的不平等。要理解这种对基本的“功能”或“自由”的否定，并认为它是不公平的，我们不需要首先计算出最完美、最令人满意的生活能持续多久。

森对经济思想的贡献是深远而持续的。他对“信息丰富”的呼吁将社会选择理论从坟墓中拯救了出来，该理论似乎已被阿罗的“不可能定理”抛入坟墓。他对 1943 年孟加拉饥荒的研究揭示了权利体系和稀缺性之间的关系，指出某些群体比其他群体更容易遭受饥饿。森批判了福利主义者对社会福利的评价，这是他最重要的贡献——能力方法，它改变了各国政府以及联合国等国际组织对贫困、文盲和健康状况不佳等问题的看法。

无论是像萨缪尔森那样的显性偏好福利主义者，还是契约论者，都没有揭开选择的面纱，去探究隐藏在个人选择背后的价值观或精神状态。而森是这样做的，他提出了罗伯特·萨格登所描述的“一个人的善的概念，而这个概念不会自动断言个人选择的任何东西对他都是好的”。[42] 因此，必须存在一种真正美好的生活，才能为我们提供一种评估这些选择的方式。这种对客观性的要求让森的许多经济学家同行感到不安。森所说的构成一个人“有理由去珍视”的生活的各种能力，其范围可以看作是开放到令人安心的。[43] 然而，对萨格登来说，问题仍然是应赋予每一项功能何种权重。“森怎么能认可一套特定的权重分配在客观上是正确的呢？”[44]

萨格登认为，尽管森的能力方法在面临“极度贫困”中所体现的那种明显的“基本功能”时很有帮助，但在考虑其他不太容易观察到的功能时，森的能力方法就会陷入困境。[45]正如丹·厄舍（Dan Usher）所说：“与效用函数中的一套商品相比，价值函数中的一套功能是无限的、重叠的，而且常常是不可测量的……商品函数中商品的清单的长度会受到收入的限制，而价值函数中却没有类似的东西起到这种作用。”[46]这让我们回到了开始的地方，回到了我们应该要求多少精确度和一致性的问题上。有人可能会质疑，森是否真的希望他的“一套功能”能够完美地取代以国民收入为基准的福利制度，人们可以据此来反驳这种批评。

正如诺贝尔委员会所指出的那样，森的思想有助于恢复“经济学和相关学科的伦理维度”。[47]除了产生改善福利的结果之外，森的模型已经越来越强调过程和能力的运用，很显然，其与非经济“自由”的联系在《以自由看待发展》（*Development as Freedom*）中得以明确。其中发展被定义为“扩展那些相互联系着的实质性自由的一个综合过程”。[48]交换和参与到经济中的自由就是这些自由中的一个。森向那些认为经济增长与公民自由、人口增长以及国家资助的教育和医疗服务之间存在不可避免的权衡取舍的人提出了挑战。虽然森将自己关于正义的“比较”方法归因于斯密，但他的公平思想已经超越了斯密，代表了另一个重要的贡献。在斯密的例子中，对经济模型的怀疑态度，以及公平提出的要求，似乎是在邀请人们“坐着不动，什么也不做”，而不是采取行动。[49]尽管森对政治经济学的看法与斯密有很多相似之处，但他不太愿意“坐视不管”。相反，他的职业生涯可以归结为对同一个紧迫问题——“那我们怎么办？”——的一系列回答。

第十三章 约瑟夫·斯蒂格利茨

艾曼纽·贝尼库尔特

在所有诺贝尔经济学奖得主中，约瑟夫·斯蒂格利茨以他卓越的行动主义而引人注目。他不知疲倦地在世界各地的会议上发表演讲，抨击各国政府和国际组织实施以牺牲穷人利益为代价、偏袒富人和权势集团的政策。获奖后不久，斯蒂格利茨出版了《全球化及其不满》（*Globalization and Its Discontents*）一书，该书因抨击国际货币基金组织及其总裁米歇尔·康德苏（Michel Camdessus）而受到广泛关注，斯蒂格利茨指责其所谓傲慢的语气和对穷人的苦难缺乏敏感性。斯蒂格利茨还批评了他在克林顿政府的前同事：美国财政部长罗伯特·鲁宾（Robert Rubin），斯蒂格利茨认为他是放松银行监管的拥护者，此外，斯蒂格利茨还批判了国际货币基金组织副总裁斯坦利·费希尔（Stanley Fisher）。鲁宾之前在高盛工作过，在离开高盛后又回到了另一家华尔街银行。尽管费希尔在被任命为国际货币基金组织副总裁之前一直在公共部门工作，但在辞去副总裁一职后，他也进入私营部门工作，薪水非常高（年薪 200 万美元）。这些公共部门和私人部门之间"旋转门"的例子让斯蒂格利茨不禁要问："费希尔是否因为忠实地执行了命令而得到了丰厚的回报？"[1]

这个问题引起了斯蒂格利茨的经济学家同行们的愤怒回应，这标志着他成名的开始。在此之前，他只出版过一本针对圈内人士和学术界人士的书，《社会主义向何处去？》（*Whither Socialism*？）。这本书改编自他 1990 年在斯德哥尔摩经济学院的维克塞尔讲座。自获得诺贝尔奖以来，斯蒂格利茨成为多产的经济学家，并以每年一本的速度为一般读者出版书籍，其主题与当代时事密切相关，这一点从书名中就能看出来：《关于养老体系的新想法》（*New Ideas about Old Age Security*，2001），《东亚奇迹再思考》（*Rethinking the East Asia Miracle*，2001），《让全球化造福全球》（*Making Globalization Work*，2006），《看得见的手：我们从这次金融危机中学到了什么》（*Time for a Visible Hand*：*Lessons from the 2008 World Financial Crisis*，2010），《巨大的鸿沟：不平等的社会和我们能做些什么》（*The Great Divide*：*Unequal Societies and What We Can Do about Them*，2015）。每本书的出版都伴随着世界各地的杂志和报纸的大量文章和采访。

通常，斯蒂格利茨使用的语气既不谨慎也不保守，这与科学家们通常使用的语气相反。的确，与诺贝尔物理学奖或医学奖得主相比，诺贝尔经济学奖得主（其成员资格并非无可争议）更倾向于干预媒体和公共辩论。但除了保罗·克鲁格曼（Paul Krugman）以外，没有人能在行动力与行动主义方面与斯蒂格利茨相提并论。然而，后者更为谨慎，并且不太愿意偏离学术界。

人们可能会认为斯蒂格利茨，一个普通大众眼中的离经叛道者，创造了一系列原创作品，其科学贡献打破了惯例和标准表达。但这种看法并不正确。确立斯蒂格利茨声誉的文章和出版物属于纯理论范畴，而且仍然处于主流经济理论即“新古典主义”经济理论的框架内。斯蒂格利茨与罗伯特·阿克洛夫和迈克尔·斯宾塞共同获得了诺贝尔奖，因为他提出了一系列理论模型，表明“信息不对称”现象（一方拥有另一方不共享的信息）可能是低效分配的根源。这是企业领导人、保险公司、银行家等一直都知道的事情。斯蒂格利茨、阿克洛夫和斯宾塞在符合理性选择均衡的前提下，沿着新古典主义的路线证明了这一“结果”，并因此获得了奖励。

瑞典皇家科学院经济科学奖委员会说，“斯蒂格利茨是……现代发展经济学的奠基人之一”，与罗伯特·夏皮罗（Robert Shapiro）合著的《作为工人纪律手段的均衡失业》（*Equilibrium Unemployment as a Worker Discipline Device*）一文提出的模型是“现代劳动和宏观经济学的重要组成部分”，与安德鲁·韦斯（Andrew Weiss）合著的论文“在公司金融、货币理论和宏观经济学领域产生了重大影响”，与桑福德·格罗斯曼（Sanford Grossman）的合作“在金融经济学领域产生了相当大的影响”。斯蒂格利茨还因“对公共经济学……产业组织与自然资源经济学作出了重大贡献”而受到赞誉。[2] 这使得斯蒂格利茨“可能是信息经济学文献中被引用得最多的研究人员，也可能是更广泛的微观经济学领域中被引用得最多的”。[3]

斯蒂格利茨在劳动经济学、发展经济学和金融领域的工作因此受到了“官方科学”守门人的赞扬。事实上，诺贝尔奖委员会从未将此奖授予一位站在新古典主义框架之外的作家，贡纳尔·默达尔（Gunnar Myrdal）和一些计量经济学家可能是例外。斯蒂格利茨获奖后，其论文也成了他曾经在论文中批评过的机构的参考。这些论文中提出的观点帮助他在这些机构中担任了重要职位（如世界银行首席经济学家，以及美国总统经济顾问委员会主席）。

人们不能指责斯蒂格利茨前后不一、改变主意，甚至在获得诺贝尔奖后偏离了主流范式。事实上，他从未质疑过作为一种制度的资本主义，尽管他彻底批评了资本主义的偏见。他总是对市场经济表现出极大的信心，只要市场经济是“有竞争力的”，即不受垄断集团或任何游说集团的行动所造成的压力和扭曲的影响。斯蒂格利茨的研究与坚持市场和竞争益处的主流经济学有关，同时也强调了阻碍市场和竞争充分发挥作用并实现各种优势的因素。因此，斯蒂格利茨是一名新古典主义经济学家，而绝不是极端自由主义者。然而，他与大多数经济学家的不同之处在于他惊人的工作能力，这使得他能够涉猎几乎所有的理论领域，并将同样的新古典主义理解格栅（reading grid）应用于其中。

斯蒂格利茨的个人背景，以及他在一个社会问题（失业和种族隔离）非常严重的城市长大的事实，解释了他为什么既循规蹈矩又充满激情。他的学术生涯建筑于正统研究领域之上，同时他一直对这个世界的不平等和不公正非常敏感，也因此很早就显示出对政治的持久的兴趣。

早期对政治的兴趣

约瑟夫·斯蒂格利茨出生在距离芝加哥不远的印第安纳州的加里，这是一个衰落的工业城市，有大量非裔美国人。这使斯蒂格利茨能够直接体验失业和种族歧视问题。正如他在加里撰写的诺贝尔奖传记中所说："贫困、歧视和不时出现的失业肯定会让一个好奇的年轻人感到震惊：这些问题为什么会存在，我们又能做些什么。"[4]

斯蒂格利茨的家庭也塑造了他，他的家庭：

> 经常讨论政治问题，并进行激烈的辩论。我母亲的家族是新政时期的民主党人——他们崇拜罗斯福总统；我舅舅尽管是一位非常成功的律师和房地产企业家，但他坚定地支持劳工。另一方面，我的父亲是个小商人，他反复强调自力更生的优点。他担心大企业，重视我们的竞争法。到70年代中期，他已成为一名坚定的民权倡

导者。他具有强烈的公民责任感和道德责任感。[5]

斯蒂格利茨是个聪明的学生，他在艾姆赫斯特学院开始了他的高等教育，这是一所著名的文科大学，受到当时自由派精英的尊重，教授们对世界上的问题持开放态度。用斯蒂格利茨自己的话说："1960 年到 1963 年在艾姆赫斯特学院度过的三年，是对我的智力影响最大的一段经历。"[6]

尽管斯蒂格利茨对文学和社会科学很感兴趣，但他的专业是物理。"我们在努力解决分配给我们的难题时，非常享受物理专业学生们之间的友爱。"[7] 这使斯蒂格利茨发展了他对数学的兴趣和能力，后来他用数学来处理"重要的社会问题"。

新古典主义潮流中的斯蒂格利茨

斯蒂格利茨有时试图把自己塑造成最先关注 20 世纪 70 年代资本主义某些功能失调的人。他在 20 世纪 60 年代初进入大学，当时数理经济学的支持者们刚刚淘汰了直到 20 世纪 50 年代还在校园里占统治地位的"制度主义"。肯尼斯·阿罗和杰拉德·德布鲁（Gerard Debreu）证明了一个纯粹（或完全）竞争经济模型至少有一个解决方案——称为"均衡"，其特征是所有商品和服务的供求平等——代表了这一阵营具有里程碑意义的数学成就。尽管如此，这种说法对斯蒂格利茨来说还是有些夸张。在诺贝尔获奖者自传中他声称：

> 竞争均衡模型代表了我们读研究生时的主流范式，这似乎表明失业并不存在，效率和公平的问题很容易区分开来，这样经济学家就可以很好地把不平等和贫穷的问题放在一边，因为他们要着手设

计更有效率的经济体系。[8]

当时，大多数经济学家实际上对资本主义的自发演变有一种凯恩斯式的悲观看法。自称凯恩斯主义者的人在几届美国政府中发挥了重要作用，包括共和党和民主党。他们在大学里几乎占据垄断地位，尤其是在斯蒂格利茨完成学业的麻省理工学院。很少有人对罗斯福新政（如1935年的《社会保障法》[*Social Security Act*]）期间实施的政策提出异议。1965年，随着医疗保险和医疗补助的出现，这类政策得到了扩展。20世纪70年代，尼克松总统提出了一个覆盖全国的医保体系（比奥巴马总统2010年提出的《平价医疗法案》[*Affordable Care Act*]更加雄心勃勃），但国会只批准了几项修正案（增加弱势群体的福利）。

从20世纪50年代初开始，区分“宏观经济学家”和“微观经济学家”也变得普遍起来。前者声称利用凯恩斯的思想构建了经济的整体模型，足以预测各国实施的各种货币、预算或混合政策的影响。微观经济学家们提议回到（新古典主义）理论的基础上来，正如19世纪晚期杰文斯和瓦尔拉斯所设想的那样，他们试图从最大化个人福利的个体理性行为中推导出“定律”。这个阵营包括几位具有战时经济规划经验的经济学家，他们渴望在和平时期应用自己开发的数学技巧。对他们来说，阿罗-德布鲁“纯竞争模型”（其研究由美国海军研究办公室资助）为他们指明了前进的道路：从定义良好的假设中建立数学定理（在阿罗-德布鲁模型中，是至少存在一个均衡）。

这些假设在“纯粹竞争模型”的情况下非常受限，模型假设了一个集中式系统，由一个仁慈的人物提出价格，以这些价格面对市场主体的供给和需求，并旨在找到使这些供应和需求实现均衡的价格。这个奇怪的人物被斯蒂格利茨称为“拍卖者”（auctioneer），阿罗和德布鲁称之为“市场参与者”（market participant），瓦尔拉斯称之为“出价者”（price caller），博弈论家称之为“市场玩家”（market player）。然而，由于命运的捉弄，这种不允许个人直接交易的模型，已成为竞争性经济的理想代表。对包括经济学家在内的大多数人来说，竞争性经济意味着贸易去中心化的经济。数学要求是这种矛盾表达的根源。事实上，如果没有集中，就无法定义供求函数（这一理论的基石）。新古典主义经济学家（包括斯蒂格利茨）很难认识到，该模型是以一种相互矛盾的方式提出的。

大多数提倡和发展“纯粹竞争模型”的理论家，如特亚林·科普曼斯（Tjalling Koopmans）、约翰·希克斯、肯尼斯·阿罗和弗兰克·哈恩（Frank Hahn），都是凯恩斯主义者，在这个模型中，他们首先看到了对现实的一种最初的、必然的逼近。然而，这种模型在大学课程中占据了越来越多的空间。它为微观经济学（即一般均衡）提供了一个精确的框架，并成功地开拓了理论经济学的各个分支。由于它需要一定的数学知识，学生和教师的注意力越来越集中在技巧上，而不是集中在理论模型假设的意义或相关性上。因此，纯粹的竞争模型已逐渐——几乎是秘密地、没有任何疑问地——被采用为一种理想的去中心化市场经济的代表。[9]

第一代在数理经济学和阿罗–德布鲁模型上崭露头角的经济学家（即斯蒂格利茨那一代）迅速分为两个不同的阵营。这种不同既体现在意识形态上，也体现在政治上。

一方面，一些人认为纯粹竞争模型（阿罗–德布鲁模型）很好地逼近了现实，或者至少它是我们分析现实的唯一模型。[10] 这个阵营的理论家把他们的精力集中在宏观经济学上，他们希望宏观经济学能为微观经济学奠定基础。他们激发了经济学的一个极端自由主义分支的形成，称之为“新兴古典经济学”（new classical economics）。它假定市场经济始终处于完全竞争均衡状态，没有（自由）失业，只要国家不干预，资源的分配永远有效。这个阵营以罗伯特·卢卡斯和罗伯特·普雷斯科特（Robert Prescott）(分别于1995年和2004年获得诺贝尔奖）为代表，他们猛烈抨击凯恩斯主义者，并在20世纪80年代和90年代将他们赶出了美国的许多大学。

另一方面，其他经济学家（如斯蒂格利茨）认为，由于现实中存在的“缺陷”，阿罗–德布鲁模型只能给出一个非常近似的市场图景。这些缺陷可以表现为多种形式。通常认为，它们是由垄断、工会等因素带来的摩擦或僵化造成的，或者是更普遍意义上的对既得特权的维护以及寻租造成的。这一倾向中的经济学家通常被称为“凯恩斯主义者”，尽管他们对世界的看法与凯恩斯相去甚远，凯恩斯认为市场从本质上就存在失灵。这一倾向是由老一代的保罗·萨缪尔森和詹姆斯·托宾等经济学家、新一代的保罗·克鲁格曼和劳伦斯·萨默斯（Lawrence Summers）等经济学家发展起来的。他们致力于宏观经济，并积极参与制定各种经济政策。

然而斯蒂格利茨也不属于这个阵营。他一直停留在以阿罗–德布鲁传统为特征的微观经济学框架内，并寻找阻碍资源有效配置的“缺陷”。在斯蒂格利茨看来，这些缺陷与市场的功能无关，而是源于个人的机会主义行为，这与新古典主义经济学家所主张的方法论上的个人主义是一致的。

信息不对称和机会主义行为

经济科学奖委员会认为：“阿克洛夫、斯宾塞和斯蒂格利茨对市场和信息不对称的分析被认为是现代微观经济学理论的基础。这三人的研究进一步加深了我们对现实市场现象的理解，而这些现象是传统新古典主义理论无法完全捕捉到的。”[11]

这些现象源于“市场的一方比另一方拥有更好的信息”。例如：

> 借款人比贷款人更了解自己的信用价值；卖方比买方更了解他的汽车质量；公司的首席执行官和董事会比股东更了解公司的赢利能力；保险客户比保险公司更了解他们的潜在风险；佃户比地主更了解收割条件和他们自己的劳动投入。[12]

如果补充说，“员工比雇主更了解自己工作的质量或强度”，那么可以说，信息不对称几乎涉及了经济生活的方方面面，以至于外行人很可能想知道（忽视了这种不对称的）传统新古典主义理论究竟在处理什么。事实上，与委员会所暗示的相反，这一理论排除了市场主体之间的双边关系，代理人被假定只通过“市场”进行交易（正如我们所见，市场本身从来没有被恰当地定义过，至少在没有诉诸“拍卖者”或“市场参与者”这样的虚构人物的情况下是这样）。

很明显，公司管理者、地主、保险公司、银行家和所有类型商品的买家，即使不是永远，也早就意识到了我们现在所说的“信息不对称”。每当存在双边贸易关系时，它们或多或少都会存在。法律规定或私人合同中规定的担保，保险公司提出的大量合同、担保、免赔额，或银行贷款规定的众多条件，都证明了（至少在实践中）信息不对称现象是众所周知的。人们不禁要问，为什么经济理论家要等到20世纪70年代才提出考虑它们的模型，而等了更久到2001年信息不对称才以诺贝尔奖的形式得到官方承认。

这个问题的答案既是方法论上的，也是意识形态上的。因为一个模型要被官方接受，它必须满足新古典主义理论强加的两个条件：首先，个体行为必须表现为目标函数（理性选择）的最大化；其次，模型必须至少有一个均衡（任何人都不应该离开这个均衡），该均衡构成模型的“解”。[13]转到意识形态上，这些模型必须坚持一个普遍的原则，即如果存在“纯粹竞争”，且没有任何缺陷，那么资源的配置就是有效的。阿罗–德布鲁模型仍然是基准。阿克洛夫、斯宾塞和斯蒂格利茨提出的信息不对称均衡模型满足这些条件。这或许可以解释他们在 2001 年获得官方承认的原因。

理性和均衡

使斯蒂格利茨获得诺贝尔奖的模型都假设了理性行为，而且至少包括一种均衡，无论考虑的是什么地点、时间和环境。斯蒂格利茨认为，在肯尼亚的佃农分成制合同中，“佃农分成制合同可以被看作是租赁合同和保险合同的结合，在保险合同中，如果作物收成不好，房东会返还一部分租金……我分析了‘均衡佃农合同’”。[14]

尽管如此，在肯尼亚的例子中，斯蒂格利茨批评了肯尼亚发展研究所的学者加里·菲尔茨（Gary Fields）提出的模型，认为该模型未能“提供全面的均衡分析”，斯蒂格利茨提出了他自己的模型，在模型中，“高城市工资吸引了工人，他们愿意冒着失业的风险来获得更高工资的机会”。这是一个简单的关于失业的一般均衡模型，但仍然有一个缺失的部分：你如何解释高工资，它远远超过了最低工资。我们需要一个关于工资决定的均衡理论。[15]

斯蒂格利茨在后来的模型中发展了这一缺失的理论，该模型关注的是在所有情况下雇主和雇员之间的关系。这就是“效率工资理论”（efficiency wage theory）。在职和失业这两者之间在效用上的差别取决于受雇者的工资和失业率。这决定了被解雇的工人可以继续失业的时间间隔。“效率”工资的水平设定得刚好足以让所有工人都不愿意偷懒。该模型的第二个关键发现是，失业总是处于均衡状态：

公司可能会支付高于雇佣劳动力最低要求的工资；我把这种工资称为效率工资。有了效率工资，就可能存在一个均衡的失业水平……如果所有工人都是一样的，所有公司付给工人的工资都一样，那么一个公司支付高工资，所有公司都需要支付高工资。但是，如果一个工人因为偷懒而被解雇，而且已经实现了充分就业，他可以立即找到另一份工作，工资也一样。高工资不会提供任何激励。但如果有失业，那么逃避是有代价的。我们证明了在均衡中必然存在失业：失业是维持工人工作纪律的手段。[16]

这种均衡也处于保险人—被保险人关系或贷款人—借款人关系的中心："保密和信息披露的力量是如何平衡的？出现的这种均衡是什么？"或者："也许最难的问题是建立均衡模型。重要的是要考虑市场的两个方面——雇主和雇员、保险公司和被保险人、贷款人和借款人。"[17]我们还可以加上"土地所有者和租户，卖家和买家"，以证明均衡的存在并将它描述为全局的一部分。

在所有时间和空间都适用的理解格栅

在他的自传中，斯蒂格利茨解释说，在他年轻的时候他注意到：

市场经济似乎被反复出现的失业时期所困扰，并使很大一部分人口陷入贫困。南斯拉夫的自我管理公司（self-managed firm）的体系引起了我的兴趣……经济学似乎提供了分析这些替代性经济体系的工具。一个核心问题是，这些替代性经济体系如何以及如何很好地处理信息收集、分析和传播的问题，以及如何根据不完全的信息作出决策。[18]

同样，“经济学工具”可以用来分析非常不同的情况。比如，佃农分成制合同（可以）被认为是租赁合同 + 保险合同的组合，如果收成不好，地主会退还一部分租金，因此，土地所有者面临的“激励问题”与“现代企业面临的激励问题是同构的，例如在向管理者提供激励方面”。[19] 在肯尼亚（或任何地方和任何时间），土地所有者和佃户之间的收获的分配问题类似（同构）于“现代企业”管理者所面临的问题。

这种分析是普遍的，是通过结合不同类型的市场和合同的方式来应用的，适用于所有特定的情况。因此，发展中国家的农村组织可以解释为信贷、劳动力和土地市场之间的相互联系。在斯蒂格利茨简单的佃农分成制合同中，[20] 合同包括分配份额、固定付款额和地块面积，还有，更一般地，最佳付款结构，而它是与可观测值、投入、过程和产出相关的。由于一个市场的情况会影响到其他市场，即信贷、劳动力和土地市场是相互联系的，所以我们不能按照标准的完全信息模型所假设的方式进行去中心化。因此，这一理论成为发展中国家农村组织的基础。[21]

因此，“市场”成为斯蒂格利茨模型的一个基本要素。事实上，“市场”这个词对斯蒂格利茨而言有多种含义。例如，他写道：“重要的是要考虑市场的两个方面——雇主和雇员、保险公司和被保险人、贷款人和借款人。”“市场”一词用来指两个人之间直接的双边关系。因此，我们可以说双方“达成了一个市场”。

这种关系通常有一个不确定的结果，因为有无数的方法来分享这种交换所产生的收益。为了抑制这种不确定性，信息不对称模型假设存在“市场”，市场代表着社会其他成员所持有的“竞争压力”。这种假设能够抑制二元关系的不确定性，并证明均衡的存在。形式化模型中的情形几乎总是一样，“市场”被认为是一种非常集中的组织形式，其中每个人都认为其他人所做的事是给定的，除了与他有直接双边关系的人（雇员、被保险人）。从这个角度来看，这些模型（例如一个信息不对称的考察雇主和雇员关系的模型）和完全竞争模型之间并没有很大的区别，而完全竞争模型的均衡总是可以作为一个基准。

失业和“偷懒”

斯蒂格利茨和卡尔·夏皮罗在1984年发表的一篇题为《作为工人纪律手段的均衡失业》的文章中提出了一个模型，在这个模型中“雇主和雇员的最佳行为导致了均衡失业”。[22] 对这个模型进行更详细的研究，而不涉及数学上的细节（在这里没有任何兴趣），可以使我们了解它后来所起的作用。

在论文的开头，夏皮罗和斯蒂格利茨解释了“研究结果背后的直觉”。也就是说，在传统的竞争范式下，所有工人都能拿到市场工资，而且没有失业，对工作偷懒的工人来说，最糟糕的情况就是他被解雇了。然而，由于他可以立即被重新雇用，他不会因为自己的不当行为而受到惩罚。在监管不完善和充分就业的情况下，工人们会选择偷懒。[23]

因此，该模型的前提是，“如果工人按照他的工作习惯努力工作，也就是说，如果他不偷懒，他将获得工资，并将保留他的工作，直到外部因素导致失业”。[24] 市场在发挥作用，并且所有那些目标是以“竞争”工资（w）水平正常工作的工人都能做到这一点，而且就业是充分的，资源配置是有效的。

不幸的是，有些工人会“偷懒”。为了阻止他们偷懒，必须惩罚他们：当工人偷懒无法被有效地发现时，如果工人们知道，一旦偷懒被发现，他们将得到足够严重的惩罚，使偷懒变得不值得，那么他们就会付出努力。夏皮罗－斯蒂格利茨模型的惩罚是解雇：被解雇的工人在找到另一份工作之前会在失业人群中待上一段时间。如果在职和失业的效用之差足够大，工人们就不会偷懒。

我们可以先在这里停一下。每个人都明白，被解雇所带来的麻烦越严重，工人就越不会去“偷懒”。但是夏皮罗－斯蒂格利茨模型的优点，至少对新古典主义经济学家来说，是围绕这一观点建立了一个故事。正如他们所说：“这篇论文的一个关键贡献是，被解雇这种惩罚是内生的，因为它取决于均衡失业率。”[25]

游戏的规则是要证明这个模型具有一个与理性行为相关联的均衡解。但要做到这一点，必须设置一定数量的要素，使工人和企业能够确定将给他们带来最大满足感或最大利润的行为（即理性选择）。因此，夏皮罗和斯蒂格利茨假定，“一个工人被抓住偷懒的概率是 q”、“在处于失业状态时找到工作的概率是 a”，“失业津贴”是明确而且被所有人熟知的。[26] 用技术术语来说，它们是外生参数。

在这些因素的基础上，每个工人计算他的效用期望：各种可能情况下所提供的效用的加权（根据它们的概率）总和。例如，如果失业津贴和工资之间的差距很小，工人更倾向于偷懒。相反，如果这个差距很大，他会被劝阻不要偷懒。该公司还将计算工人的预期收益，这取决于失业者的预期效用：“决定个体企业行为的关键市场变量是失业工人的预期效用。”[27]

在这些条件下，“当每一家公司，考虑到其他公司的工资和就业水平，发现最好还是提供现有水平的工资而不是不同的工资时，就会出现均衡”。[28] 如果雇主和雇员之间的关系信息不“完全”，那应该是在不同公司之间，因为每家公司都知道别人定的价格，而且他们认为这些价格是给定的。[29] 有了给定的价格和“拍卖者”，我们离“传统竞争范式”不远了，但我们离肯尼亚或地球上任何其他地方都很远。

这些模型是如何使用的

经济学中的理论模型（尤其是微观经济学中的理论模型）扮演着寓言的角色，寓言应该阐释一个道理，帮助证明这种或那种经济政策的合理性。[30]在夏皮罗和斯蒂格利茨关于失业的文章中，给出了几个后果和教训。第一个是“失业福利（和其他福利）增加了失业率”，这并非完全原创。这里唯一改变的是激励的类型。传统的激励被上升的偷懒激励所取代。在这两种情况下，失业都是由工人的行为造成的。[31]

根据模型参数的值，人们可以对所采用的策略类型得出非常不同的结论。例如，如果员工厌恶风险，这“可能为强制性最低福利水平提供了一个理由”。[32]在企业“可以选择监测强度”（“内生监测”）的情况下，国家应该对企业征税，因为社会在监测（监督）上节约资源所获得的收益“远超过减少失业的损失”。[33]同样，如果企业可以选择工人流动率（“内生流动”），那么国家也应该向企业征税，“因为工人流动率影响失业人群的就业率，因此它影响其他企业的‘不偷懒限制’”。[34]

正如夏皮罗和斯蒂格利茨所观察到的，根据“具体情况”，“政府有干预的余地，无论是失业津贴，还是监控和工人流动方面的税收或补贴，如果设计得当，这种干预可能会引起帕累托改进。”[35]政府有责任认识到这些情况，并选择用来实现帕累托改进的杠杆：举例来说，它并不等同于降低失业津贴，或提高在监控或工人流动方面的税收。国家没有义务把自己限制在“帕累托改进”的情况下。因此，夏皮罗和斯蒂格利茨观察到，在他们的模型中，对利润征税，并将所得款项用于加薪，会引发（均衡）失业率下降，从而增加全球收入。集体福利增加了，但是以牺牲私人所有者为代价的（因此没有“帕累托改进”）。这一政策具有再分配效应，一个国家必须认可（或不可）。

在肯尼亚或其他地方，关于土地所有者和佃户之间的关系，或者关于保险公司和被保险人之间的关系，或者关于贷款者和借款人之间的关系，人们可以讲述类似的故事。每一次双边关系出现欺骗问题，都需要通过惩罚来限制。监控这种惩罚是有代价的。每一次，信息不对称都会导致资源配置效率低下，这个问题可以通过立法，或通过国家的税收或补贴制度的直接干预加以改善。将主体的异质性（例如，保险，可能处于“高”或“低”风险）纳入考虑，使我们能够区分逆向选择（adverse selection）等现象，这是保险公司所熟知的，这可能使资源的配置特别低效，并需要多种形式的“场外”干预。

斯蒂格利茨尤其以他对金融的分析和立场而闻名。金融的目的是风险共担，这些风险可以由不同的当事人进行不同的评估。因此，信息起着至关重要的作用；知情的人比不知情的人具有决定性的优势。[36]这里的关键问题不仅在于资源的有效配置，还在于，比如由于有一系列破产的风险，那么整个体系各个部分能否存活。这就解释了为什么所有的金融机构都要遵守同样的法律，而这些法律的严格程度可能会因时代的不同而有所不同。一场放松监管的运动始于20世纪80年代里根总统任内，并在20世纪90年代布什和克林顿执政期间抬头。学术界通过所谓的金融市场“有效”理论为其奠定了基础。有效市场理论的倡导者是尤金·法玛（Eugene Fama），他于2012年获得诺贝尔奖。[37]这一理论可以用现在经济学家中臭名昭著的一句话来概括：一个市场，其价格在任何时候都能“充分反映”可用信息，那么它是“有效的”。[38]

1980年，格罗斯曼和斯蒂格利茨在一篇名为《论信息有效市场的不可能性》（On the Impossibility of Informationally Efficient Markets）的文章中对此提出了质疑。作者从一个琐碎的观察开始：为了让价格反映信息（比如，一个公司的良好或不好的经营状况），必须至少有一个人在寻找这些信息。但是，由于这是昂贵的，因此，每个人都有理由等待其他人进行搜索，并通过自己的行为（例如，通过买卖该公司的股票）来揭示信息。如果每个人都做同样的计算，就没有人会去寻找信息，价格就不会反映信息，资源配置就会效率低下。

经济学家将此称为“格罗斯曼－斯蒂格利茨悖论”。因此，他们重视并尊重两位经济学家，他们玩了这个游戏，并提出了一个模型，其悖论源自他们自己的一个定理。这个模型用数学语言精确地表达了价格“将信息从知情者传递给不知情者”的观点。它特别假定“知情人士根据他们所观察到的信息对证券的价格进行了上调或下调”，并假定“价格体系公开了知情人士获得的信息”。然而，“一般来说，它做得并不完美”，均衡由此产生。格罗斯曼和斯蒂格利茨认为，这又相当“幸运”，因为如果信息能够通过价格完美地传递，均衡就不存在了。[39]

这一模型有助于新古典主义经济学家之间、自由放任主义支持者与更加干涉主义的“凯恩斯主义者”之间的辩论。论证的力量在于，斯蒂格利茨和格罗斯曼站在敌人，即 20 世纪 80 年代反凯恩斯主义者的领袖罗伯特·卢卡斯的立场上，仅仅通过增加一个几乎没有实质性的假设，即搜索信息是要付出代价的，就得出了相反的结论。[40] 尽管“这个模型是最简单的一个模型，它把价格在信息从知情者传递给不知情者方面所发挥的作用表达得非常清晰”，但由于它包含了大量数学运算，因此很难解读。主要结论就是一个表述极其模糊的定理，该定理表明，均衡证券价格是存在的，存在的条件是证券“不包含关于 θ 的信息”，这里 θ 是一个参数，其价值只有“知情者”才知道。[41] 因此，我们就有了一个非常复杂的公式来表达一个非常简单的思想。

尽管这种批评强调了有效市场假说的不连贯性，但它仍然出现在教科书中，被众多学术刊物所讨论。尽管所有严肃的经济学家都认为它毫无意义，但它仍然是许多实证“检验”的对象。[42]

斯蒂格利茨悖论

尽管斯蒂格利茨的诺贝尔演讲题目是《经济学中的信息经济学与范式变革》（Information and the Change in the Paradigm in Economics），但在他的学术著作中却很难看到范式的变化。这些著作都坚持了占主导地位的新古典主义范式，并尊重其核心的“理性行为均衡”。尽管斯蒂格利茨发表了上述声明，但他似乎无法完全背离“纯粹竞争均衡”的基准。他似乎不害怕个人矛盾。在《社会主义向何处去》一书中，斯蒂格利茨写道，阿罗－德布鲁模型不仅假设存在“一位拍卖者在市场达到出清水平之前一直在喊价”，而且假设“存在一整套市场……不仅今天的商品和服务在其中交易，而且未来的商品和服务也在其中交易”。[43]换句话说，拍卖者在经济的整个生命周期中，负责定价并集中市场主体的供给和需求。[44]然而，这并没有阻止斯蒂格利茨在几页后写道：“这些结果对经济理论和新古典主义（阿罗－德布鲁）模型中所设想的去中心化的可行性都有着深远的影响。”[45]斯蒂格利茨在他的教科书《经济学原理》中没有提到拍卖者，也没有提到全套市场的假设。他甚至说：“竞争模型给出了令人满意的结果——得到的预测虽然不完美，但与我们实际观察到的情况非常吻合。”[46]这本书的主要理论部分论述了“竞争模型”及其后果。同样，斯蒂格利茨在《社会主义向何处去》一书第十二章中提出的“试探性建议”中，“关于竞争的核心重要性”是第一个。他的话总是受到阿罗－德布鲁模型及其“有效”均衡的影响。在斯蒂格利茨的众多公开言论中，与“垄断部门”及其“租金”的“竞争”这一主题反复出现。然而，他的目标不是要挑战与之相关的“竞争模型”和“市场效率”概念，而是要展示它们的“局限性”。正如他在最近（2016年）的一次采访中所说：“那些指出市场局限性的人经常被攻击为反市场、反对资本主义或支持大政府的。那是对这一观点的错误描述……我们的目标是让这些市场更好地运转，为了支持而不是破坏市场体系。”[47] 从这个角度来看，斯蒂格利茨没有表现出任何独创性：绝大多数经济学家，包括新古典主义经济学家，都认为市场有“局限性”，政府必须进行干预，以尝试压制这些局限性或减轻其负面影响。的确，斯蒂格利茨在许多不同的情况下系统地研究了这些局限，这也解释了为什么他成为主流学界中被引用得最多的作者之一。但与此同时，斯蒂格利茨是一种反叛者，他反复谴责社会的不公正和不平等。这就是他受欢迎的原因，或许也是他在一本关于伟大经济思想家的书中出现的原因——但这与他的学术著作相去甚远。

斯蒂格利茨强烈谴责银行和金融机构、大型制药公司以及从政界人士开始在各个层面采取行动的游说团体。对他来说，问题不在于市场，而在于他所谓的“伪资本主义”。这一点可以从他对托马斯·皮凯蒂（Thomas Piketty）的“回答”中看出。皮凯蒂是另一位对不平等持批评态度的人，尽管他对资本主义未来的发展远没有那么乐观：

> 我们一直在观察的现象——即便财富在增加，但工资停滞且不平等加剧——并没有反映正常的市场经济的运行，而是反映了我所说的“伪资本主义”。问题可能不在于市场应该如何运作，而在于我们的政治体系。我们的政治体系未能确保市场的竞争性，并制定了维持扭曲市场的规则，在这种扭曲的市场中，（不幸的是）企业和富人可以剥削其他所有人……皮凯蒂对不平等程度将进一步加剧的预测并没有反映出经济的必然规律。[48]

斯蒂格利茨坚信，如果市场受到监管，如果游戏规则是通过政治进程建立起来的，如果国家通过干预来控制不完善之处，资本主义应该会得出其他的整体结果，而不是像目前观察到的结果这样。与其他许多新古典主义同行不同，斯蒂格利茨支持明确的政治措施，以减少或控制不平等，不管是在全球化的层面还是在美国一国。例如，他最近说：

> 简单的变化——包括更高的资本收益和继承税、更大的支出、扩大受教育的机会、严格执行反托拉斯法、限制高管薪酬的企业治理改革、控制银行利用社会其他部门能力的金融监管——将显著减少不平等，增加机会平等。如果我们制定正确的游戏规则，我们甚至有可能恢复20世纪中叶中产阶级社会所特有的快速且共同的经济增长。[49]

尽管斯蒂格利茨积极参与公开辩论，并阐明了一些国际和国内经济问题，但他的理论论文揭示了一个模型的“不完善之处”，这个模型既不代表任何现有的经济，也不构成去中心化的市场经济所期待的理想。

参考文献

引言

1 John Maynard Keynes, *The General Theory of Employment, Interest and Money* (London, 1936), Chapter 24.

2 T. S. Kuhn, *The Structure of Scientific Resolutions*, 2nd edn (Chicago, IL, 1970).

3 Charles Whitworth, ed., *The Political and Commercial Works of that celebrated writer Charles Davenant* (5 vols, London, 1771), vol. I, p. 98.

第一章

1 Adam Smith, *Lectures on Jurisprudence*, ed. R. L. Meek, D. D. Raphael and P. G. Stein [1762–3] (Oxford, 1978), p. 105; Adam Smith, *Correspondence of Adam Smith*, ed. E. C. Mossner and I. S. Ross, *Glasgow Edition of the Works and Correspondence of Adam Smith* (Oxford, 1987), p. 245.

2 Adam Smith, *An Inquiry into the Nature and Causes of the Wealth of Nations* [1776], ed. William B. Todd (Oxford, 1975), p. 648.

3 Ibid., p. 493.

4 Smith, *Correspondence*, p. 192.

5 Mark Blaug, *Economic Theory in Retrospect*, 4th edn (Cambridge, 1982), p. 35.

6 David Gauthier, *Morals by Agreement* (Oxford, 1986), p. 13 (quote); George Stigler, 'Economics or Ethics?', in *Tanner Lectures on Human Values*, ed. S. McMurrin (Salt Lake City, UT, 1981), vol. II, p. 188.

7 Jerry Evensky, '"Chicago Smith" versus "Kirkcaldy Smith"', *History of Political Economy*, XXXVII/2 (2005), pp. 197–203.

8 Jacob Viner, 'Adam Smith and LaissezFaire', in *Adam Smith, 1776–1926*, ed. J. M. Clark et al. (New York, 1928), pp. 116–20.

9 George Stigler, 'Smith's Travels on the Ship of State', *History of Political Economy*, III (1971), p. 265.

10 Smith, *The Wealth of Nations,* p. 28.

11 Smith, *Correspondence,* p. 68.

12 Adam Smith, *The Theory of Moral Sentiments* [1759], ed. A. L. Macfie and D. D. Raphael (Indianapolis, IN, 1984), p. 22.

13 Ibid., p. 117.

14 Francis Hutcheson, *An Essay on the Nature and Conduct of the Passions and Affections, with Illustrations on the Moral Sense* [1728], ed. Aaron Garrett (Indianapolis, IN, 2002), p. 17.

15 Smith, *Theory of Moral Sentiments*, p. 305. 16 Ibid., pp. 126–7.

17 Ibid., p. 309.

18 Ibid., p. 129.

19 Ibid., p. 84.

20 Ibid., p. 92.

21 Ibid., p. 110.

22 Ibid., p. 234.

23 See Steven L. Kaplan, *Bread, Politics and Political Economy in the Reign of Louis XV* (The Hague, 1976).

24 Smith, *The Wealth of Nations*, pp. 14–15. 25 Ibid., p. 25.

26 Ibid., pp. 26–7.

27 Ibid., p. 37.

28 Ibid., p. 44.

29 Ibid., p. 48.

30 Ibid., p. 82.

31 Ibid., p. 73.

32 Ibid., p. 98.

33 Ibid., pp. 111–13.

34 Blaug, *Economic Theory*, pp. 39–49.

35 James Tobin, 'The Invisible Hand in Modern Macroeconomics', in *Adam Smith's Legacy: His Place in the Development of Modern Economics*, ed. Michael Fry (London, 1992), pp. 122–4.

36 Lawrence E. Klein, 'Smith's Use of Data', in *Adam Smith's Legacy*, ed. Fry, pp.15–28.

37 Smith, *The Wealth of Nations*, p. 321. 38 Ibid., pp. 324, 308–9.

39 Ibid., p. 324.

40 Ibid., p. 380.

41 Ibid., p. 415.

42 Ibid., pp. 418–19.

43 Ibid., pp. 421, 422.

44 Ibid., p. 456.

45 Emma Rothschild, *Economic Sentiments: Adam Smith, Condorcet, and the Enlightenment* (Cambridge, MA, 2001), pp. 135 (ironic), 137 (trinket).

46 Smith, *Theory of Moral Sentiments*, p. 87.

47 Ibid., pp. 183–4.

48 Karl Marx, *Economic and Philosophic Manuscripts of 1844*, trans. Martin Mulligan (Moscow, 1959), p. 63.

49 Smith, *The Wealth of Nations*, pp. 781–2.

50 Ibid., p. 785.

51 Patricia Werhane, *Adam Smith and His Legacy for Modern Capitalism* (Oxford, 1991), pp. 134–6.

52 Smith, *Theory of Moral Sentiments*, p. 213.

53 Ibid., p. 216.

54 JeanJacques Rousseau, *The Social Contract and Discourses* [1762], trans. G.D.H. Cole (London, 1973), p. 116.

55 Smith, *Theory of Moral Sentiments*, p. 216.

56 Ibid., pp. 86–7.

第二章

1 Richard F. Teichgraeber III, '"Less abused than I had reason to expect": The Reception of *The Wealth of Nations* in Britain', *Historical Journal*, XXX/2 (1987), p. 351.

2 David Ricardo, *On the Principles of Political Economy and Taxation* [1817] (London, 1911).

3 D. P. O'Brien, *The Classical Economists* (Oxford, 1978), p. xii.

4 Accominotti and Flandreau counsel that Ricardo would have opposed bilateral treaties. Olivier Accominotti and Marc Flandreau, 'Bilateral Treaties and the Most-Favored Nation Clause: The Myth of Trade Liberalization in the Nineteenth Century', *World Politics*, LX/2 (2008), pp. 147–88.

5 Adam Smith, *The Wealth of Nations, Books I–III* [1776] (London, 1986), pp. 109–17.

6 'It is not from the benevolence of the butcher, the brewer, or the baker that we expect our dinner, but from their regard to their own interest,' ibid., p. 119.

7 Ricardo, *Principles*, p. 125.

8 Eric Roll, *A History of Economic Thought*, 5th edn (London and Boston, 1992), p. 131.

9 Ricardo, *Principles*, pp. 126–33.

10 Perhaps it is not a coincidence that Ricardo chose Portugal and England given his

family history.

11 The famous economist Paul Samuelson was once asked to name one proposition in the social sciences that was both true and nontrivial. He named Ricardo's theory of comparative advantage. Costinot and Donaldson note that the theory may be mathematically true, but that it may not be empirically valid. See Arnaud Costinot and Dave Donaldson, 'Ricardo's Theory of Comparative Advantage: Old Idea, New Evidence', *American Economic Review*, CII/3 (2012), pp. 453–8.

12 John Maynard Keynes is the subject of a later chapter. His concept of a demand-deficient economy would fit this situation.

13 David Ricardo, *Essay on the Funding System* (London, 1820).

14 More recently, Robert J. Barro attempted to build a more formal model using the assumption of rational expectations. His work reinvigorated the debate surrounding Ricardian equivalence. See Robert J. Barro, 'Are Government Bonds Net Wealth?', *Journal of Political Economy*, LXXXII/6, pp. 1095–117.

15 Hansard, 'Agricultural Distress, House of Commons Debate 30 May 1820, vol. 1 CC. 635–93', www.hansard.millbanksystems.com, accessed 15 August 2016.

16 Hansard, 'Agricultural Distress', p. 675.

17 Ibid.

18 David Ricardo, *The Works and Correspondence of David Ricardo*, vol. I: *On the Principles of Political Economy and Taxation*, ed. Piero Sraffa with the collaboration of M. H. Dobb (Cambridge, 1951), p. 67.

19 Jacob H. Hollander, *Centenary Estimate* (New York, 1968), p. 13.

20 For instance, *The Wealth of Nations* was a course text for a political economy course at the College of William and Mary from 1784 onwards. On average only 23 students per year attended the college in the last decades of the eighteenth century. Teichgraeber, 'Reception', p. 344.

21 Teichgraeber, 'Reception', pp. 350–51.

22 Hollander, *Centenary Estimate*, p. 20.

23 Terry Peach, *Interpreting Ricardo* (Cambridge, 1993).

24 Ibid.

25 Malthus, although an Anglican, was sent to undertake some of his education within a 'Dissenting Academy'. Patricia James, *Population Malthus: His Life and Times* (Oxford, 2006), p. 19. The Dissenters or nonConformists were Protestants who would not conform to the teaching of the established Church of England. Quakers were non Conformists so both Malthus and Ricardo had links to nonConformism. I am indebted to Emma Clery for her knowledge of Malthus's educational background.

26 J. R. McCulloch, *The Works of David Ricardo with a Notice of his Life and Writings*

of the Author (London, 1871), p. xvii.

27 David Ricardo, *The Works and Correspondence of David Ricardo*, vol. VI: *Letters, 1810–1815*, ed. Piero Sraffa with the collaboration of M. H. Dobb (Cambridge, 1951), p. 340.

28 At this time, many normative arguments proceeded from ideas about the correct social order as ordained by the Almighty. Notably, theological arguments and biblical quotations could be used to condemn the financial sector, but also to support the institution of slavery. For arguments about the financial sector see Roll, *History of Economic Thought*, pp. 31–41.For an example of Christian support for slavery, see Travis Glasson, '"Baptism does not bestow Freedom": Missionary Anglicanism, Slavery, and the YorkeTalbot Opinion, 1701–30', *William and Mary Quarterly*, LXVII/2 (2010), pp. 304–7. It cites George Berkeley, philosopher and bishop, and his views on the requirement of slaves to remain obedient to the existing order. Berkeley apparently believed that 'the laws of God and nature must be obeyed.'

29 O'Brien, *Classical Economists*, p. 69.

30 Ibid., pp. 37–8. Notably, Peach has argued against the 'Corn Model' approach to Ricardo's work. See Peach, *Interpreting Ricardo*, pp. 1–6. Sraffa had argued that Ricardo had 'formulated a literal corn model, with corn comprising the inputs and outputs in the agricultural sector, implying the determination of the rate of profit as a ratio of corn quantities'. Andrew Glyn, 'The Corn Model, Gluts and Surplus Value', *University of Oxford Department of Economic Discussion Paper*, CXCIV (Oxford, 2004), pp. 1–3.

31 O'Brien, *Classical Economists*, p. 41.

32 Ricardo, *Letters*, pp. 212–36.

33 Ibid., p. xiii.

34 Ricardo, *Principles*, p. x.

35 Ricardo, *Letters*, p. xvii.

36 Ibid., pp. xxi–xxii.

37 McCulloch, *Works of David Ricardo*.

38 Ibid., p. v.

39 Roll, *History of Economic Thought*, p. 155.

40 Quoted ibid.

41 Quoted ibid.

42 Ricardo, *Letters*, pp. xiii–xli.

43 Terry Peach, 'Ricardo, David (1772–1823)', www.oxforddnb.com, 16 August 2016.

44 Hollander, *Centenary Estimate*, p. 28.

45 Ibid., p. 29.

46 Ibid., p. 32. Garraway's was situated in Exchange Alley (now known as Change Alley) where much sharetrading took place. A carved stone sign marks its position today. The sign also incorporates Thomas Gresham's symbol of a grasshopper. Gresham founded the Royal Exchange where Abraham was a broker.

47 Peach, *Interpreting Ricardo*.

48 Hollander, *Centenary Estimate*, p. 34.

49 Abraham Gilam, 'A Reconsideration of the Politics of Assimilation', *Journal of Modern History*, L/1 (1978), p. 103.

50 Ibid., p. 104.

51 Quakers were often conflated with other groups, including Cromwell's Puritans, who were seen to be disloyal to the monarch and the state. The 'Friends' themselves had sometimes disrupted Anglican church services or been openly critical of the elite. Richard L. Greaves, 'Seditious Sectaries or "Sober and Useful Inhabitants"? Changing Conceptions of the Quakers in Early Modern Britain', *Albion*, XXXIII/1 (2001), pp. 24–50.

52 Gilam, 'Reconsideration of the Politics of Assimilation', p. 105.

53 'The struggle for civil rights for English Jews took place during the years 1830–60 and generated a substantial public debate'. Ibid., p. 104.

54 Heinz D. Kurz and Neri Salvadori, *The Elgar Companion to David Ricardo* (London, 2015), p. 222.

55 Ibid.

56 Hansard, 'Bank of England – Resumption of Cash Payments, House of Commons Debate 25 May 1819, vol. 40 cc. 750–800', www.hansard. millbanksystems.com, accessed 16 August 2016.

57 Brian Cathcart, *The News from Waterloo: The Race to Tell Britain of Wellington's Victory* (London, 2015).

58 Brian Cathcart, 'Nathan Rothschild and the Battle of Waterloo,' *Rothschild Archive Review of the Year* (2013), pp. 11–18.

59 'Schumpeter', 'Conflicts of Interest', www.economist.com, 27 January 2011.

60 Waterloo teeth were dentures made from the teeth of men who had fallen at Waterloo. Their teeth were hacked out by battlefield scavengers and sold to dentists. Gareth Glover, *Waterloo: Myth and Reality* (Barnsley, 2014), p. 202.

61 In other words, he was helping the government to finance the war.

62 Cathcart, *News from Waterloo*. Eagles were military standards.

63 Gatcombe Park is now owned by the Queen's only daughter, Princess Anne. The spelling seems to have originally been Gatcomb.

64 Ricardo's will states that he was resident in Grosvenor Square and Gatcomb (or Gat-

combe) Park. National Archives, PROB 11/1676/151. 1823.

65 Joseph A. Schumpeter, *History of Economic Analysis* (New York, 1954), p. 472. The health resort in question was Bath.

66 Hollander, *Centenary Estimate*, p. 12.

67 Ricardo, *Principles*, p. 7.

68 Ibid., pp. 7–13.

69 Say's law is known to undergraduate economists by the simplification that 'supply creates its own demand'. Producers of a good will sell it and then use their income to buy other goods elsewhere. Say supported a laissezfaire approach to the market as the 'law' states that general oversupply or gluts cannot occur. The details are a little more complicated in Say's own writings, but this is the basic idea.

70 The Physiocrats were French economic thinkers writing before Adam Smith. Roll, *History of Economic Thought*, pp. 111–20.

71 Ibid., pp. 114–15.

72 Ibid., pp. 158–62.

73 Ricardo, *Principles*, p. 11.

74 G.S.L. Tucker, 'Ricardo and Marx', *Economica*, XXVIII/111 (1961), pp. 252–3.

75 George J. Stigler, 'Ricardo and the 93% Labor Theory of Value', *American Economic Review*, XLVIII/3 (1958), p. 357.

76 Christian Gehrke, 'The Ricardo Effect: Its Meaning and Validity', *Economica*, LII/277 (2003), p. 143.

77 Hansard, 'Resumption of Cash Payments'.

78 Roll, *History of Economic Thought*, pp. 175–7.

79 Thomas Robert Malthus, *An Essay on the Principle of Population* (London, 2001), p. 54.

80 Sheilagh Ogilvie, '"Whatever is, is right"? Economic Institutions in Preindustrial Europe', *Economic History Review*, LX/4 (2007), pp. 649–84. Ogilvie noted that this is an 'urban myth' and that Carlyle was in fact arguing in favour of the reintroduction of slavery (which is truly dismal).

81 Malthus, *Essay on the Principle of Population*, p. 87.

82 Ibid., p. 18.

83 Ricardo, *Letters*, pp. 118–20. Ricardo wrote to Malthus in 1811 that he 'had a bed always at your disposal'. Ricardo had sent Malthus a man uscript with a request that 'should you be so engaged that you cannot devote your attention to it . . . use no ceremony with me, but return the MS [manuscript] by the coach.' Ricardo, *Letters*, pp. 60–61. There are other pleasing instances of the closeness between the two. For example, Malthus ends one letter with 'The bell rings I must finish Ever truly Yours

T R Malthus' and another with 'I am interrupted by the Postman and must conclude.' Ricardo, *Letters*, pp. 223–5.

84 Ibid., p. 90.

85 Ibid., p. 178.

86 Ibid., p. 179.

87 Ricardo, *Principles*, p. 23.

88 Gary M. Anderson, David M. Levy and Robert D. Tollison, 'The Half Life of Dead Economists', *Canadian Journal of Economics*, XXII/1 (1989), p. 177.

89 Royal Economic Society, 'Current Topics: Ricardo Bicentenary', *Economic Journal*, LXXXII/372 (1972), pp. 1019–20.

90 Ibid.

91 There were of course handbooks regarding how to trade in stocks. See, for instance, Thomas Mortimer, *Every Man His Own Broker, or, A Guide to Exchange-Alley* (London, 1761). Ricardo was attempting something much greater than a mere instructional manual for budding investors.

92 David Ricardo, *The Works and Correspondence of David Ricardo* (11 vols), ed. Piero Sraffa with the collaboration of M. H. Dobb (Cambridge, 1951–73).

93 A. Heertje, D. Weatherall and R. W. Polak, 'An Unpublished Letter of David Ricardo to Francis Finch, 24 February 1823', *Economic Journal*, XCV/380 (1985), pp. 1091–2.

94 S. G. Checkland, 'Essays in Bibliography and Criticism: xix. David Ricardo', *Economic History Review*, IV/3 (1952), p. 372.

95 'Memoranda of Convictions, General' held at Gloucestershire Archives Q/PC/2/48/A/36.

96 Ricardo, *Letters*, p. 340.

97 Ibid., p. 312.

第三章

1 On Smith and Ricardo, see chapters in this volume. Jeremy Bentham (1748–1832) was the highly eccentric English founder of British utilitarianism. The Anglican Reverend Thomas Robert Malthus (1766–1834) was the famous author of *An Essay on the Principle of Population*. On James Mill, see below.

2 For a more extensive exploration of both the roots and intellectual offspring of Mill's political economy of progress, see Joseph Persky, *The Political Economy of Progress: John Stuart Mill and Modern Radicalism* (New York, 2016). For a broad treatment of Mill as a political economist, see Samuel Hollander, *John Stuart Mill: Political Economist* (Singapore, 2015).

3 First and foremost by Mill himself in his *Autobiography* (1871), which ranks as one of the most riveting examples of the genre: Mill, *Autobiography*, in *The Collected Works of John Stuart Mill*, ed. John Robson and Jack Stillinger (Toronto, 1981), vol. I. For a good recent biography, see Richard Reeves, *John Stuart Mill: Victorian Firebrand* (London, 2007). Bruce Mazlish, in *James and John Stuart Mill: Father and Son in the Nineteenth Century* (New York, 1975), puts forward an interesting psychohistory of Mill and his father. While somewhat speculative, it is suggestive in its attempts to link Mill's economics to his childhood and early adult experiences.

4 Mazlish, *James and John Stuart Mill*, p. 353.

5 Mill, *Autobiography*, p. 7.

6 Mill, *Early Draft* [of his autobiography], in *The Collected Works of John Stuart Mill*, ed. John Robson and Jack Stillinger (Toronto, 1981), p. 6.

7 Mill, *Autobiography*, p. 53.

8 Mill, *Early Draft*, p. 52.

9 Ibid., p. 612.

10 One possible explanation is offered by Robson. Mill wrote much of the *Autobiography* after he had married Harriet Taylor, a marriage his mother and the rest of his family found difficulty with. Robson, *The Collected Works*, p. xvii.

11 Mill, *Autobiography*, p. 9.

12 Ibid., pp. 23, 25.

13 Ibid., p. 33.

14 Ibid., p. 35.

15 Ibid., p. 37. Mill is honest enough to admit that 'various persons' thought him 'greatly and disagreeably selfconceited' (p. 37). In his early draft he also noted that his mother 'taxed' him with not showing proper respect to his elders, but 'for her remonstrances I never had the slightest regard'. Mill, *Early Draft*, p. 36.

16 Or again: 'Think (he used to say) of a being who would make a Hell – who would create the human race with the infallible foreknowledge, and therefore with the intention, that the great majority of them were to be consigned to horrible and everlasting torment.' Mill, *Autobiography*, p. 43.

17 Ibid., p. 83.

18 On this incident see Dudley Miles, *Francis Place: The Life of a Remarkable Radical, 1771–1854* (New York, 1988), p. 149.

19 Mill, *Autobiography*, p. 137.

20 Ibid., pp. 137–9.

21 Mazlish goes a good deal further, seeing Mill's existential crisis as an intense Oedipal crisis. Mazlish, *James and John Stuart Mill*, pp. 206–10.

22 Mill, *Autobiography*, 166–7.

23 For an excellent discussion of Mill's approach to autonomy and self development, see Wendy Donner, *The Liberal Self: John Stuart Mill's Moral and Political Philosophy* (Ithaca, NY, 1991).

24 Mill comments that during his depressive periods (they did not end with his first crisis, but apparently abated) 'the doctrine of what is called Philosophical Necessity weighed on my existence like an incubus'. Mill concludes that 'we have real power over the formation of our own character; that our will by influencing some of our circumstances can modify our future habits or capabilities of willing'. Mill, *Autobiography*, p. 169.

25 For a highly readable treatment of Mill's relation to Harriet Taylor (as well as chapters on several other eccentric Victorian couples) see Phyllis Rose, *Parallel Lives: Five Victorian Marriages* (New York, 1983). Surprisingly, the Mill–Taylor relationship is also the subject of a major work by Friedrich Hayek, *John Stuart Mill and Harriet Taylor* (Chicago, IL, 1951).

26 According to Rose 'it seems to have been a sincere interest in women's rights that brought Mrs. Taylor and Mill together.' Rose, *Parallel Lives*, p. 291. Throughout the 1830s and '40s Harriet's husband tolerated and even financially supported the relationship, which she maintained was nonsexual.

27 Mill, *Autobiography*, p. 257.

28 Ibid., p. 254.

29 Ibid., p. 255.

30 Peter Nicholson, 'The Reception and Early Reputation of Mill's Political Thought', in *The Cambridge Companion to Mill*, ed. John Skorupski (Cambridge, 1998).

31 Ibid.

32 Persky, *Political Economy of Progress*, pp. 169–71.

33 For example, consider Robert Owen, the Welsh socialist pioneer and founder of cooperatives, on the topic of competition. He held that competition produced 'waste of capital and labour'. But these were 'small evils compared to the extent of injurious feeling, violent passions, vices, and miseries unavoidably attendant on a system of individual competition'. Robert Owen, *Manifesto of Robert Owen*, 6th edn (London, 1840), p. 47.

34 Mill, *Principles*, p. 794.

35 Ibid., p. 201. In this speculation, Mill fully anticipates the position of the radical 'luck egalitarians'. See Joseph Persky, 'Utilitarianism and Luck', *History of Political Economy*, XLV/2 (2013), pp. 287–309.

36 Mill, *Principles*, p. 208.

37 Ibid., p. 207.

38 Ibid., p. 707.

39 Adam Smith, *An Inquiry into the Nature and Causes of the Wealth of Nations* [1776] (New York, 1937), Book 2, Chapter Three.

40 Notice that this definition shares with Smith a 'material fallacy'. By contrast, Marx argues that any labour on which a capitalist can make a profit should be considered productive: see discussion in Helen Boss, *Theories of Surplus and Transfer* (Boston, MA, 1990), pp. 83–6 and 92–6. Thus a musical troupe putting on performances for profit are viewed as productive by Marx, but not by Mill and Smith. In the mid-nineteenth century the difference between these two definitions would not have been quantitatively significant.

41 Mill, *Principles*, p. 411. Mill, here, fully anticipates Marx's division of the working day – a point Marx never acknowledges. Indeed, Marx maintained a deep hostility towards Mill. Early in the twentieth century, the Russian Ladislaus Bortkiewicz argued, 'one will not go wrong if one connects the ill will which Marx display towards Mill, with the circum stance that Mill had basically anticipated Marx's theory of surplus value.' Quoted in Samuel Hollander, *The Economics of John Stuart Mill* (Toronto, 1985), pp. 341–2.

42 Mill, *Principles*, p. 740.

43 Ibid., p. 757.

44 John Stuart Mill, *The Subjection of Women* [1869], in *The Collected Works of John Stuart Mill – Essays on Economics and Society Part II*, ed. John M. Robson (Toronto, 1984), vol. XXI, p. 298.

45 Mill, *Principles*, p. 740.

46 Ibid., p. 736.

47 Ibid., p. 738.

48 Again, the parallels to Marx are very strong. Marx, too, had a list of 'counteracting tendencies' to the tendency for the profit rate to fall. That list very much resembled Mill's. See Bernice Shoul, 'Similarities in the Work of John Stuart Mill and Karl Marx', *Science and Society*, XXIX/3 (1965), pp. 270–95.

49 Jean Charles Leonard de Sismondi (1773–1842) was a Swiss economist (and historian) who, although not a socialist, pioneered the theory of overproduction.

50 Mill, *Principles*, p. 741.

51 Ibid., p. 743.

52 Ibid., p. 746.

53 Ibid., p. 752.

54 Ibid., p. 754.

55 Ibid., p. 762.

56 Ibid.

57 Ibid., p. 767.

58 Ibid., p. 768.

59 Ibid.

60 Ibid., p. 763.

61 Ibid., p. 766.

62 Ibid., p. 769.

63 Charles Babbage, *On the Economy of Machinery and Manufacturing* [1835], 4th edn (New York, 1963), p. 251.

64 For a discussion of late nineteenth century support for profit sharing and an associated reluctance to endorse Mill's broader schemes of cooperation, see Joseph Persky, 'Producer Cooperatives in Nineteenth century British Economic Thought', *European Journal of the History of Economic Thought*, XXIV/2 (2017), pp. 319–40.

65 Mill, *Principles*, p. 775.

66 In a sense, Mill here anticipates Keynes's prediction of the 'euthanasia of the rentiers' as interest rates fall towards minimal levels. John Maynard Keynes, *The General Theory of Employment, Interest and Money* (New York, 1936), chapter 24.

67 Mill, *Principles*, p. 792.

68 Ibid.

69 Ibid., pp. 793–4.

70 For a discussion of Schumpeter's position that argues he may have overstated Mill's contribution see Michael Bradley, 'John Stuart Mill's Demand Curves', *History of Political Economy*, vol. XXI/1.

71 John Chipman, 'A Survey of the Theory of International Trade: Part 1, The Classical Theory', *Econometrica,* XXXIII/3 (1965), p. 486. Again, the extent of Mill's originality is questioned by some. See Andrea Maneschi, 'John Stuart Mill's Equilibrium Terms of Trade: A Special Case of William Whewell's 1850 Formula', *History of Political Economy*, XXXIII/3 (2001), pp. 609–25.

72 Thomas Sowell, *On Classical Economics* (New Haven, ct, 2006), p. 32; J. Bradford DeLong, 'This Time, It Is *Not* Different: The Persistent Concerns of Financial Macroeconomics', in *Rethinking the Financial Crisis*, ed. Alan Blinder, Andrew Loh and Robert Solow (New York, 2012), p. 17.

73 David Levy, *How the Dismal Science Got Its Name: Classical Economics and the Ur-Text of Racial Politics* (Ann Arbor, MI, 2001). But note that Mill comes in for serious criticism for his role in British imperialism in India. For a cautious defence of Mill's role in India see Mark Tunick, 'Tolerant Imperialism: John Stuart Mill's Defense of

British Rule in India', *Review of Politics*, LXVIII/4 (2006), pp. 586–611.

74 Robert Ekelund Jr and Douglas Walker, 'J. S. Mill on the Income Tax Exemption and Inheritance Taxes: The Evidence Reconsidered', *History of Political Economy*, XXVIII/4 (1996), pp. 559–81.

75 Hayek traced Taylor's influence to the character of Mill's own education. In an essay Hayek chose not to publish, he engages in a bit of psychological speculation as to the source of Taylor's influence: 'Probably by the education given him by his father in his early youth Mill's character was so formed that he stood in need of someone whom he could adore and to whom he could ascribe all possible perfection.Behind the hard shell of complete selfcontrol and strictly rational behaviour there was a core of a very soft and almost feminine sensitiv ity, a craving for a strong person on whom he could lean, and on whom he could concentrate all his affection and admiration.' Quoted in Bruce Caldwell, 'Hayek on Mill', *History of Political Economy*, XL/4 (2008), p. 699. (Notice Hayek's characterization of Mill's personality as 'almost feminine' echoes the widespread nineteenthcentury caricature of a feminized Mill.) Caldwell presents a balanced discussion of Hayek's views of Mill and Taylor.

第四章

1 Francis Wheen, *Karl Marx: A Life* (New York, 1999), p. 1.

2 Ibid., p. 13.

3 Ibid., pp. 16–17.

4 Karl Marx, 'Afterword to the Second German Edition', in *Capital: A Critique of Political Economy, volume I* [1887] (Moscow, 1977), p. 28.

5 Karl Marx, 'Economic Manuscripts of 1857–58 [*Grundrisse*]', in *Karl Marx Frederick Engels Collected Works,* vol. XXVIII: *Marx: 1857–1861* (Moscow, 1986), p. 38.

6 Marx, 'Afterword to the Second German Edition', p. 28.

7 Tatyana Vasilyeva, 'Preface', in *Karl Marx Frederick Engels Collected Works,* vol. XXVIII: *Marx: 1857–1861*, p. xi.

8 Marx, 'Economic Manuscripts of 1857–58 [*Grundrisse*]', p. 37.

9 Ibid., p. 40.

10 Ibid., pp. 43–4.

11 Ibid., p. 40.

12 David McLellan, *Karl Marx: His Life and Thought* (New York, 1973), pp. 56, 59.

13 Frederick Engels, 'The Condition of the Working Class in England: From Personal Observation and Authentic Sources', in *Karl Marx Frederick Engels Collected Works,* vol. IV: *Marx and Engels: 1844–1845* [1845] (Moscow, 1975), p. 331.

14 McLellan, *Karl Marx*, p. 63.

15 Ibid., p. 98.

16 Ibid., pp. 105–6.

17 Velta Pospelova, 'Preface', in *Karl Marx Frederick Engels Collected Works,* vol. III: *Marx and Engels: 1843–1844* (Moscow, 1975), p. xvi.

18 István Mészáros, *Marx's Theory of Alienation* (London, 1970), p. 217. 19 Marx, 'Economic and Philosophic Manuscripts of 1844' [1844], in *Karl Marx Frederick Engels Collected Works,* vol. III: *Marx and Engels: 1843– 1844*, pp. 276–7.

20 Lawrence Krader, *The Ethnological Notebooks of Karl Marx* (Assen, 1974); Marx, *Capital: A Critique of Political Economy, volume III* [1894], in *Karl Marx Frederick Engels Collected Works* (New York, 1998), vol. XXXVII, p. 818.

21 Engels, 'Dialectics of Nature' [1882], in *Karl Marx Frederick Engels Collected Works, Frederick Engels: Anti-Dühring, Dialectics of Nature* (Moscow, 1987), vol. XXV, pp. 452–9; ibid., p. 458.

22 Marx, 'A Contribution to the Critique of Political Economy' [1859], in *Karl Marx Frederick Engels Collected Works,* vol. XXIX: *Marx: 1857–1861* (Moscow, 1987), p. 275.

23 Marx, 'Economic and Philosophic Manuscripts of 1844', p. 271.

24 Ibid., p. 275, italics in original; ibid., p. 277, italics in original.

25 Ibid., p. 272, italics in original.

26 Ibid., p. 273.

27 Marx, *Capital: A Critique of Political Economy, volume I* [1887] (Moscow, 1977), p. 77.

28 Ibid., p. 76.

29 Marx, 'Economic and Philosophic Manuscripts of 1844', pp. 274–5.

30 Ibid., p. 277.

31 Ibid., p. 278.

32 Ibid., p. 279, italics in original.

33 Peter Dickens, *Society and Nature: Towards a Green Social Theory* (Philadelphia, 1992); István Mészáros, *Marx's Theory of Alienation* (London, 1970); Bertell Ollman, *Alienation: Marx's Conception of Man in Capitalist Society* (London, 1976); Sean Sayers, *Marx and Alienation: Essays on Hegelian Themes* (New York, 2011); Dan Swain, *Alienation: An Introduction to Marx's Theory* (London, 2012).

34 Al Gini, *My Job, My Self: Work and the Creation of the Modern Individual* (New York, 2000), p. 55.

35 Marx, 'Economic and Philosophic Manuscripts of 1844', p. 278, italics in original.

36 Ibid., p. 273, italics in original.

37 Vasilyeva, 'Preface', pp. xii, xiv.

38 Marx, 'Afterword to the Second German Edition', pp. 22–3.

39 Engels, 'Preface to the Third German Edition', in *Capital: A Critique of Political Economy, volume I* [1887] (Moscow, 1977), p. 32.

40 Marx, *Capital: A Critique of Political Economy, volume I*, p. 44.

41 Ibid., p. 46; ibid., p. 48.

42 Ibid., pp. 44–5, 46.

43 Ibid., p. 46.

44 Ibid., p. 66.

45 Ibid.

46 Ibid., pp. 66–7.

47 David Ricardo, 'On the Principles of Political Economy and Taxation' [1821], in *The Works and Correspondence of David Ricardo*, ed. Piero Sraffa and M. H. Dobb (London, 1962), p. 275.

48 Marx, *Capital: A Critique of Political Economy, volume I*, pp. 106–8.

49 Ibid., p. 146.

50 Ibid., p. 149.

51 Ibid., p. 558.

52 Ibid., p. 151.

53 Ibid., pp. 85f.

54 Engels, 'Preface', in *Karl Marx Frederick Engels Collected Works, Karl Marx: Capital: A Critique of Political Economy, volume III* [1894] (New York, 1998), vol. XXXVII, pp. 12–13; Karl Marx, *Capital: A Critique of Political Economy, volume I*, pp. 156, 159.

55 Adam Smith, *An Inquiry into the Nature and Causes of the Wealth of Nations*, ed. William B. Todd (Oxford, 1975), p. 83.

56 Marx, *Capital: A Critique of Political Economy, volume I*, pp. 164–6.

57 Ibid., pp. 167–8.

58 Ibid., p. 208.

59 Ibid., p. 209.

60 Ibid.

61 Ibid., p. 222.

62 Marx, *Capital: A Critique of Political Economy, volume III*, p. 230.

63 Marx, *Capital: A Critique of Political Economy, volume I*, pp. 225, 232–3.

64 Ibid., pp. 252–3.

65 Ibid., pp. 256–7.

66 Jill Andresky Fraser, *White-Collar Sweatshop: The Deterioration of Work and Its Rewards in Corporate America* (New York, 2001), p. 20.

67 Ibid., p. 24.

68 Ibid., p. 42.

69 Ibid., pp. 18–19.

70 Marx, 'Theses on Feuerbach' [1844], in *Karl Marx Frederick Engels Collected Works,* vol. V: *Marx and Engels: 1845–18477* (New York, 1976), p.5, italics in original.

71 McLellan, *Karl Marx: His Life and Thought*, pp. 154, 172.

72 Ibid., p. 177.

73 Marx and Engels, 'Manifesto of the Communist Party', p. 487.

74 Marx, *Capital: A Critique of Political Economy, volume I*, p. 585; Marx and Engels, 'Manifesto of the Communist Party', p. 488.

75 Ibid., pp. 516, 714.

76 Marx and Engels, 'Manifesto of the Communist Party', p. 519.

77 Marx, *Capital: A Critique of Political Economy, volume I*, p. 715.

78 Marx and Engels, 'Preface to the 1872 German Edition of the Manifesto of the Communist Party' [1872], in *Karl Marx Frederick Engels Collected Works,* vol. XXIII: *Marx and Engels: 1871–1874* (Moscow, 1988), pp. 174–5.

79 McLellan, *Karl Marx: His Life and Thought*, p. 188.

80 Ibid., pp. 190, 194.

81 Ibid., p. 198.

82 Ibid., p. 221.

83 Ibid., p. 225.

84 Marx, 'The Eighteenth Brumaire of Louis Bonaparte' [1852], in *Karl Marx Frederick Engels Collected Works,* vol. XI: *Marx and Engels: 1851–1853* (Moscow, 1979), p. 103.

85 Ibid., p. 128.

86 Marx, 'Inaugural Address of the Working Men's International Association' [1864], in *Karl Marx Frederick Engels Collected Works,* vol. XX: *Marx and Engels: 1864–1868* (Moscow, 1985), p. 12.

87 Marx and Engels, 'Manifesto of the Communist Party', p. 505.

88 Marx, 'Economic and Philosophic Manuscripts of 1844', p. 295.

89 Marx, 'Critique of the Gotha Program' [1875], in *Karl Marx Frederick Engels Collected Works,* vol. XXIV: *Marx and Engels: 1874–1883* (Moscow, 1989), p. 87.

90 Marx, 'Economic and Philosophic Manuscripts of 1844', p. 313.

91 McLellan, *Karl Marx: His Life and Thought*, pp. 264–5.

92 Ibid., pp. 330–31.

93 Ibid., pp. 284–5.

94 Ibid., pp. 242, 280, 282.

95 Ibid., p. 360.

96 Paul Thomas, *Karl Marx and the Anarchists* (Boston, MA, 1980), pp. 256, 260–61.

97 McLellan, *Karl Marx: His Life and Thought*, p. 341.

98 Paul Baran and Paul Sweezy, *Monopoly Capital: An Essay on the American Economic and Social Order* (New York, 1966); Immanuel Wallerstein, *The Modern World-System I: Capitalist Agriculture and the Origins of the European World-Economy in the Sixteenth Century* (New York, 1974).

99 Samir Amin, *Capitalism in the Age of Globalization* (London, 1997), pp. 95–7.

100 Joseph Stiglitz, *Globalization and Its Discontents* (New York, 2002), p. 217.

101 Ibid.

102 Marx, *Capital: A Critique of Political Economy, volume I*, p. 50.

103 Ibid., p. 173.

104 Ibid., pp. 474–5.

105 Marx, *Capital: A Critique of Political Economy, volume III*, p. 103.

106 Ibid., p. 799.

107 John Bellamy Foster, Brett Clark and Richard York, *The Ecological Rift: Capitalism's War on the Earth* (New York, 2010).

108 Nicholas GeorgescuRoegen, *The Entropy Law and the Economic Process* (Cambridge, MA, 1971), p. 283.

109 Ibid., p. 304.

110 Paul Prew, 'The 21st Century WorldEcosystem: Dissipation, Chaos, or Transition?', in *Emerging Issues in the 21st Century World-System: New Theoretical Directions for the 21st Century World-System*, ed. Wilma A. Dunaway (Westport, ct, 2003), vol. II, pp. 203–19; Robert Biel, *The Entropy of Capitalism* (Boston, MA, 2012).

111 Marx, *Capital: A Critique of Political Economy, volume III*, p. 871.

第五章

1 Beatrice Webb, *My Apprenticeship*, p. 415. Alfred never gained great popularity in his college and at the university because of 'his authoritarian streak in dealing with colleagues particularly when he himself was in a position of authority; his vanity; his false modesty and egoistical selfcentredness'. Peter Groenewegen, *A Soaring Eagle: Alfred Marshall, 1842–1924* (Aldershot, 1995), p. 766. He was substantially misogynistic and particularly ruthless with some of them (as Harriet Martineau, Beatrice Potter and Helen Bosanquet) but a careful, effective and stimulating teacher with his students, especially those who, for him, were one step ahead.

2 Alfred Marshall to J. N. Keynes, 4 August 1892, quoted in Groenewegen, *Soaring Eagle*, p. 2.

3 Nineteenthcentury British philosophy, following the Scottish tradition, was largely focused on mental philosophy (or psychology), considered 'the queen of sciences'. W. Hamilton, Lectures on Metaphysics and Logic 1870–4, ed. H. L. Mansel and J. Veitch (Edinburgh, 1877), vol. I, p. 19. The Grote Club was a Cambridge philosophy discussion group, founded by John Grote, Professor of Moral Philosophy at Cambridge University and Fellow of Trinity College.

4 These annotations are still preserved in the archive of the Marshall Library of Economics in Cambridge; on these subjects Marshall published some early writings on economics: 'Review of Jevons' *Theory of Political Economy*', *Academy*, April 1872; 'Mr Mill's Theory of Value', *Fortnightly Review* (1876); *The Pure Theory of Foreign Trade and Domestic Value* (for private circulation, 1879). J. Whitaker, *The Early Economic Writings of Alfred Marshall*, 2 vols (London, 1975).

5 John K. Whitaker, *The Correspondence of Alfred Marshall, Economist* (Cambridge, 1996), vol. II, p. 285.

6 For instance, Charles Booth, Thomas Brassey, Edwin Chadwick, Henry Fawcett, Beatrice Potter, George Bernard Shaw, Sydney Webb and others.

7 John M. Keynes, *Official Papers by Alfred Marshall* (London, 1926), p. 205. Marshall was deeply involved with the Poor Law reform participating in the Royal Commission on the aged poor and several interventions on issues of poverty.

8 Alfred Marshall, 'Where to House the London Poor' [1884], in Arthur Pigou, ed., *Memorials of Alfred Marshall* (London, 1925), pp. 144–5.

9 Whitaker, *Correspondence*, p. 399.

10 Marshall 'Lectures to Women' [1873], in *Lectures to Women*, ed. Raffaelli Tiziano, Rita MacWilliams Tullberg and Eugenio Biagini (Aldershot, 1995), p. 106; Alfred Marshall, 'Social Possibilities of Economic Chivalry' [1907], in Pigou, *Memorials of Alfred Marshall*, pp. 323–46.

11 Alfred Marshall, 'Lectures to Women', p. 106.

12 Ibid., p. 119.

13 Alfred Marshall, 'The Future of the Working Classes' [1873], in Pigou, *Memorials of Alfred Marshall*, pp. 103 and 107.

14 Alfred Marshall, 'fragment' [1922], in Pigou, *Memorials of Alfred Marshall*, p. 367.

15 Rita McWilliams Tullberg, 'Marshall's "tendency to socialism"', *History of Political Economy*, VII/17 (1975), pp. 75–111.

16 Marshall, 'Social Possibilities of Economic Chivalry', p. 334.

17 Alfred Marshall, *Industry and Trade* (London, 1919), p. vii.

18 Notes of these lectures taken by Mary Paley and revised by Marshall are included in *Lectures to Women*.

19 Alfred Marshall, *Principles of Economics* [1890], 8th edn (London, 1920), p. 1.

20 Ibid., pp. 26–7.

21 Ibid., p. 14.

22 Ibid.

23 Thorstein B. Veblen, 'The Preconceptions of Economic Science III', *Quarterly Journal of Economics*, XIV (1900), pp. 240–69.

24 Marshall, *Principles of Economics* (London, 1920), p. v.

25 Alfred Marshall, 'The Present Position of Economics' [1885], in Pigou, *Memorials of Alfred Marshall*, p. 153.

26 Moreover, 'they did not see that the poverty of the poor is the chief cause of the weakness and inefficiency which are the causes of their poverty.' Marshall, *Principles of Economics*, pp. 762–3.

27 Marshall to Ludwig Darmstädter, 27 October 1910, in Whitaker, *Correspondence*, vol. III, p. 269.

28 Marshall to William A. S. Hewins, 29 May 1900, in Whitaker, *Correspondence*, vol. II, p. 280.

29 Claude Guillebaud, *Alfred Marshall Principles of Economics, Ninth (Variorum) Edition*, (London, 1961), vol. II, p. 768; Marshall, 'The Present Position of Economics', p. 166.

30 Marshall, *Principles of Economics*, p. 781.

31 Ibid., p. 850.

32 Ibid., p. 366.

33 Ibid.

34 Ibid.

35 Whitaker, *Early Economic Writings of Alfred Marshall*, vol. II.

36 Ibid., p. vii.

37 Ibid., p. vi.

38 Ibid.

39 In the preface, Marshall writes: '[This book] is an attempt to construct on the lines laid down in Mill's *Political Economy* a theory of Value, Wages and Profits.'

40 John Maynard Keynes, 'Alfred Marshall', in *Essays in Biography* (London, 1924), p. 201.

41 Neil Hart, *Equilibrium and Evolution: Alfred Marshall and the Marshallians* (London, 2012), p. 86.

42 Marshall, *Principles of Economics*, pp. 315–16, 367.

43 Neil Hart, *Equilibrium*, p. 90.

44 Marshall, *Principles of Economics*, p. 807.

45 Marshall to Charles W. Eliot, 3 September 1895, in Whitaker, *Correspondence*, vol. II, p. 129.

46 Marshall, *Principles*, p. xii.

47 Schumpeter, 'Alfred Marshall's *Principles*: A Semicentennial Appraisal', *American Economic Review*, XXXI/2 (1941), pp. 237–8.

48 Joan V. Robinson notes: 'When I came up to Cambridge, in 1922, and started reading economics, Marshall's *Principles* was the Bible, and we knew little beyond it. Jevons, Cournot, even Ricardo, were figures in the footnotes.' Robinson, *Collected Economic Papers* (Oxford, 1951), vol. I, p. vii.

49 Paul Samuelson, 'Monopolistic Competition Revolution', in *Monopolistic Competition Theory: Studies in Impact. Essays in Honor of Edward H. Chamberlin*, ed. R. E. Kuenne (New York, 1967), p. 112.

50 Alfred Marshall, 'Distribution and Exchange', *Economic Journal*, VIII [1898], p. 52.

51 Marshall, *Industry and Trade*, p. 6.

52 Groenewegen, *Soaring Eagle*, p. 715; Keynes, *Essays in Biography*, p. 230.

53 Alfred Marshall, *Money, Credit and Commerce* (London, 1923), p. vi.

54 Groenewegen, *Soaring Eagle*, pp. 193–203; Whitaker, *Early Economic Writings of Alfred Marshall*, sec. 3.4 and vol. III; also Whitaker, *Correspondence*, vol. II, pp. 36–84.

55 Marshall to Alfred W. Flux, 8 March 1898, in Whitaker, *Correspondence*, vol. II, pp. 227–8.

56 Tiziano Raffaelli, *Marshall's Evolutionary Economics* (London, 2003), p. 49.

57 Marshall, *Principles of Economics*, p. 43.

58 Brian Loasby, *Knowledge, Institutions and Evolution in Economics* (London, 1999).

59 Katia Caldari, 'Alfred Marshall's Critical Analysis of Scientific Management', *European Journal of the History of Economic Thought*, XIV/1 (2007), pp. 55–78.

60 Marco Dardi, 'Alfred Marshall's Partial Equilibrium: Dynamics in Disguise', in *The Economics of Alfred Marshall. Revisiting Marshall's Legacy*, ed. Richard Arena and Michel Quéré (London, 2003), pp. 84–112; Katia Caldari, 'Marshall and Complexity: A Necessary Balance between Process and Order', *Cambridge Journal of Economics*, XXXIX/4 (2015), pp. 1071–85.

61 Marshall, *Principles of Economics*, p. 139.

62 Ibid., p. 461.

63 Marshall, 'The Present Position of Economics', p. 154; Marshall, 'Distribution and Exchange', p. 42.

64 Marshall, *Principles of Economics*, pp. XIV and 772.

65 Marshall, 'Distribution and Exchange', p. 43.

66 Marshall refers to the important contributions given to biological perspective by Auguste Comte, Charles Darwin and particularly Herbert Spencer: Marshall, *Principles of Economics*, p. ix and app. C, and Whitaker, *Early Economic Writings*, vol. II, p. 385; Marshall, 'Distribution and Exchange', p. 42.

67 Marshall, *Principles of Economics*, p. 249.

68 Ibid.

69 Ibid., p. 173.

70 Katia Caldari, 'Alfred Marshall's Idea of Progress and Sustainable Development', *Journal of the History of Economic Thought*, XXVI/4 (2004), pp. 519–36.

71 J. M. Keynes, *Official Papers of Alfred Marshall* (London, 1926), p. 358.

72 Marshall, 'Social Possibilities of Economic Chivalry', p. 333.

73 Ibid., p. 336.

74 Ibid., p. 338.

75 Alfred Marshall's archive, Folder 5.26.

76 Ibid., Folder 5.37.

77 Ibid.

78 Ibid., Folder 5.36.

79 Groenewegen, 'Marshall on Taxation', in *Alfred Marshall in Retrospect*, ed. R. McWilliams Tullberg (Aldershot, 1990), p. 91.

80 Ibid.

81 Keynes, *Official Papers*, p. 338.

82 Alfred Marshall, 'National Taxation after the War', in *After-War Problems*, ed. W. H. Dawson (New York, 1917), p. 319.

83 Ibid., p. 322.

84 Ibid., p. 326.

85 Marshall to Eli Filip Heckscher, 28 January 1916, in Whitaker, *Correspondence*, vol. III, p. 328.

86 Keynes, *Official Papers*, p. 361; Marshall to the editor of *The Times*, 13 November 1909, in Whitaker, *Correspondence*, vol. III, pp. 235–6.

87 Groenewegen, *Soaring Eagle*, pp. 557–8.

第六章

1 Joseph A. Schumpeter, 'Theoretical Problems of Economic Growth' [1947], in *Essays on Entrepreneurs, Innovations, Business Cycles, and the Evolution of Capitalism*, ed. Richard V. Clemence (New Brunswick, NJ, 1989), pp. 238–9.

2 Joseph A. Schumpeter, Preface to the Japanese edition of *Theorie der wirtschaftlichen Entwicklung* [1937], in *Essays*, p. 166.

3 Joseph A. Schumpeter, 'The Creative Response in Economic History' [1947], in *Essays*, p. 222.

4 Joseph A. Schumpeter, 'The Instability of Capitalism' [1928], in *Essays*, p. 72.

5 For Schumpeter's biography see Esben Sloth Andersen, *Joseph A. Schumpeter: A Theory of Social and Economic Evolution* (Basingstoke, 2011) and Richard Swedberg, *Joseph A. Schumpeter: His Life and Work* (Cambridge, 1991), on which I draw.

6 Joseph A. Schumpeter, *Das Wesen und der Hauptinhalt der theoretischen Nationalökonomie* (Leipzig, 1908).

7 Joseph A. Schumpeter, *Theorie der wirtschaftlichen Entwicklung* (Leipzig, 1912).

8 Joseph A. Schumpeter, 'Epochen der Dogmen und Methodengeschichte' [1914], trans. by R. Aris as *Economic Doctrine and Method: An Historical Sketch* (London, 1954).

9 Joseph A. Schumpeter, 'Das Sozialprodukt und die Rechenpfennige: Glossen und Beiträge zur Geldtheorie von heute' [1917], trans. as 'Money and the Social Product', *International Economic Papers*, VI (1956), pp. 148– 211; Schumpeter, *Die Krise des Steuerstaates* [1918], trans. as 'The Crisis of the Tax State', reprinted in *The Economics and Sociology of Capitalism*, ed. Richard Swedberg (Princeton, NJ, 1991), pp. 99–140; Schumpeter, 'Zur Soziologie der Imperialismen' [1919], trans. as 'The Sociology of Imperialisms', reprinted in *Economics and Sociology*, pp. 141–219; Schumpeter, 'Sozialistische Möglichkeiten von heute', *Archiv für Sozialwissenschaft und Sozialpolitik*, XLVIII (1920), pp. 305–60; Schumpeter, 'Die sozialen Klassen im ethnisch homogenen Milieu' [1927], trans. as 'Social Classes in an Ethnically Homogeneous Environment', reprinted in *Economics and Sociology*, pp. 230–83; Schumpeter, 'Gustav v. Schmoller und die Probleme von heute', *Schmollers Jahrbuch für Gesetzgebung, Verwaltung und Volkswirtschaft*, L (1926), pp. 337–88; Schumpeter, *The Theory of Economic Development: An Inquiry into Profits, Capital, Credit, Interest, and the Business Cycle* (Cambridge, MA, 1934).

10 Joseph A. Schumpeter, *Business Cycles: A Theoretical, Historical, and Statistical Analysis of the Capitalist Process* (New York, 1939); Schumpeter, *Capitalism, Socialism and Democracy* (New York, 1942); Schumpeter, *History of Economic Analysis* (London, 1954).

11 See especially Richard R. Nelson and Sidney G. Winter, *An Evolutionary Theory of Economic Change* (Cambridge, MA, 1982).

12 Schumpeter, *Wesen und Hauptinhalt*, p. 7.

13 See Yuichi Shionoya, *Schumpeter and the Idea of Social Science: A Metatheoretical Study* (Cambridge, 1997), pp. 91–123.

14 Schumpeter, *Wesen und Hauptinhalt*, p. 86.

15 See Esben Sloth Andersen, *Schumpeter's Evolutionary Economics: A Theoretical, Historical and Statistical Analysis of the Engine of Capitalism* (London, 2009), pp. 3–4.

16 See Mário Graça Moura, 'Schumpeter's Conceptions of Process and Order,' *Cambridge Journal of Economics*, XXXIX (2015), pp. 1137–8.

17 Schumpeter, *The Theory*, pp. 80, 33.

18 Ibid., p. 76.

19 Joseph A. Schumpeter, 'Economic Theory and Entrepreneurial History' [1949], in *Essays*, p. 258; Schumpeter, 'The Creative Response', p. 223.

20 Schumpeter, *The Theory,* p. 64, n. 1, emphasis removed.

21 Schumpeter, *Cycles*, p. 103.

22 Schumpeter, 'The Creative Response', p. 224.

23 Schumpeter, *The Theory,* pp. 85, 84–5, 80.

24 Ibid., pp. 69–73, 116.

25 Schumpeter, *Cycles*, p. 117.

26 Ibid., p. 129.

27 Ibid., p. 125.

28 Ibid., p. 98.

29 Joseph A. Schumpeter, 'The Analysis of Economic Change' [1935], in *Essays*, p. 139.

30 Schumpeter, *The Theory,* p. 66.

31 Schumpeter, *Cycles*, pp. 131, 135.

32 Ibid., p. 137.

33 Schumpeter, *The Theory,* p. 245.

34 Schumpeter, *Cycles*, p. 146.

35 Ibid., p. 145.

36 Ibid., p. 147 n. 1.

37 Ibid., p. 149.

38 Ibid., p. 155.

39 Ibid., p. 173.

40 Joseph A. Schumpeter, 'The Explanation of the Business Cycle' [1927], in *Essays*, p. 41.

41 See Alan W. Dyer, 'Schumpeter as an Economic Radical: An Economic Sociology Assessed', *History of Political Economy*, XX (1988), pp. 27–41. See also Graça Moura, 'Schumpeter's Conceptions', pp. 1133–6, on which I draw extensively.

42 Schumpeter, 'Classes', pp. 273, 274.

43 Ibid., p. 273.

44 Ibid., pp. 277–8.

45 Ibid., p. 274.

46 Ibid., p. 242.

47 Ibid., p. 253.

48 Schumpeter, *Cycles*, p. 103.

49 Schumpeter, *The Theory,* p. 86.

50 Schumpeter, 'The Instability', p. 70.

51 Schumpeter, 'Entrepreneurial History', p. 261.

52 Schumpeter, 'The Instability', p. 71.

53 Schumpeter, *Capitalism*, pp. 82, 83.

54 Ibid., p. 86.

55 Ibid., pp. 84–5.

56 Ibid., p. 87.

57 Ibid., pp. 91, 102.

58 Ibid., p. 101.

59 Ibid., p. 134.

60 See Mário Graça Moura, 'Schumpeter and the Meanings of Rationality', *Journal of Evolutionary Economics*, XXVII (2017), pp. 129–31.

61 Schumpeter, *Capitalism*, pp. 123, 124.

62 Ibid., p. 127.

63 Ibid., pp. 124, 127.

64 Ibid., pp. 142, 157.

65 Ibid., p. 143.

66 Ibid., p. 167.

67 Ibid., p. 172.

68 Schumpeter, *History*, pp. 886–7.

69 Ibid., p. 12.

70 Ibid., p. 15.

71 Joseph A. Schumpeter, 'Science and Ideology' [1949], in *Essays*, pp. 272–86.

72 Schumpeter, *History*, p. 34.

73 Ibid., p. 38.

74 Ibid., pp. 42–3.

75 Ibid., p. 827.

76 Schumpeter, *Wesen und Hauptinhalt*, pp. 33–4.

77 Schumpeter, *History*, p. 242.

78 Ibid., p. 969.

79 Ibid., p. 242.

80 Ibid., pp. 472, 473, 668.

81 Ibid., p. 754.

第七章

1 Quoted in Robert Skidelsky, *Keynes: A Very Short Introduction* (Oxford, 2010), p. 2.

2 Quoted in Angus Burgin, *The Great Persuasion* (Cambridge, MA, 2015), p. 62.

3 Quoted in Skidelsky, *Keynes*, p. 2.

4 Quoted in Burgin, *The Great Persuasion,* p. 28.

5 Ibid.

6 Paul A. Samuelson, 'Lord Keynes and the General Theory', *Econometrica*, XIV/3 (1946), p. 187.

7 Lorie Tarshis, student in Cambridge in the 1930s. Quoted in Skidelsky, *Keynes*, p. 2.

8 David BensusanButt, economics student in Cambridge in the 1930s. Quoted ibid.

9 A summary of what was happening in global markets during the lifetime of Keynes (as well as before and after) can be found in Victoria N. Bateman, *Markets and Growth in Early Modern Europe* (London, 2011), Chapter One.

10 Timothy J. Hatton and Jeffrey G. Williamson, *Migration and the International Labour Market* (London, 1994), p. 4.

11 Michael Edelstein, *Overseas Investment in the Age of High Imperialism: The United Kingdom, 1850–1911* (New York, 1982), p. 3.

12 John Maynard Keynes, 'Proposals for the Reconstruction of Europe' [1919], reprinted in *Collected Writings*, 30 vols (London, 1971–89), vol. IX, p. 20.

13 On Keynes and the British economy between the wars, see Nicholas H. Dimsdale, 'Keynes on Interwar Economic Policy', in *Keynes and Economic Policy*, ed. Walter A. Eltis and Peter J. N. Sinclair (London, 1988). Also Michael Stewart, *Keynes and After* (Bungay, 1986), Chapters Three to Six.

14 Keynes, *Collected Writings*, vol. XVII, pp. 372–3.

15 Excerpt from Victoria N. Bateman, *Markets and Growth in Early Modern Europe* (London, 2011), Chapter One.

16 Barry Eichengreen, *Golden Fetters: The Gold Standard and the Great Depression, 1919–1939* (Oxford, 1992).

17 A readable and more extensive account of Keynes's theory than can be provided in this chapter, including Keynes's concepts of effective demand and the multiplier, can be found in Stewart, *Keynes and After*, Chapter Four. For a more technical guide to Keynes's economics, see Roger E. Backhouse and Bradley W. Bateman, *The Cambridge Companion to Keynes* (Cambridge, 2006). Recent scholarly discussion of Keynes can be found in Philip Arestis, Meghnad Desai and Sheila Dow, *Money, Macroeconomics and Keynes: Essays in honour of Victoria Chick* (Oxford, 2002), and

Steven Kates, ed., *What's Wrong With Keynesian Economic Theory?* (Cheltenham, 2016). On Keynes's work in the context of the Global Financial Crisis, see Robert Skidelsky, *Keynes: The Return of the Master* (London, 2009).

18 John Maynard Keynes, *General Theory of Employment, Interest and Money* (London, 1936), Chapter One, reprinted in *Collected Writings,* vol. VII.

19 John Maynard Keynes, *General Theory of Employment, Interest and Money* (London, 1936), Chapter Twelve, reprinted in *Collected Writings,* vol. VII.

20 Irving Fisher, 'The Debtdeflation Theory of Great Depressions', *Econometrica*, I/4 (1933), pp. 337–57.

21 Hyman P. Minsky, *Stabilizing an Unstable Economy* (Yale, 1986). For a recent readable account of the work of Minsky, see L. RandallWray, *Why Minsky Matters: An Introduction to the Work of a Maverick Economist* (Princeton, NJ, 2015).

22 The reasons are briefly discussed in Burgin, *The Great Persuasion*, p. 29.

23 Quoted ibid.

第八章

1 'The [Austrian] costofliving index, which had risen [from a base of 100 in 1914] to 1,640 by November 1918, and had gone up to 4,922 by January 1920; by January 1921 it had increased to 9,956; in January 1922 it stood at 83,000; and by January 1923 it had shot up to 1,183,600.' Richard Ebeling, 'The Great Austrian Inflation', www.fee.org, 1 April 2006.

2 Erwin Dekker, *The Viennese Students of Civilization: The Meaning and Context of Austrian Economics Reconsidered* (Cambridge, 2016).

3 Bruce Caldwell, *Hayek's Challenge* (Chicago, IL, 2004), pp. 135–7.

4 Friedrich Hayek, *Hayek on Hayek* (Chicago, IL, 1994), p. 48.

5 Carl Menger, *Grundsätze der Volkswirtschaftslehre* (Vienna, 1871).

6 Caldwell, *Hayek's Challenge*, pp. 136–40.

7 In his work on cognitive psychology, Hayek argued that the capacity to form such theories, which need not be explicitly stated or written down, was selected through evolution. Species without this trait are unable to learn from experience and, naturally, do not survive long. Hayek, *The Sensory Order: An Inquiry into the Foundations of Theoretical Psychology* [1952] (Chicago, IL, 1999).

8 Friedrich Hayek, *The Counter-revolution of Science: Studies on the Abuse of Reason* [1952] (Indianapolis, IN, 1979).

9 Though Carl Menger was the unquestioned father of the Austrian School, Wieser and his brotherinlaw, BöhmBawerk, did more than even Menger to promote the ideas of the Austrian School to the wider world.

10 Caldwell, *Hayek's Challenge*, pp. 143–4.

11 Ludwig von Mises, 'Economic Calculation in the Socialist Commonwealth' [1920], in *Collectivist Economic Planning*, ed. F. A. Hayek (London, 1935), p. 92.

12 Ibid., pp. 97–8, 107–9.

13 Friedrich Hayek, 'Ludwig von Mises' [1981], ed. Peter G. Klein, in *The Collected Works of F. A. Hayek*, vol. IV: *The Fortunes of Liberalism*, ed. Stephen Kresge (Chicago, IL, 1992), p. 136.

14 Ibid., p. 151.

15 Friedrich Hayek, *Monetary Theory and the Trade Cycle* [1929], ed. Hansjörg Klausinger, in *The Collected Works of F. A. Hayek*, vol. VII: *Business Cycles, Part I*, ed. Bruce Caldwell (Chicago, il, 2012), pp. 49–165.

16 Bruce Caldwell, 'Introduction', in *The Collected Works of F. A. Hayek*, vol. IX: *Contra Keynes and Cambridge*, ed. Bruce Caldwell (Chicago, IL, 1995), pp. 19–21.

17 Hayek, *Monetary Theory and the Trade Cycle*, pp. 137–40.

18 Ibid., p. 131.

19 Ibid., p. 143.

20 Caldwell, 'Introduction', p. 21.

21 The debate has reentered the public consciousness in the last decade thanks to the socalled 'Great Recession' and a pair of highly entertaining YouTube videos pairing (actors portraying) Hayek against Keynes in a rap battle. See 'Fear the Boom and the Bust' and 'Fight of the Century', www.econstories.tv.

22 Caldwell, 'Introduction', pp. 2–3.

23 John Maynard Keynes, *A Treatise on Money* (London, 1930).

24 Friedrich Hayek, 'The Economics of the 1930s as Seen from London', in *The Collected Works of F. A. Hayek*, vol. ix (Chicago, IL, 1995), p. 60.

25 Friedrich Hayek et al., *Collectivist Economic Planning*, ed. F. A. Hayek (London, 1935).

26 Ibid., p. 233.

27 Ibid., p. 238.

28 Friedrich Hayek, *The Road to Serfdom: Text and Documents – The Definitive Edition*, in *The Collected Works of F. A. Hayek*, vol. II, ed. Bruce Caldwell (Chicago, IL, 2007).

29 Ibid., pp. 59–60.

30 Ibid., pp. 134–70.

31 On the circumstances of the composition of *The Road to Serfdom* and its reception, see Bruce Caldwell, 'Editor's Introduction', pp. 1–33.

32 Friedrich Hayek, 'Economics and Knowledge' [1936], in *The Collected Works of F.*

A. Hayek, vol. XV, *The Market and Other Orders*, ed. Bruce Caldwell (Chicago, IL, 2014), pp. 57–77.

33 Hayek, 'Economics and Knowledge', p. 73.

34 Friedrich Hayek, 'The Use of Knowledge in Society' [1945], in *The Collected Works of F. A. Hayek*, vol. XV, pp. 93–104. In 2011 'The Use of Knowledge in Society' was named among the top 20 articles published in the first 100 years of the *American Economic Review*. '100 Years of the American Economic Review: The Top 20 Articles', pubs.aeaweb.org, February 2011.

35 Hayek also considered (and rejected) the possible superiority of planning by monopolized industries. Hayek, 'The Use of Knowledge in Society', p. 94.

36 Hayek, 'The Use of Knowledge in Society', pp. 95–6.

37 Ibid., pp. 99–100.

38 Friedrich Hayek, 'The Meaning of Competition' [1948], in *The Collected Works of F. A. Hayek*, vol. XV, pp. 105–16.

39 Friedrich Hayek, 'Competition as a Discovery Procedure' [1968], in ibid., pp. 304–13.

40 Friedrich Hayek, *The Sensory Order: An Inquiry into the Foundations of Theoretical Psychology* (Chicago, IL, 1999 [1952]).

41 Examples of natural spontaneous orders can be found in the structural features of crystals, biological evolution, ecosystems, the formation of stars, galaxies and perhaps even the universe itself, that is, wherever an *undesigned* pattern is discovered in nature.

42 Hayek left Chicago for the University of Freiburg in 1962, then left Freiburg for Salzburg in 1968, only to return to Freiburg for good in 1977.

43 Friedrich Hayek, 'Degrees of Explanation' [1955], in *The Collected Works of F. A. Hayek*, vol. XV, pp. 195–212.

44 Friedrich Hayek, 'The Theory of Complex Phenomena' [1964], in *The Collected Works of F. A. Hayek*, vol. XV, pp. 257–77. Other sciences of complex phenomena include cognitive psychology (Hayek, *The Sensory Order*), 'cybernetics, the theory of automata or machines, general systems theory, and perhaps also communications theory' (Hayek, 'Degrees of Explanation', p. 211), as well as linguistics (Hayek, 'The Theory of Complex Phenomena', p. 270), geology, evolutionary biology and the branches of astrophysics that investigate the formation of stars and galaxies (Friedrich Hayek, 'Notes on the Evolution of Systems of Rules of Conduct' [1967], in *The Collected Works of F. A. Hayek*, vol. XV, p. 287).

45 Friedrich Hayek, 'Kinds of Rationalism' [1965], in *The Collected Works of F. A. Hayek*, vol. XV, pp. 39–53.

46 Vernon Smith, *Rationality in Economics: Constructivist and Ecological Forms* (New

York, 2008).

47 Friedrich Hayek, 'The Pretence of Knowledge' [1975], in *The Collected Works of F. A. Hayek*, vol. XV, pp. 371–2.

48 In a *New Yorker* article titled 'After Communism', published in 1990, the socialist economist Robert Heilbronner famously admitted that 'Mises was right' all along about the problems of economic calculation in a planned socialist economy. David Boaz, 'The Man Who Told the Truth', reason.com, 21 January 2005.

49 Hayek, 'Kinds of Rationalism', p. 49.

50 For example, T. W. Hutchison, *The Politics and Philosophy of Economics: Marxians, Keynesians, and Austrians* (Oxford, 1981), Chapter Seven; B. Caldwell, 'Hayek's Transformation', *History of Political Economy*, XX/4 (1988), pp. 513–41; S. Fleetwood, *Hayek's Political Economy: The Socio-economics of Order* (London, 2013); N. J. Foss, 'More on "Hayek's Transformation"', *History of Political Economy*, XXVII/2 (1995), pp. 345–64; J. Friedman, 'Hayek's Two Epistemologies and the Paradoxes of His Thought', *Critical Review*, XXV/3–4 (2013), pp. 277–304.

51 Friedrich Hayek, 'The Dilemma of Specialization' [1955], in *Studies in Philosophy, Politics, and Economics* (Chicago, IL, 1967), p. 123.

第九章

1 Quoted in *The Encyclopedia of Libertarianism*, ed. Ronald Hamowy (London, 2008), p. 197.

2 Beatrice Cherrier, 'The Lucky Consistency of Milton Friedman's Science and Politics, 1933–1963', in *Building Chicago Economics*, ed. Robert Van Horn, Philip Mirowski and Thomas A. Stapleford (Cambridge, 2011), p. 341.

3 Lenny Ebenstein, *Milton Friedman: A Biography* (New York, 2007), pp. 6–7.

4 Cherrier, 'The Lucky Consistency', p. 341.

5 Milton Friedman, 'Preface, 1982', in *Capitalism and Freedom* (Chicago, 1982), p. ix.

6 Joel Mokyr, *A Culture of Growth* (Princeton, NJ, 2016).

7 Deirdre McCloskey, *The Rhetoric of Economics* (Madison, WI, 1985).

8 An alternative hypothesis suggests that Friedman was an 'intellectual for hire', becoming increasingly laissezfaire in response to monetary incentives. See Rob Van Horn and Philip Mirowski, 'The Rise of the Chicago School of Economics and the Birth of Neoliberalism', in *The Road from Mont Pelerin: The Making of the Neoliberal Thought Collective*, ed. Philip Mirowski and Dieter Plehwe (Cambridge, MA, 2009), pp. 139–78. However, Bruce Caldwell disagrees. See Bruce Caldwell, 'The Chicago School, Hayek, and Neoliberalism', in *Building Chicago Economics*, pp. 301–34.

9 In Milton Friedman, *Essays in Positive Economics* (Chicago, 1953), pp. 3–43; this was a method in which one would not have to concern oneself with the realism of assumptions: all that mattered was the accuracy of the predictions of a model, something that could be validated with data.

10 For a recent discussion, see Uskali Maki, *The Methodology of Positive Economics* (Cambridge, 2009). Also Victoria Bateman, 'Classical Liberalism: The Foundation for a New Economics', *Critical Review*, XXVIII (2016), pp. 450–54.

11 Friedman did, however, acknowledge that there was always going to be a fly in the ointment. Statistically, one can never 'prove' a hypothesis, only 'reject' it, whilst economic evidence can often be ambiguous or somewhat difficult to interpret. This means that the choice between rival theories will inevitably require something other than evidence, which, as Valeria Mosini discusses, marks 'a disanalogy with the natural sciences'. Valeria Mosini, *Reassessing the Paradigm in Economics* (Oxford, 2012), p. 22.

12 Quoted from Maki, *The Methodology of Positive Economics* (back cover). For a discussion of the associated controversy, see Mosini, *Reassessing the Paradigm in Economics*, pp. 19, 37. Also, J. Cunningham Wood and R. N. Wood, eds, *Milton Friedman: Critical Assessments* (London, 1990).

13 John Stuart Mill, 'On the Definition of Political Economy; and on the Method of Investigation Proper to it', in J. S. Mill, *Essays on Some Unsettled Questions of Political Economy* (London, 1844); Gunnar Myrdal, *Value in Social Theory: A Selection of Essays on Methodology* (New York, 1958); Max Weber, 'The Meaning of 'ethical neutrality' in Sociology and Economics' [1949], in *Methodology of Social Sciences*, ed. and trans. Edward A. Shils and Henry A. Finch (New Brunswick, NJ, 2011), pp. 1–47; Joseph A. Schumpeter, *History of Economic Analysis* (Oxford, 1954); John Neville Keynes, *The Scope and Method of Political Economy* (London, 1891). The fact that Friedman did not seem to acknowledge or engage with this long and established literature did not work in his favour. Also see the more recent work of the Critical Realism School.

14 Gunnar Myrdal, *Objectivity in Social Research* (New York, 1969), p. 51.

15 Cherrier, 'The Lucky Consistency', pp. 343–5, 354, 362. Cherrier also notes that Friedman ascribed 'the survival of his parents, poor Jewish emigrants ... to the American free enterprise system', p. 341. In *Reassessing the Paradigm in Economics,* Mosini considers both the internal and external validity of Friedman's 'positive economics' claim. Internally, she notes a lack of logical consistency – that Friedman's conclusions often were not arrived at in the rigorous manner that he suggested and were not always amenable to testing. As we will see in regard to his monetary economics,

Friedman faced numerous empirical criticisms.

16 John R. Commons, 'Institutional Economics', in *American Economic Review*, XXI (1931), p. 648. Quoted and further discussed in Bo Sandelin, HansMichael Trautwein and Richard Wundrak, *A Short History of Economic Thought* (Oxford, 2014), pp. 73–6.

17 Victoria Bateman, *The Sex Factor* (Cambridge, 2019).

18 Avner Offer, 'Selfinterest, Sympathy and the Invisible Hand: From Adam Smith to Market Liberalism', *Economic Thought*, I/2 (2012), pp. 1–14.

19 Mosini, *Reassessing the Paradigm in Economics,* p. 74.

20 On the question of where Hayek positioned himself relative to other liberals, see Caldwell, 'The Chicago School, Hayek, and Neoliberalism', in *Building Chicago Economics*, p. 316.

21 Ibid., p. 315.

22 Friedman, 'Preface, 1982', *Capitalism and Freedom.*

23 John Maynard Keynes, *The General Theory of Employment, Interest and Money* (London, 1936), Chapter 24.

24 Victoria Bateman, 'Economists get too much Credit – and Blame', *Bloomberg View*, 23 February 2017; Victoria Bateman, 'Free Trade's Critics were once its Champions', *Bloomberg View*, 6 October 2016, www.bloomberg.com/view/articles.

25 Milton Friedman, 'Lange on Price Flexibility and Employment: A Methodological Criticism', *American Economic Review*, XXXVI/4 (1946), p. 618.

26 Milton Friedman, 'Have Monetary Policies Failed?', *American Economic Review*, LXII/2, (1972), pp. 11–18. On the two very different economic responses to the notion that the economy is very complicated (the 'cloudmakers' versus the 'over-simplifiers') see Thomas Mayer, 'The Structure of Monetarism', in *A Macroeconomic Reader*, ed. Brian Snowdon and Howard Vane (London, 1997), p. 204.

27 For other predecessors to Friedman's monetarism, see Sandelin et al., *A Short History of Economic Thought*, pp. 86–7. By the time he set to work on monetary matters in the middle of the twentieth century, Friedman was also joined by leading monetary theorists Karl Brunner (who himself coined the term 'monetarism') and Allan Melzer and, later, by Harry Johnson and David Laidler.

28 In the textbook is-lm Model, Keynesians can be thought of as emphasizing the instability of the is curve whilst monetarists emphasized the instability of the lm curve.

29 Milton Friedman, 'The Quantity Theory: A Restatement', in *Studies in the Quantity Theory of Money*, ed. Milton Friedman (Chicago, IL, 1956).

30 Milton Friedman and Anna Schwartz, *A Monetary History of the United States* (Princeton, NJ, 1963). Economic historian Nuno Palma analyses the effect of money on the

economy for a longer time span than did Friedman, and finds significant effects: Nuno Palma, 'Money and Modernization: Liquidity, Specialization, and Structural Change in Early Modern England', *European University Institute Working Paper*, XI (2016); Nuno Palma, 'The Existence and Persistence of Liquidity Effects: Evidence from a Largescale Historical Natural Experiment', GGDC *Research Memorandum*, CLVIII (2016).

31 Barry Eichengreen, *Golden Fetters* (Oxford, 1995), also provides an explanation of the Great Depression based on monetary tightness, but within a much more global context and conditioned by the fixed exchange regime of the time, the Gold Standard. Numerous competing explanations of boom and bust abounded during Friedman's lifetime. In response to the Great Depression, the League of Nations had initi ated a project that tasked researchers with investigating all possible causes of the business cycle, leading to the publication of Gottfried Haberler, *Prosperity and Depression* (Geneva, 1937). Theories considered included monetary causes, overinvestment, psychology, the harvest, maladjustment and underconsumption. Friedman's 'Permanent Income Hypothesis', which provides an alternative to Keynes's Consumption Function and distinguished between permanent and transitory income, was used by Friedman to help 'defeat' both the notion that the economy could settle into an underconsumption equilibrium and that fiscal expansion would have a significant multiplier effect, Cherrier, 'The Lucky Consistency', p. 347. According to Friedman, this was his 'best purely scientific contribution'. However, recent evidence has turned against the Permanent Income Hypothesis, providing greater room for Keynes. See Noah Smith, 'Economists Give Up on Milton Friedman's Biggest Idea', *Bloomberg View*, www.bloomberg.com, 26 July 2016.

32 Milton Friedman, 'Statement on Monetary Theory and Policy', in *Employment, Growth and Price Levels, Hearings Before the Joint Economic Committee, 1st session, 25–28 May 1959* (Washington, dc, 1959), pp. 144–5. Quoted in Brian Hillier, *The Macroeconomic Debate* (Oxford, 1991), p. 59.

33 According to Friedman, an expansion of the money supply could boost the economy in the short run, but only as a result of workers overestimating the 'real' value of their wages as prices and wages start to increase in the economy in response to the increasing money supply: workers observe that their money wages have increased, but have not yet factored in that the prices of the good they purchase have also increased, meaning that they are incentivized to work longer and harder, generating the extra output that creates boom time conditions. Hence the notion that workers are 'fooled' by monetary stimulus, but that this cannot last indefinitely, meaning that in the longer run, monetary stimulus cannot result in higher levels of output and lower levels of un-

employment. The Phillips Curve tradeoff is only a shortrun phenomenon.

34 This vein of thinking later developed into a debate on 'rules versus discretion', albeit with roots that go back to James Angell many years earlier. By having their hands tied, economists came to believe that policymakers would be able to achieve a more favourable result. This was one case in which less choice was better than more.

35 Friedman also questioned the power of fiscal policy by employing his Permanent Income Hypothesis. See Noah Smith, 'Milton Friedman's Cherished Theory is Laid to Rest', *Bloomberg View*, bloomberg.com, 12 January 2017. The theory of Ricardian Equivalence has also been employed to reject the effectiveness of fiscal policy.

36 Robert Lucas and Thomas Sargent, 'After Keynesian Macroeconomics', in *After the Phillips Curve: Persistence of High Inflation and High Unemployment* (Boston, MA, 1978), p. 49.

37 See Mosini, *Reassessing the Paradigm of Economics*, who suggests that the problems of the 1970s can be seen not as a failure of Keynesian economics but of departure from Keynes's ideas; Yanis Varoufakis notes that the Bretton Woods system was a compromise which, as a result, lacked Keynes's automatic recycling of surpluses, leading to its ultimate undoing. Yanis Varoufakis, *And The Weak Suffer What They Must* (London, 2016).

38 Named after the then Chairman of the Federal Reserve, Paul Volcker, who raised interest rates to around 20 per cent in an effort to tackle inflation.

39 See Daniel J. Hammond, *Theory and Measurement* (Cambridge, 1996), p. 211: 'Even though they were widely credited with revitalising monetary economics...Friedman and Schwartz laboured from the beginning to the end of their collaboration under a cloud of profes sional doubt. The doubt was concerning the scientific credibility of their techniques, and thus of their results...They were charged with treating money as the cause when it was in fact the effect and of treating it as the sole cause when it was at most one of many causes.' Peter Temin also questions whether Friedman was free from initial bias, noting in regard to his monetary view of the Great Depression that Friedman and Schwartz's *A Monetary History* 'assumes the conclusion and describes the Depression in terms of it; it does not test it or prove it at all'. Peter Temin, *Did Monetary Forces Cause the Great Depression?* (New York, 1976), pp. 15–16. Given Friedman's emphasis on method (see Section I), this is particularly unsatisfying.

40 Hyman Minsky, 'A Theory of Systematic Fragility', in *Financial Crises: Institutions and Markets in a Fragile Environment*, ed. E. I. Altman and A. W. Sametz (New York, 1977), p. 152. Minsky was particularly concerned with the way in which a shift towards a Friedmanstyle monetary policy based on controlling money by controlling reserves, acting through open market operations, reduced the Central Bank's tradition-

al ability to examine and supervise the loan books of commer cial banks – loan books that they were previously forced to 'open up' if they wanted to borrow reserves at the discount window. In the words of L. Randall Wray, 'if the Fed had been watching bank balance sheets closely in the early to mid2000s, it would have seen all the trashy assets they were accumulating.' Randall L. Wray, *Why Minsky Matters: An Introduction to the Work of a Maverick Economist* (Princeton, NJ, 2016).

41 This eradicated the systematic error that plagued Friedman's adaptive expectation formation process.

42 Robert Leeson and Warren Young, 'Mythical Expectations', in *The Anti-Keynesian Tradition*, ed. R. Leeson (New York, 2008), pp. 101, 106.

43 Keynes, *A Treatise on Money* (New York, 1930). Though by contrast with Friedman, Keynes adopted a Wicksellian (not Fisherite) approach.

44 Keynes, *General Theory*, Chapter Twelve.

45 Gianni Vaggi and Peter Groenewegen, *A Concise History of Economic Thought* (New York, 2003). On the technical difference between Friedman and Keynes in regard to liquidity preference see D. E. Laidler, 'Monetarism: An Interpretation and Assessment', *Economic Journal*, XCI/361 (1981), pp. 1–28.

46 Whilst Classical economists supposed that the interest rate adjusted to equilibrate saving and investment, hermetically sealing the economy at the natural rate, Keynes argued that the interest rate was instead equilibrating money supply and money demand, where the latter involves a demand for liquidity ('liquidity preference'). See Sandelin et al., *A Short History of Economic Thought*, pp. 88–9, for more detail.

47 In regard to Knight's distinction between measured risk and uncer tainty, Friedman was certainly clear: 'I do not believe it is valid,' quoted in Mosini, *Reassessing the Paradigm of Economics*, p. 129; Friedman's conception of the Quantity Theory of Money with a stable money demand function implies a stable demand side for the economy. See Thomas Mayer, 'The Structure of Monetarism' [1975], reprinted in *A Macroeconomic Reader*, ed. Snowdon and Vane, pp. 180–216 (at p. 187), who also notes that 'one can be a Keynesian in one's basic theory, and, at the same time, accept the monetarist position that the private sector is . . . stabler than the private and government sectors combined [that is, that government intervention can increase rather than decrease instability]. Admittedly, it is much harder to see how a quantity theorist could believe in the instability of the private sector.'

48 Friedman, *Capitalism and Freedom*, p. 131.

49 Also see Morris M. Kleiner and Alan B. Krueger, 'Analyzing the Extent and Influence of Occupational Licensing on the Labor Market', *Journal of Labor Economics*, XXXI/2 (2013), pp. s173–s202.

50 Mark Pennington, *Robust Political Economy* (Cheltenham, 2011); Mark Steckbeck and Peter J. Boetke, 'Turning Lemons into Lemonade: Entrepreneurial Solutions to Adverse Selection Problems in ECommerce', in *Markets, Information and Communication: Austrian Perspectives on the Internet Economy*, ed. Jack Birner and Pierre Garrouste (New York, 2004).

51 More recently, tax credits and a 'basic income guarantee' have come to the fore in policy circles and can be seen to follow in the tradition of Friedman.

52 Friedman, *Capitalism and Freedom*, Chapter One.

53 Friedman and Rose Friedman, *Free to Choose* (New York, 1980).

54 For a critique of Friedman's work from a leftofcentre perspective, including for its neglect of power relations, see E. K. Hunt and Mark Lautzenheiser, *History of Economic Thought: A Critical Perspective* [1949] (London, 2011).

55 On the former, see Victoria Bateman, *Markets and Growth in Early Modern Europe* (London, 2011). On the latter, see Darren Acemoglu, Jacob Moscona and James Robinson, 'State Capacity and American Technology: Evidence from the 19th Century', *American Economic Review*, CVI/5 (2016), pp. 61–7; Alex Marshall, *The Surprising Design of Market Economies* (Austin, TX, 2012); Mariana Mazzucato, *The Entrepreneurial State* (London, 2011).

56 Acemoglu et al., 'State Capacity and American Technology'; Matthew Andrews, Lant Pritchett and Michael Woolcock, *Building State Capability: Evidence, Analysis and Action* (Oxford, 2017); Timothy Besley and Torsten Persson, 'The Origins of State Capacity: Property Rights, Taxation and Politics', *American Economic Review*, XCIX/4 (2009), pp. 1218–44; Mark Koyama and Noel Johnson, 'States and Economic Growth: Capacity and Constraints', *Explorations in Economic History*, LXIV/2 (2017), pp. 1–20.

57 Robert H. Frank, *The Darwin Economy: Liberty, Competition, and the Common Good* (Princeton, NJ, 2012); W. Brian Arthur, *Increasing Returns and Path Dependence in the Economy* (Ann Arbor, MI, 1994); Paul David, 'Clio and the Economics of qwerty', *American Economic Review*, LXXII/2 (1985), pp. 332–7.

58 George A. Akerlof and Robert J. Shiller, *Phishing for Phools: The Economics of Manipulation and Deception* (Princeton, NJ, 2015).

59 Avner Offer, 'Why has the Public Sector Grown so Large in Market Societies?', *University of Oxford Discussion Papers in Economic and Social History*, XLIV (2002), p. 2.

60 Bradford J. Delong, 'A Brief History of Inequality', www.weforum.org, 28 July 2016.

61 Avner Offer, 'A Warrant for Pain: Caveat Emptor vs. the Duty of Care in American Medicine', *University of Oxford Discussion Papers in Economic and Social History*,

CII (2012), p. 15.

62 Victoria Bateman, 'Classical Liberalism: The Foundation for a New Economics', *Critical Review*, XXVIII (2016), pp. 440–60; Victoria Bateman, 'We need a Sexual Revolution in Economics', *The Guardian,* 2 June 2015.

63 This section largely draws on Bateman, 'Classical Liberalism: The Foundation for a New Economics', pp. 454–6, and Bateman, *Economics Has a Sex Problem* (2019); Avner Offer, 'Between the Gift and the Market: The Economy of Regard', *Economic History Review*, l/3 (1997), pp. 450–76; Marilyn Waring, *If Women Counted: A New Feminist Economics* (New York, 1988).

64 Avner Offer, 'The Economy of Obligation', *University of Oxford Discussion Papers in Economic and Social History*, CIII (2012), pp. 4–5.

65 Tine De Moorvand and Jan Luiten Van Zanden, 'Girl Power: The European Marriage Pattern and Labour Markets in the North Sea region in the Late Medieval and Early Modern Period', *Economic History Review*, LXIII/1, (2010), pp. 1–33; Bateman, *Economics Has a Sex Problem* (2019).

66 It should, however, be noted that twentiethcentury welfare states have not always supported women's participation in paid work. See Lynn P. Cooke, *Gender-Class Equality in Political Economies* (Oxford, 2011); Gosta EspingAnderson, *Incomplete Revolution: Adapting Welfare States to Women's New Roles* (Cambridge, 2009).

67 On the controversy surrounding Friedman, see Hammond, 'Markets, Politics, and Democracy at Chicago: Taking Economics Seriously', in *Building Chicago Economics*, ed. Van Horn, Mirowski and Stapleford.

68 Paul Romer, 'Mathiness in the Theory of Economic Growth', *American Economic Review*, CV/5 (2015), pp. 89–93.

69 Friedman's emphasis on learning lessons from economic history and using empirical evidence was prescient. Even if the lessons he drew were not always the right ones, economics would benefit from a more fruitful interchange between theory and history – albeit one that goes in both directions, rather than running singly from theory to history. In Friedman's own words, economic history provides 'precisely the kind of evidence that we would like to get by "critical" experiments if we conduct them'. See Milton Friedman, 'Price, Income and Monetary Changes in Three Wartime Periods', *American Economic Review*, XLII/2 (1952), p. 612.

70 Jonathan D. Ostry, Prakash Loungani and Davide Furceri, 'Neoliberalism: Oversold', *Finance and Development*, LIII/2 (2016), pp. 38–41.

71 John A. Allison, *The Financial Crisis and the Free Market Cure* (New York, 2012).

72 The inadequacies of the postFriedman monetary policymaking approach are becoming clear: the general neglect of the money supply in favour of using interest rates,

when, behind the scenes, that money supply was ballooning; the way in which the most popular measure of inflation, the consumer price index, neglected the fact that property prices were racing ahead of other prices in the economy, meaning that inflation was not as 'low' as it seemed; the monetary ease that has followed 2008 and its potentially adverse longerrun consequences.

第十章

1 Sylvia Nasar, *A Beautiful Mind: The Life of Mathematical Genius and Nobel Laureate John Nash* (New York, 1998). This chapter draws much on Nasar's book.

2 See 'The Medal for the Sveriges Riksbank Prize in Economic Sciences in Memory of Alfred Nobel', www.nobelprize.org.

3 John Nash, 'Ideal Money', *Southern Economic Journal*, LXIX/1 (2002), pp. 4–11.

4 Gonçalo L. Fonseca, 'John F. Nash', *History of Economic Thought*, www.hetwebsite.net, accessed 19 February 2018.

5 Johann von Neumann, 'Zur Theorie der Gesellschaftsspiele', *Mathematische Annalen*, X (1928), pp. 295–320. Other precursors had been AntoineAugustin Cournot and Ernest Zermelo.

6 Ibid., p. 295, trans. Karen Horn.

7 Johann von Neumann and Oskar Morgenstern, *Theory of Games and Economic Behavior* (Princeton, NJ, 1943).

8 Nash, 'Noncooperative Games', dissertation, University of Princeton, NJ, 1950.

9 Roger Myerson, *Game Theory: Analysis of Conflict* (Cambridge, MA, 1991), p. 105; Roger Myerson, 'Nash Equilibrium and the History of Economic Method', *Journal of Economic Literature*, XXXVII (1999), p. 1067.

10 Nasar, *A Beautiful Mind*, p. 32.

11 Eric T. Bell, *Men of Mathematics* (New York, 1937).

12 Nasar, *Beautiful Mind*, pp. 61–3.

13 John Milnor, 'The Game of Hex', in *The Essential John Nash*, ed. Harold W. Kuhn and Sylvia Nasar (Princeton, NJ, 2002), pp. 31–3.

14 John Nash, 'The Bargaining Problem', *Econometrica*, XVIII/2 (1950), pp. 155–62.

15 John F. Nash Sr and John F. Nash Jr, 'Sag and Tension Calculations for Wire Spans Using Catenary Formulas', *Electrical Engineering*, LXIV/12 (1945), pp. 984–7.

16 Neumann and Morgenstern, *Theory of Games*.

17 Nash, 'Twoperson Cooperative Games', *Econometrica*, XXI/1 (1953), pp. 128–40.

18 Luitzen Brouwer, 'Über Abbildungen von Mannigfaltigkeiten', *Mathematische Annalen*, LXXI (1911), pp. 97–115; Shizuo *Kakutani*, 'A Generalization of Brouwer's Fixed Point Theorem', *Duke Mathematical Journal*, VIII/3 (1941), pp. 457–9. We

will spare the reader the intricacies of these mathematical tools.

19 A facsimile has been reproduced in *The Essential John Nash*, ed. Kuhn and Nasar, pp. 53–84.

20 Nash, 'Noncooperative Games', *Annals of Mathematics*, LIV (1951), pp. 286–95.

21 Ibid., p. 286.

22 Myerson, 'Nash Equilibrium', pp. 1069–70.

23 Albert W. Tucker, 'A Twoperson Dilemma – The Prisoner's Dilemma', *umap Journal* (1950), reprinted in Philipp D. Straffin, 'The Mathematics of Tucker – A Sampler', *Two-year College Mathematics Journal*, XIV/3 (1983), pp. 228–32.

24 See 'Game theory', www.hetwebsite.net, accessed 19 February 2018. See this site also for an excellent brief summary of the developments and ramifications in game theory. For an easyaccess didactic introduction with more detail, see Marilu Hurt Mc-Carty, *The Nobel Laureates* (New York, 2001), pp. 311–48.

25 R. Duncan Luce and Howard Raiffa, *Games and Decisions* (New York, 1957).

26 Harold W. Kuhn, 'Extensive Games and the Problem of Information', in *Contributions to the Theory of Games*, ed. Harold W. Kuhn and Alfred W. Tucker (Princeton, NJ, 1953), pp. 193–216.

27 Reinhard Selten, 'Spieltheoretische Behandlung eines Oligopolmodells mit Nachfrag-eträgheit', *Zeitschrift für die gesamte Staatswissenschaft*, CXXI (1965), pp. 301–24, 667–89.

28 Reinhard Selten, 'Reexamination of the Perfectness Concept for Equilibrium Points in Extensive Games', *International Journal of Game Theory*, IV (1975), pp. 25–55.

29 John Harsanyi, 'Games with Incomplete Information Played by Bayesian Players', *Management Science*, XIV (1967/68), pp. 159–82, 320–34, 486–502.

30 Adam Smith, *An Inquiry into the Nature and Causes of the Wealth of Nations*, ed. R. H. Campbell and A. S. Skinner (Oxford, 1976).

31 Myerson, 'Nash Equilibrium', p. 1078.

32 Nash, 'Real Algebraic Manifolds', *Annals of Mathematics*, LVI (1952), pp. 405–21.

33 See 'A Brief History of rand', www.rand.org, accessed 18 February 2018.

34 Nasar, *Beautiful Mind*, p. 105.

35 Interview with Kenneth J. Arrow in Karen Horn, *Roads to Wisdom, Conversations with Ten Nobel Laureates in Economics* (Cheltenham, 2009), p. 76.

36 Nash, 'C1isometric Imbeddings', *Annals of Mathematics*, LX (1954), pp. 383–96; Nash, 'The Imbedding Problem for Riemannian Manifolds', *Annals of Mathematics*, LXIII (1956), pp. 20–63.

37 Nash, 'Autobiographical Essay', in *Les Prix Nobel*, ed. Nobel Foundation (Stockholm, 1994).

38 See Horn, *Roads to Wisdom*, pp. 19–25.
39 Neumann and Morgenstern, *Theory of Games*.
40 See Nasar, *Beautiful Mind*, pp. 356–73; Avner Offer and Gabriel Söderberg, *The Nobel Factor* (Princeton, NJ, 2016).
41 Personal communication, 20 August 2006.
42 See the website of the Abel Prize, www.abelprize.no.

第十一章

1 Tim Adams, 'This Much I Know: Daniel Kahneman', *The Guardian*, www.theguardian.com, 8 July 2012.
2 David Shariatmadari, 'Daniel Kahneman: "What would I eliminate if I had a magic wand? Overconfidence"', *The Guardian*, www.theguardian.com, 18 July 2015.
3 Adams, 'This Much I Know'.
4 Daniel Kahneman, 'Daniel Kahneman – Biographical', *The Sveriges Riksbanks Prize in Economic Sciences in Memory of Alfred Nobel, 2002*, www.nobelprize.org.
5 Ibid.
6 Amos Tversky and Daniel Kahneman, 'Belief in the Law of Small Numbers', *Psychological Bulletin*, LXXVI/2 (1971), pp. 105–10.
7 Daniel Kahneman and Amos Tversky, 'On the Reality of Cognitive Illusions', *Psychological Review*, CIII (1996), pp. 582–91.
8 Kahneman, 'Biographical', www.nobelprize.org.
9 Ibid.
10 Ibid.
11 D. Kahneman and E. E. Ghiselli, 'Validity and Nonlinear Heteroscadastic Models', *Personnel Psychology*, XV (1962), pp. 1–11.
12 D. Kahneman and J. Beatty, 'Pupil Diameter and Load on Memory', *Science*, CLIV/3756 (1966), pp. 1583–5.
13 Kahneman, 'Biographical', p. 8.
14 Ibid., pp. 9–10.
15 Amos Tversky and Daniel Kahneman, 'Belief in the Law of Small Numbers', *Psychological Bulletin*, LXXVI/2 (1971), pp. 105–10.
16 Amos Tversky and Daniel Kahneman, 'Judgement under Uncertainty: Heuristics and Biases', *Science*, CLXXXV/4157 (1974), pp. 1124–31.
17 D. Kahneman, P. Slovic and A. Tversky, *Judgement under Uncertainty: Heuristics and Biases* (Cambridge, 1982); Daniel Kahneman and Amos Tversky, *Choices, Values and Frames* (Cambridge, 2000).
18 Daniel Kahneman and Amos Tversky, 'Prospect Theory – An Analysis of Decision

under Risk', *Econometrica*, XLVII/2 (1979), pp. 263–92.

19 Tversky and Kahneman, 'Belief in the Law of Small Numbers'.

20 See Amos Tversky and Daniel Kahneman, 'Loss Aversion in Riskless Choice: A Reference Dependent Model', *Quarterly Journal of Economics*, CVII/4 (1991), pp. 1039–61.

21 See R. H. Thaler, ed., *Quasi Rational Economics* (New York, 2000); R. H. Thaler, ed., *Advances in Behavioural Finance* (New York and Princeton, NJ, 2005), vol. II.

22 R. H. Thaler, A. Tversky, D. Kahneman and A. Schwartz, 'The Effect of Myopia and Loss Aversion on Risk Taking: An Experimental Test', *Quarterly Journal of Economics*, CXII (1997), pp. 647–61.

23 See Amos Tversky and Daniel Kahneman, 'Advances in Prospect Theory: Cumulative Representation of Uncertainty', *Journal of Risk and Uncertainty*, v (1992), pp. 297–323.

24 G. Gigerenzer, *Gut Feelings: The Intelligence of the Unconscious* (London, 2007).

25 H. A. Simon, 'A Behavioural Model of Rational Choice', *Quarterly Journal of Economics,* LXIX (1955), pp. 99–118.

26 Adams, 'This Much I Know'.

27 J. Gots, 'Hire Thine Enemy: Daniel Kahneman on Adversarial Collaboration, The Big Think', www.bigthink.com, accessed 19 February 2018.

28 See I. Bateman, D. Kahneman, A. Munro, C. Starmer and R. Sugden, 'Is There Loss Aversion in Buying? An Adversarial Collaboration,' *Working Paper – Centre for Social and Economic Research on the Global Environment* 1 (2003), pp. 1–39; D. Kahneman and G. Klein, 'Conditions for Intuitive Expertise: A Failure to Disagree', *American Psychologist*, lxiv/6 (2009), pp. 515–26; A. Mellers, R. Hertwig and D. Kahneman, 'Do Frequency Representations Eliminate Conjunction Effects? An Exercise in Adversarial Collaboration', *Psychological Science*, XII (2001), pp. 269–75; and T. Gilovich, V. H. Medvec and D. Kahneman (1998), 'Varieties of Regret: A Debate and Partial Resolution', *Psychological Review,* CV (1998), pp. 602–5.

29 'Daniel Kahneman Facts', www.nobelprize.org.

30 R. H. Thaler, 'Toward a Positive Theory of Consumer Choice, *Journal of Economic Behavior and Organisation*, XXXIX (1980), pp. 36–90.

31 Kahneman, (2002), 'Biographical', www.nobelprize.org. 32 Adams, 'This Much I Know'.

第十二章

1 Amartya Sen, *Poverty and Famines* (Oxford, 1981), pp. 80 (quote), 58.

2 Ibid., p. 66.

3 Ibid., pp. 96, 105, 139.

4 Ibid., p. 152.

5 Ibid., p. 13.

6 Amartya Sen, 'Social Choice Theory: A Reexamination' [1975], in *Choice, Welfare and Measurement* (Cambridge, MA, 1997), pp. 158–200.

7 Amartya Sen, *Commodities and Capabilities* (Oxford, 1999), p. 2.

8 Lionel Robbins, 'Interpersonal Comparisons of Utility: A Comment,' *Economic Journal*, XLVIII (1938), p. 637.

9 Shatakshee Dhongde and Prasanta K. Pattanaik, 'Preference, Choice, and Rationality: Amartya Sen's Critique of the Theory of Rational Choice in Economics,' in *Amartya Sen*, ed. Christopher W. Morris (Cambridge, 2009), p. 21.

10 Amartya Sen, 'Description as Choice' [1979], in *Choice, Welfare, and Measurement*, p. 442.

11 Robert Sugden, 'Welfare, Resources, and Capabilities: A Review of *Inequality Reexamined* by Amartya Sen,' *Journal of Economic Literature*, XXXI (1993), p. 1950.

12 Amartya Sen, 'The Impossibility of Being a Paretian Liberal' [1970], in *Choice, Welfare and Measurement*, pp. 285–90.

13 Amartya Sen, *On Economic Inequality*, enl. edn (Oxford, 1997), p. 75.

14 Ibid., p. 170.

15 Ibid., p. 76.

16 Amartya Sen, 'Equality of What?' [1980], in *Choice, Welfare and Measurement*, p. 366.

17 For Rawls's defence see his 'Social Unity and Primary Goods', in *Utilitarianism and Beyond*, ed. Amartya Sen and Bernard Williams (Cambridge, 1982), pp. 159–85.

18 Jean Drèze and Amartya Sen, *India: Economic Development and Social Opportunity* (Delhi, 1995), p. vii.

19 Ibid., pp. 64, 78.

20 Ibid., pp. 67, 8 (quote).

21 Amartya Sen, *Development as Freedom* (Oxford, 1999), p. 11.

22 Albert O. Hirschman, *The Passions and the Interests: Political Arguments for Capitalism before its Triumph* (Princeton, NJ, 1977).

23 Amartya Sen, 'Albert Hirschman', *Moneta e Credito*, LXVII (2014), p. 163.

24 Sen, *Development as Freedom*, p. 294.

25 Ibid., pp. 6–7.

26 Ibid., p. 151.

27 Drèze and Sen, *India*, p. 156.

28 Amartya Sen, 'Missing Women,' *British Medical Journal*, CCCIV (1992).

29 Sen, *Development as Freedom*, pp. 197–8.

30 Drèze and Sen, *India*, p. 127.

31 Adam Smith, *An Inquiry into the Nature and Causes of the Wealth of Nations* [1776], ed. William B. Todd, in *The Glasgow Edition of the Works of Adam Smith*, ed. R. H. Campbell and A. S. Skinner (Oxford, 1975–87), p. 456.

32 Drèze and Sen, *India*, p. 257.

33 Ibid., pp. 157, 159 (quote).

34 Amartya Sen, 'The Possibility of Social Choice', Nobel Lecture, www.nobelprize.org, 8 December 1998.

35 Sen, *Development as Freedom*, p. 203.

36 Amartya Sen, *The Idea of Justice* (London, 2009), p. xvi.

37 Ibid., pp. 16 (quote), 21.

38 Ibid., p. 105.

39 Ibid., pp. 70, 123, 140.

40 Ibid., p. 141.

41 Sen, *Development as Freedom*, pp. 96–7.

42 Sugden, 'Welfare, Resources, and Capabilities', p. 1951.

43 Amartya Sen, *Inequality Reexamined* (New York, 1992), p. 81.

44 Sugden, 'Welfare, Resources, and Capabilities', p. 1953.

45 Robert Sugden, 'Review of *Commodities and Capabilities*', *Economic Journal*, XCVI (1986), p. 821. For a similar critique, see Emmanuelle Bénicourt, 'Amartya Sen: un bilan critique,' *Cahiers d'économie politique*, I (2007), pp. 65–7.

46 Dan Usher, 'Review of *Commodities and Capabilities*,' *Canadian Journal of Economics*, XX (1987), p. 199.

47 Morris, 'Introduction', in *Amartya Sen*, p. 8.

48 Sen, *Development as Freedom*, p. 8.

49 Adam Smith, *The Theory of Moral Sentiments* [1759], ed. A. L. Macfie and D. D. Raphael, in *Glasgow Edition of the Works*, p. 82.

第十三章

1 He had only worked for the public sector until then. On this matter, one can relate to Steve Sailer's amused commentary, '"Incentives Matter", Except to Economists', www.vdare.com, 14 January 2014.

2 Economic Sciences Prize Committee, 'Markets with Asymmetric Information' (Stockholm, 2001), p. 10.

3 Ibid., p. 9.

4 Joseph Stiglitz, 'Joseph E. Stiglitz – Biographical', *The Sveriges Riksbank Prize in*

Economic Sciences in Memory of Alfred Nobel, 2001, www.nobelprize.org, accessed 22 February 2018.

5 Ibid.

6 Ibid.

7 Ibid.

8 Ibid.

9 In advanced books, neoclassical theoreticians – including Stiglitz – do not hesitate to talk about centralization or even of 'planners' but that does not prevent them from nurturing the idea (especially in textbooks) that this model represents an ideal market economy.

10 According to the 'floor lamp principle', in darkness, one looks for a lost object where there is light, since it is vain to try to look for it elsewhere.

11 Economic Sciences Prize Committee, 'Markets with Asymmetric Information'.

12 Ibid.

13 Sometimes, when there are information asymmetries, there is no equilibrium (there are no exchanges). The aim of the modellist is then to propose measures that can enable the equilibrium to exist (guarantees and various forms of monitoring, for example).

14 Joseph Stiglitz, 'Information and the Change in the Paradigm in Economics', *Nobel Lecture 2001*, p. 10, my italics. www.nobelprize.org.

15 Ibid., p. 8, my italics.

16 Ibid., pp. 8–9, Stiglitz's italics.

17 Ibid., p. 10, my italics.

18 Stiglitz, 'Joseph E. Stiglitz – Biographical'.

19 Stiglitz, 'Information and the Change in the Paradigm in Economics', p. 10.

20 Joseph Stiglitz, 'Incentives and Risk Sharing in Sharecropping', *Review of Economic Studies*, XLI (April 1974), pp. 219–55.

21 Stiglitz, 'Information and the Change in the Paradigm in Economics', pp. 500–501, Stiglitz's italics.

22 C. Shapiro and J. Stiglitz, 'Equilibrium Unemployment as a Worker Discipline Device', *American Economic Review*, LXXIV/3 (1984), pp. 433–44.

23 Ibid., p. 433.

24 Ibid., p. 435.

25 Ibid., p. 433.

26 Ibid., p. 435.

27 Ibid., p. 437.

28 Ibid.

29 At equilibrium, unemployment is involuntary in the sense that the workers are disposed to work at the prevailing wage level, or even at the 'competition' wage level (inferior to the former), but cannot because a promise, even sincere, not to shirk would not be credible. They therefore have to wait until fate changes their situation (with the probability q).

30 Macroeconomics, whose starting point is empirical relationships rather than axioms, aims at being more directly operational – and less normative, even if one of its objectives is to guide collective decisions.

31 Shapiro and Stiglitz, 'Equilibrium Unemployment', p. 434.

32 Ibid., p. 441.

33 Ibid.

34 We are in the presence of what economists call 'negative externalities': when employing workers, a firm affects the situation of other firms, who are constrained to increase their salary to compensate for the decrease of penalty associated with shirking, because of the diminution of unemployment.

35 Improvement that benefited some, if not of all, without penalizing anyone.

36 There is therefore a process of insider trading, which penalizes the person who, in the stock exchange, proceeds to operate on the basis of information that has not yet been made public.

37 Yet, because of its vagueness, the Nobel Prize Committee avoids talking about this. Cautiously, the Prize committee has also awarded the prize to Robert Shiller, who denies its validity. B. Guerrien and O. Gün, 'Efficient Market Hypothesis: What are We Talking About?', *Real World Economic Review*, lvi (2011), paecon.net.

38 E. Fama, 'Efficient Capital Markets: A Review of Theory and Empirical Work', *Journal of Finance*, xxv/2 (1970), p. 383.

39 S. Grossman and J. Stiglitz, 'On the Impossibility of Informationally Efficient Markets', *American Economic Review,* lxvi/2 (1980), pp. 393–408 (at p. 393).

40 They call to mind an 'information market' that their 'promarket' adversaries cannot contest.

41 The theorem is presented as follows: If (θ^*, ε^*, x^*) has a nondegen erate joint normal distribution such that θ^*, ε^* and x^* are mutually independent, then there exists a solution to $\gamma X_I (P^\gamma (\theta,x), \theta) + (1 - \gamma) X_U(P_\gamma (\theta,x); P_\gamma^*) = x$ which has the form $P_\gamma(\theta,x) = a_1 + a_2 w_\gamma(\theta,x)$, where a_1 and a_2 are real numbers which may depend on γ, such that $a_2 > 0$ (if $\gamma = 0$, the price contains no information about θ). Grossman and Stiglitz, 'On the Impossibility of Informationally Efficient Markets', p. 397.

42 Fama has admitted that these tests are in fact on two joint hypotheses and that they therefore cannot enable someone to decide between either one.

43 Joseph Stiglitz, *Whither Socialism?* (Cambridge, ma, 1994), p. 16.

44 Arrow and Debreu suppose that there exist goods which are 'conditional' to the realization of an infinite number of 'states of nature', themselves independent of the actions of agents. This weighs heavily in the task of the auctioneer, who has to propose prices and elaborate conditional contracts with agents, without fundamentally modifying the model itself.

45 Stiglitz, *Whither Socialism?*, p. 60 (my italics).

46 Ibid., p. 27.

47 Stiglitz, 'When markets aren't perfect, governments can help', cbsnews. com, 3 May 2016.

48 Stiglitz, *The Great Divide* (New York, 2015), p. 125.

49 Ibid.

延伸阅读

引言

Backhouse, R. E., *Founder of Modern Economics: Paul A. Samuelson*, vol. I: *Becoming Samuelson, 1915–1948* (Oxford, 2017)

Coffman, D., A. Leonard and L. Neal, *Questioning Credible Commitment* (Cambridge, 2013)

Janeway, W. H., *Doing Capitalism in the Innovation Economy: Markets, Speculation and the State* (Cambridge, 2012)

Jolink, A., and J. Van Daal, *The Equilibrium Economics of Léon Walras* (Routledge, 2002)

Jones, D. S., *Masters of the Universe: Hayek, Friedman, and the Birth of Neoliberal Politics* (Princeton, NJ, 2014)

McCormick, T., *William Petty and the Ambitions of Political Arithmetic* (Oxford, 2009)

Patalano, R., and S. A. Reinert, eds, *Antonio Serra and the Economics of Good Government* (London, 2016), pp. 112–42

Rothschild, E., *Economic Sentiments: Adam Smith, Condorcet and the Enlightenment* (Cambridge, MA, 2013)

Scazzieri, R., A. Sen and S. Zamagni, eds, *Markets, Money and Capital: Hicksian Economics for the Twenty First Century* (Cambridge, 2008)

Stern, P. J., and C. Wennerlind, eds., *Mercantilism Reimagined: Political Economy in Early Modern Britain and its Empire* (Oxford, 2013)

Wennerlind, C., *Casualties of Credit: The English Financial Revolution, 1620–1720* (Cambridge, MA, 2001)

Yamamoto, K., *Taming Capitalism before its Triumph: Public Service, Distrust and 'Projecting' in Early Modern England* (Oxford, 2018)

第一章

Conlin, Jonathan, *Adam Smith* (London, 2016)

Evensky, Jerry, *Adam Smith's Moral Philosophy* (Cambridge, 2005)
Haakonssen, Knud, *The Science of a Legislator: The Natural Jurisprudence of David Hume and Adam Smith* (Cambridge, 1981)
——, ed., *The Cambridge Companion to Adam Smith* (Cambridge, 2006)
Hanley, Ryan Patrick, *Adam Smith and the Character of Virtue* (Cambridge, 2009)
Hirschman, Albert O., *The Passions and the Interests* (Princeton, NJ, 1977)
Hont, Istvan, and Michael Ignatieff, eds, *Wealth and Virtue* (Cambridge, 1983)
Phillipson, Nicholas, *Adam Smith: An Enlightened Life* (London, 2010)
Rasmussen, Dennis C., *The Problems and Promise of Commercial Society: Adam Smith's Response to Rousseau* (Philadelphia, PA, 2008)
Schabas, Margaret, *The Natural Origins of Economics* (Chicago, IL, 2005)
Smith, Adam, *The Glasgow Edition of the Works and Correspondence of Adam Smith*, ed. R. H. Campbell and A. S. Skinner (Oxford, 1975–87)
Werhane, Patricia H., *Adam Smith and His Legacy for Modern Capitalism* (Oxford, 1991)

第二章

Hollander, Jacob H., *David Ricardo: A Centenary Estimate* (New York, 1968)
James, Patricia, *Population Malthus: His Life and Times* (Oxford, 2006)
Kurz, Heinz D., and Neri Salvadori, *The Elgar Companion to David Ricardo* (London, 2015)
Malthus, Thomas Robert, *An Essay on the Principle of Population* (London, 2001)
O'Brien, D. P., *The Classical Economists* (Oxford, 1978)
Peach, Terry, *Interpreting Ricardo* (Cambridge, 1993)
——, *David Ricardo: Critical Responses*, 4 vols (London, 2003)
Roll, Eric, *A History of Economic Thought*, 5th edn (London and Boston, MA, 1992)
Schumpeter, Joseph A., *History of Economic Analysis* (New York, 1954)
Sraffa, Piero, and Maurice Herbert Dobb, eds, *The Works and Correspondence of David Ricardo*, 11 vols (Cambridge, 1951–73)

第三章

Babbage, Charles, *On the Economy of Machinery and Manufacturing* [1835], 4th edn (New York, 1963)
Boss, Helen, *Theories of Surplus and Transfer* (Boston, ma, 1990)
Caldwell, Bruce, 'Hayek on Mill', *History of Political Economy*, XL/4 (2008), pp. 689–704
Chipman, John, 'A Survey of the Theory of International Trade: Part 1, The Classical Theory', *Econometrica,* XXXIII/3 (1965), pp. 477–519

DeLong, J. Bradford, 'This Time is Not Different: The Persistent Concerns of Financial Macroeconomics', www.equitablegrowth.org, 13 December 2016

Donner, Wendy, *The Liberal Self: John Stuart Mill's Moral and Political Philosophy* (Ithaca, NY, 1991)

Ekelund, Robert, Jr, and Douglas Walker, 'J. S. Mill on the Income Tax Exemption and Inheritance Taxes: The Evidence Reconsidered', *History of Political Economy*, XXVIII/4 (1996), pp. 559–81

Hayek, Friedrich, *John Stuart Mill and Harriet Taylor* (Chicago, IL, 1951)

Hollander, Samuel, *The Economics of John Stuart Mill* (Toronto, 1985)

——, *John Stuart Mill: Political Economist* (Singapore, 2015)

Keynes, John Maynard, *The General Theory of Employment, Interest, and Money* (New York, 1936)

Levy, David, *How the Dismal Science Got Its Name: Classical Economics and the Ur-Text of Racial Politics* (Ann Arbor, MI, 2001)

Maneschi, Andrea, 'John Stuart Mill's Equilibrium Terms of Trade: A Special Case of William Whewell's 1850 Formula', *History of Political Economy*, XXXIII/3 (2001), pp. 609–25

Mazlish, Bruce, *James and John Stuart Mill: Father and Son in the Nineteenth Century* (New York, 1975)

Miles, Dudley, *Francis Place: The Life of a Remarkable Radical, 1771–1854* (Brighton, 1988)

Mill, John Stuart, 'Debating Speeches, 1823–29', in *The Collected Works of John Stuart Mill*, vol. XXVI: *Journals and Debating Speeches*, ed. John Robson (Toronto, 1988)

——, *The Principles of Political Economy with Some of Their Applications to Social Philosophy* [1848], vols II–III of *The Collected Works of John Stuart Mill*,
ed. John M. Robson (Toronto, 1965)

——, *On Liberty* [1859], in *The Collected Works of John Stuart Mill*, vol. XVIII: *Essays on Politics and Society Part i,* ed. John M. Robson (Toronto, 1977)

——, *Utilitarianism* [1861], 1871 edition in *Utilitarianism and other Essays*, ed. Alan Ryan (London, 1987)

——, *The Subjection of Women* [1869], in *The Collected Works of John Stuart Mill*, vol. XXI: *Essays on Economics and Society Part II*, ed. John M. Robson (Toronto, 1984)

——, *Land Tenure Reform* [1871], in *The Collected Works of John Stuart Mill,* ed. John Robson (Toronto, 1967), vol. v

——, *Autobiography* [1873], in *The Collected Works of John Stuart Mill,* ed. John Robson and Jack Stillinger (Toronto, 1981), vol. I

——, 'Chapters on Socialism' [1879], originally published in the *Fortnightly Review*, republished in *The Collected Works of John Stuart Mill*, vol. V: *Essays on Economics and Society*, ed. John Robson (Toronto, 1967)

Nicholson, Peter, 'The Reception and Early Reputation of Mill's Political Thought', in *The Cambridge Companion to Mill*, ed. John Skorupski (Cambridge, 1998)

Owen, Robert, *Manifesto of Robert Owen*, 6th edn (London, 1840)

Persky, Joseph, 'Utilitarianism and Luck', *History of Political Economy*, XLV/2 (2013), pp. 287–309

——, *The Political Economy of Progress: John Stuart Mill and Modern Radicalism* (New York, 2016)

——, 'Producer Cooperatives in Nineteenthcentury British Economic Thought', *European Journal of the History of Economic Thought*, XXIV/2 (2017), pp. 319–40

Reeves, Richard, *John Stuart Mill: Victorian Firebrand* (London, 2007) Rose, Phyllis, *Parallel Lives: Five Victorian Marriages* (New York, 1983)

Shoul, Bernice, 'Similarities in the Work of John Stuart Mill and Karl Marx', *Science and Society*, XXIX (1965), pp. 270–95

Smith, Adam, *An Inquiry into the Nature and Causes of the Wealth of Nations* [1776] (New York, 1937)

Sowell, Thomas, *On Classical Economics* (New Haven, CT, 2006)

Tunick, Mark, 'Tolerant Imperialism: John Stuart Mill's Defense of British Rule in India', *Review of Politics*, LXVIII (2006), pp. 586–611

第四章

Braverman, Harry, *Labor and Monopoly Capital: The Degradation of Work in the Twentieth Century* (New York, 1974)

Cox, Oliver C., *Caste, Class, and Race: A Study in Social Dynamics* (New York, 1959) Du Bois, W.E.B., *Writings* (New York, 1986)

Engels, Frederick, *The Condition of the Working Class in England* [1845] (Moscow, 1973)

Foster, John Bellamy, Brett Clark and Richard York, *The Ecological Rift: Capitalism's War on the Earth* (New York, 2010)

Galeano, Eduardo, *Open Veins of Latin America: Five Centuries of the Pillage of a Continent* (New York, 1973)

GeorgescuRoegen, Nicholas, *The Entropy Law and the Economic Process* (Cambridge, MA, 1971)

Marx, Karl, *The Economic and Philosophic Manuscripts of 1844* (New York, 1971)

——, *Grundrisse* [1857–8] (New York, 1973)

——, *Capital: A Critique of Political Economy*, vol. I [1867] (New York, 1977)

——, *Capital: A Critique of Political Economy*, vol. II [1885] (New York, 1981)

——, *Capital: A Critique of Political Economy*, vol. III [1894] (New York, 1981)
McLellan, David, *Karl Marx: His Life and Thought* (New York, 1973)
Mészáros, István, *Beyond Capital* (London, 1995)
Wallerstein, Immanuel, *World-Systems Analysis: An Introduction* (Durham, NC, 2004)

第五章

Arena, Richard, and Michel Quéré, *The Economics of Alfred Marshall: Revisiting Marshall's Legacy* (London, 2003)
Belussi, Fiorenza, and Katia Caldari, 'At the Origin of Industrial District: Alfred Marshall and the Cambridge School', *Cambridge Journal of Economics,* XXXIII/2 (2009), pp. 335–55
——, 'The Lancashire Industrial District: Its Rise, Prosperity and Decline in the Analysis of British Economists', in *Marshall, Marshallians and Industrial Economics*, ed. Tiziano Raffaelli, Tamotsu Nishizawa and Simon Cook (Abingdon, 2011), pp. 135–62
Caldari, Katia, and Fabio Masini, 'The Limits of Growth: Alfred Marshall and the British Economic Tradition', in *Marshall and Schumpeter on Evolution*, ed. T. Nishizawa and Y. Shionoya (Cheltenham, 2008), pp. 166–87
——, 'Pigouvian vs Marshallian Tax: Market Failure, Public Intervention and the Problem of Externalities', *European Journal of the History of Economic Thought*, XVIII/5 (2011), pp. 715–32
Caldari, Katia, and Tamotsu Nishizawa, 'Marshall's Ideas on Progress: Roots and Diffusion', in *The Dissemination of Economic Ideas*, ed. Heinz Kurz, Tamotsu Nishizawa and Keith Tribe (Aldershot, 2011), pp. 125–57
——, 'Marshall's "Welfare Economics" and "Welfare": A Reappraisal Based on his Unpublished Manuscript on Progress", *History of Economic Ideas,* XXII/1 (2014), pp. 51–67
Raffaelli, Tiziano, Giacomo Becattini and Marco Dardi, eds, *The Elgar Companion of Alfred Marshall* (Cheltenham, 2006)
Raffaelli, Tiziano, and Katia Caldari, eds, *The Impact of Alfred Marshall's Ideas: The Global Diffusion of his Work* (Cheltenham, 2010)
Whitaker, John K., 'What Happened to the Second Volume of the *Principles*? The Thorny Path to Marshall's Last Books', in *Centenary Essays on Alfred Marshall*, ed. J. K. Whitaker (Cambridge, 1990)

第六章

Andersen, Esben Sloth, *Joseph A. Schumpeter: A Theory of Social and Economic Evolution* (Basingstoke, 2011)

Schumpeter, Joseph A., *The Theory of Economic Development: An Inquiry into Profits, Capital, Credit, Interest, and the Business Cycle* (Cambridge, MA, 1934)
——, *Business Cycles: A Theoretical, Historical, and Statistical Analysis of the Capitalist Process* (New York, 1939)
——, *Capitalism, Socialism and Democracy* (New York, 1942)
——, *History of Economic Analysis* (London, 1954)
——, *Essays on Entrepreneurs, Innovations, Business Cycles, and the Evolution of Capitalism*, ed. Richard V. Clemence (New Brunswick, NJ, 1989)
——, *The Economics and Sociology of Capitalism*, ed. Richard Swedberg (Princeton, NJ, 1991)
Swedberg, Richard, *Joseph A. Schumpeter: His Life and Work* (Cambridge, 1991)

第七章

Backhouse, Roger E., and Bradley W. Bateman, *The Cambridge Companion to Keynes* (Cambridge, 2006)
Eltis, Walter A., and Peter J. N. Sinclair, *Keynes and Economic Policy* (London, 1988)
Moggridge, D., *Maynard Keynes: An Economist's Biography* (London, 1995)
Peden, G. C., *Keynes, the Treasury and British Economic Policy* (Basingstoke, 1988)
Skidelsky, Robert, *Keynes: The Return of the Master* (London, 2009)
——, *Keynes: A Very Short Introduction* (Oxford, 2010)
——, ed., *The Essential Keynes* (London, 2015)
Stewart, Michael, *Keynes and After* (London, 1986)

第八章

Burczak, Theodore, *Socialism after Hayek* (Ann Arbor, MI, 2006)
Caldwell, Bruce, *Hayek's Challenge* (Chicago, IL, 2004)
Dekker, Erwin, *The Viennese Students of Civilization: The Meaning and Context of Austrian Economics Reconsidered* (Cambridge, 2016)
Hayek, F. A., *The Collected Works of F. A. Hayek* (19 vols) ed. Bruce Caldwell
——, *Contra Keynes and Cambridge*, ed. Bruce Caldwell (Chicago, IL, 1995), vol. ix
——, *Socialism and War: Essays, Documents, Reviews*, ed. Bruce Caldwell (Chicago, IL, 1997), vol. X
——, *The Sensory Order: An Inquiry into the Foundations of Theoretical Psychology* [1952] (Chicago, IL, 1999), vol. XIV
——, *The Road to Serfdom: Text and Documents – The Definitive Edition* (Chicago, IL, 2007), vol. II
——, *Business Cycles,* ed. Hansjörg Klausinger (Chicago, IL, 2012), vols VII–VIII

——, *The Market and Other Orders*, ed. Bruce Caldwell (Chicago, IL, 2014), vol. XV
Lavoie, Don, *Rivalry and Central Planning* (New York, 1985)
White, Lawrence H., *The Clash of Economic Ideas: The Great Policy Debates and Experiments of the Last Hundred Years* (New York, 2012)

第九章

Allison, John A., *The Financial Crisis and the Free Market Cure* (New York, 2012)
Bateman, Victoria, 'Classical Liberalism: The Foundation for a New Economics', *Critical Review*, XXVIII/3–4 (2016), pp. 440–60
Burgin, Angus, *The Great Persuasion: Reinventing Free Markets since the Great Depression* (Cambridge, MA, 2015)
Caldwell, Bruce, 'The Chicago School, Hayek, and Neoliberalism', in *Building Chicago Economics*, ed. Van Horn, Robert, Philip Mirowski and Thomas A. Stapleford (Cambridge, 2011), pp. 301–34
Cherrier, Beatrice, 'The Lucky Consistency of Milton Friedman's Science and Politics, 1933–1963', in *Building Chicago Economics*, ed. Rob van Horn, Philip Mirowski and Thomas A. Stapleford (Cambridge, 2011), pp. 335–67
Ebenstein, Lenny, *Milton Friedman: A Biography* (New York, 2007)
Friedman, Milton, *Essays in Positive Economics* (Chicago, IL, 1953)
——, *Capitalism and Freedom* (Chicago, IL, 1962)
——, and Rose Friedman, *Free to Choose* (New York, 1980)
Hammond, Daniel J., 'Markets, Politics, and Democracy at Chicago: Taking Economics Seriously', in *Building Chicago Economics*, ed. Rob van Horn, Philip Mirowski and Thomas A. Stapleford (Cambridge, 2011), pp. 36–66
Horn, Rob Van, and Philip Mirowski, 'The Rise of the Chicago School of Economics and the Birth of Neoliberalism', in *The Road from Mont Pelerin: The Making of the Neoliberal Thought Collective*, ed. Philip Mirowski and Dieter Plehwe (Cambridge, MA, 2009), pp. 139–78
Laidler, D. E., 'Monetarism: An Interpretation and Assessment', *Economic Journal*, XCI/361 (1981), pp. 1–28
Ostry, Jonathan D., Prakash Loungani and Davide Furceri, 'Neoliberalism: Oversold', *Finance and Development*, LIII/2 (2016), pp. 38–41
Romer, Paul, 'Mathiness in the Theory of Economic Growth', *American Economic Review*, CV/5 (2015), pp. 89–93
Smith, Noah, 'Milton Friedman's Cherished Theory is Laid to Rest', *Bloomberg View*, 12 January 2017
Waring, Marilyn, *If Women Counted: A New Feminist Economics* (New York, 1988)

Wood, J. Cunningham, and R. N. Wood, eds, *Milton Friedman: Critical Assessments* (London, 1990)

Wray, L. Randall, *Why Minsky Matters: An Introduction to the Work of a Maverick Economist* (Princeton, NJ, 2016)

第十章

Binmore, Ken, *Playing for Real*, Oxford (2007)

Myerson, Roger, *Game Theory: Analysis of Conflict* (Cambridge, MA, 1991)

Nasar, Sylvia, *A Beautiful Mind: The Life of Mathematical Genius and Nobel Laureate John Nash* (New York, 1998)

Nash, John, 'Equilibrium Points in nperson Games', *Proceedings of the National Academy of Sciences*, XXXVI (1950), pp. 48–9

——, 'The Bargaining Problem', *Econometrica*, XVIII/2 (1950), pp. 155–62

——, 'Noncooperative Games', *Annals of Mathematics*, LIV (1951), pp. 286–95

——, 'Twoperson Cooperative Games', *Econometrica*, XXI/1 (1953), pp. 128–40

——, and Lloyd S. Shapley, 'A Simple Threeperson Poker Game, Contributions to the Theory of Games', *Annals of Mathematic Studies*, XXIV (1950), pp. 105–16

Van Damme, Eric, and Jorgen W. Weibull, 'Equilibrium in Strategic Interaction: The Contributions of John C. Harsanyi, John F. Nash, and Reinhard Selten', *Scandinavian Journal of Economics*, XCIV/1 (1995), pp. 15–40

Weintraub, E. Roy, 'Toward a History of Game Theory', *History of Political Economy*, XXIV (1992), supplement

第十一章

Adams, Tim, 'This Much I Know: Daniel Kahneman', *The Guardian*, www.theguardian.com, 8 July 2012

Baddeley, Michelle, *Behavioural Economics: A Very Short Introduction* (2017)

Barberis, N. C., 'Thirty Years of Prospect Theory in Economics: A Review and Assessment', *Journal of Economic Perspectives*, XXVII/1 (2013), pp. 173–96 Kahneman, Daniel, *Attention and Effort* (Englewood Cliffs, NJ, 1973)

——, 'Daniel Kahneman – Biographical', *The Sveriges Riksbanks Prize in Economic Sciences in Memory of Alfred Nobel 2002*, www.nobelprize.org

——, *Thinking, Fast and Slow* (New York and London, 2011)

——, and Amos Tversky, 'Prospect Theory – An Analysis of Decision under Risk', *Econometrica*, XLVII/2 (1979), pp. 263–92

Lewis M., *The Undoing Project: A Friendship that Changed Our Minds* (New York, 2016)

Shariatmadari, D., 'Daniel Kahneman: "What would I eliminate if I had a magic wand?

Overconfidence"', interview in *The Guardian*, www.theguardian. com, 18 July 2015

Thaler, R. H., A. Tversky, D. Kahneman and A. Schwartz, 'The Effect of Myopia and Loss Aversion on Risk Taking: An Experimental Test', *Quarterly Journal of Economics*, CXII (1997), pp. 647–61

Tversky, A., and D. Kahneman, 'Judgement under Uncertainty: Heuristics and Biases', *Science*, CLXXXV (1974), pp. 1124–31

第十二章

Morris, Christopher W., ed., *Amartya Sen* (Cambridge, 2009)

Nussbaum, Martha, and Jonathan Glover, eds, *Women, Culture and Development: A Study of Human Capabilities* (Oxford, 1995)

Sen, Amartya, *Poverty and Famines: An Essay on Entitlement and Deprivation* (Oxford, 1981)

——, *On Economic Inequality*, enl. edn (Oxford, 1997)

——, *Choice, Welfare and Measurement* (Cambridge, MA, 1997)

——, *Development as Freedom* (Oxford, 1999)

——, *Commodities and Capabilities* (Oxford, 1999)

——, *The Idea of Justice* (London, 2009)

——, and Jean Drèze, *India: Economic Development and Social Opportunity*(Delhi, 1995)

——, and Bernard Williams, eds, *Utilitarianism and Beyond* (Cambridge, 1982)

Sugden, Robert, 'Welfare, Resources, and Capabilities: A Review of *Inequality Reexamined* by Amartya Sen,' *Journal of Economic Literature*, XXXI (1993),pp. 1947–62

第十三章

Economic Sciences Prize Committee, 'Markets with Asymmetric Information' (Stockholm, 2001)

Fama E., 'Efficient Capital Markets: A Review of Theory and Empirical Work', *Journal of Finance*, XXV/2 (1970), pp. 383–417

Grossman, S., and J. Stiglitz, 'On the Impossibility of Informationally Efficient Markets', *American Economic Review*, LXVI/2 (1976), pp. 246–53

Guerrien, B., and O. Gün, 'Efficient Market Hypothesis: What are We Talking About?', *Real World Economic Review*, LVI (2011), pp. 19–30

Sailer, S., '"Incentives Matter," Except to Economists', www.vdare.com, 14 January 2014

Shapiro, C., and J. Stiglitz, 'Equilibrium Unemployment as a Worker Discipline Device', *American Economic Review*, LXXIV/3 (1984), pp. 433–44

Stiglitz J., *Whither Socialism?* (Cambridge, MA, 1994)

——, 'Information and the Change in the Paradigm in Economics',
American Economic Review, XCII/3 (June 2002), pp. 460–501
——, *The Great Divide* (New York, 2015)
——, 'Joseph E. Stiglitz – Biographical', *The Sveriges Riksbank Prize in Economic Sciences in Memory of Alfred Nobel 2001*, www.nobelprize.org, accessed 22 February 2018

贡献者名单

乔纳森·康林（Jonathan Conlin）是南安普敦大学现代史高级讲师。他出版了卡洛斯特·古本江（Calouste Gulbenkian）和亚当·斯密的传记。其他的著作包括《进化与维多利亚时代》（*Evolution and the Victorians*，2014）和《双城记》（*Tales of Two Cities*，2013），后者比较了巴黎与伦敦的历史。

米歇尔·巴德利（Michelle Baddeley）是悉尼南澳大利亚大学选择研究所学术主管兼研究教授，伦敦大学学院全球繁荣研究所荣誉教授。她拥有昆士兰大学经济学学士（一级荣誉）和心理学学士学位，以及剑桥大学经济学硕士/博士学位。她专攻行为经济学、应用宏观经济学和发展经济学。她写过许多论文，最近出版的著作包括：《行为经济学通识》（*Behavioural Economics：A Very Short Introduction*，2017）、《行为经济学与金融学》（*Behavioural Economics and Finance*，2013）、《模仿者与逆向投资者：我们为何从众，何时又不？》（*Copycats and Contrarians：Why We Follow Others … and When We Don't*，2018）。

维多利亚·贝特曼（Victoria Bateman），剑桥大学冈维尔与凯厄斯学院经济学研究员。她著有《现代欧洲早期的市场和增长》（*Markets and Growth in Early Modern Europe*，2016）；她为 *UnHerd*、"彭博观点"（*Bloomberg View*）和 *CapX* 定期撰写经济评论；并为《卫报》、《泰晤士报高等教育增刊》（*Times Higher Education Supplement*）、《对话》（*The Conversation*）和《每日电讯报》（*The Telegraph*）撰稿。她曾亮相于BBC（英国广播公司）第四频道"世界服务和新闻之夜"，讨论了从英国脱欧到福利改革的方方面面，还公开呼吁在经济领域掀起一场性别革命。她的新书名为《性别因素》（*The Sex Factor*，2019）。

艾曼纽·贝尼库尔特（Emmanuelle Bénicourt）是皮卡第儒勒－凡

尔纳大学（亚眠大学）经济学高级讲师，她是亚眠机构、工业和经济系统研究中心（Centre de Recherche sur les Institutions，l'Industrie et les Systèmes Economiques d'Amiens）研究网络的成员。她的博士学位论文《社会科学高等学院》(École des Hautes Études en Sciences Sociales，2005）关注了阿玛蒂亚·森在塑造联合国开发计划署和世界银行对贫困与发展的分析方面所发挥的作用。这项研究使她着手解决森对罗尔斯和功利主义的批评，以及，更广泛地，经济理论所扮演的社会政治角色。她的著作包括与伯纳德·格里恩（Bernard Guerrien）合作的《新古典经济学》(*La théorie économique néoclassique*，2008 年)。她定期为“理想生活”（la vie des idees）等在线平台点评。

凯蒂娅·卡尔达（Katia Caldari）是帕多瓦大学（University of Padova）经济学副教授。她拥有意大利佛罗伦萨大学经济思想史博士学位。她曾在剑桥大学担任访问学者，并与比萨大学（Universities of Pisa)、佛罗伦萨大学（University of Florence)、罗马大学（University of Rome)、尼斯大学（University of Sophia-Antipolis）和东京一桥大学（Hitotsubashi University）合作。她的主要兴趣是分析经济理论的一些主题（均衡、期望、分配、规划)；经济思想史（特别是阿尔弗雷德·马歇尔和弗朗索瓦·佩鲁［Francois Perroux］）和经济方法论；国际经济学（金融危机、国际贸易、全球化、增长与发展)；产业经济学（产业区)。

德马里斯·科夫曼（D'Maris Coffman）是伦敦大学学院巴特莱特学院建筑环境经济学和金融学教授，巴特莱特建筑与项目管理学院院长。在此之前，德马里斯是剑桥大学历史系莱佛休姆 / 牛顿信托的早期职业研究员，纽纳姆学院金融史中心的研究员和主任。她的历史著作主要是关于 18 世纪和 19 世纪欧洲公共财政和私人资本市场之间的关系，以及早期现代经济政策制定的相关历史。2012—2018 年，她曾担任经济史学会理事会成员。

马里奥·格拉萨·穆拉（Mário Graça Moura）是波尔图大学经济学院的经济学副教授，也是波尔图大学经济与金融中心的研究员。他在波尔图大学和剑桥大学接受教育。他的研究兴趣是经济学的历史和方法论。他在《剑桥经济学杂志》(*Cambridge Journal of Economics*)、《欧洲经济思想史杂志》(*The European Journal of the History of Economic Thought*）和《进化经济学杂志》(*Journal of Evolutionary Economics*)上发表了关于熊彼特的文章。

凯伦·霍恩（Karen Horn）在柏林大学（洪堡大学）、埃尔福特大学和西根大学教授经济思想史。她是德国经济协会（German Economics Association）出版的学术期刊《经济政策的视角》(*Perspektiven der Wirtschaftspolitik*）的主编。她的研究集中在亚当·斯密、弗里德里希·哈耶克、詹姆斯·麦吉尔·布坎南和德国的"秩序"。在她职业生涯的早期，她是《法兰克福汇报》(*Frankfurter Allgemeine Zeitung*）的经济政策编辑，也是大型经济研究机构德国经济研究院柏林办事处的负责人。她写过几本书，包括《通往智慧之路：与10位诺贝尔奖得主的对话》(*Roads to Wisdom*：*Conversations with Ten Nobel Laureates*，2009）和《弗里德里希·哈耶克》(*Hayek fürjedermann*，2013)。

海伦·保罗（Helen Paul）是南安普敦大学经济系的经济历史学家。她的著作《南海泡沫事件》(*The South Sea Bubble*）是一部关于1720年著名金融危机的经济史。她写过当代读者如何描述和理解金融危机。她还研究了近代早期女性创业。她拥有牛津大学和圣安德鲁斯大学的学位，目前是经济史学会名誉秘书。

约瑟夫·佩尔斯基（Joseph Persky）是伊利诺伊大学芝加哥文理学院的经济学教授。他最近出版了《进步的政治经济学：约翰·斯图尔特·穆勒和现代激进主义》(*The Political Economy of Progress*：*John Stuart Mill and Modern Radicalism*)。佩尔斯基长期关注美国南部，著有

《依赖的负担：南方经济思想中的殖民主题》（*The Burden of Dependency*：*Colonial Themes in Southern Economic Thought*）一书。他是美国经济协会《经济展望杂志》（*Journal of Economic Perspectives*）"回顾"部分的非正式编辑。佩尔斯基也是经济政策研究所的研究员，他还就城市和区域经济增长对分配的影响发表了大量的文章。

保罗·普鲁（Paul Prew）是明尼苏达州立大学曼卡多分校的副教授，他在那里教授理论、环境和全球化课程。虽然他的专业领域是环境政治经济学，但他与其他人在慈善、种族和对警察的看法、种族灭绝和教育学等领域进行了合作。由于他在本地非牟利机构担任义工，并致力于校园的社会公义，普鲁博士在大学获得了"多元化冠军"、"社区和平促进者"及"全球公民奖"。他目前是美国社会学协会马克思主义分会的司库。

斯科特·谢尔（Scott Scheall）是亚利桑那州立大学综合科学与艺术学院的讲师。2012 年，他在亚利桑那州立大学获得哲学博士学位。斯科特是杜克大学政治经济史中心的前研究员，也是乔治梅森大学哈耶克哲学、政治和经济学高级研究项目的前博士后。斯科特是《经济思想史和方法论研究》（*Research in the History of Economic Thought and Methodology*）的联合编辑。他在奥地利经济学派的历史和方法论方面发表了大量著作。

致谢

艾曼纽·贝尼库尔特

我要感谢伯纳德·格里恩给了我灵感，感谢他的洞察力和不断的批评。不可否认，他影响了我对经济理论的理解。我还要感谢乔纳森·康林对本文提出的意见。

德马里斯·科夫曼

我要感谢乔纳森·斯坦伯格（Jonathan Steinberg）教授、罗伯托·斯卡兹耶里（Roberto Scazzieri）教授和阿尔贝托·夸里奥·库齐奥（Alberto Quadrio Curzio）教授鼓励我对经济思想史和经济分析产生兴趣。

乔纳森·康林

我要感谢以下这些人的建设性意见和建议，如果没有他们的建设性意见和建议，这本书（尤其是我自己的章节）将会变得更加不足：罗杰·巴克斯豪斯（Roger Backhouse）、尼古拉斯·克伦（Nicholas Cron）、马丁·唐顿（Martin Daunton）、杰里·埃文斯基（Jerry Evensky）、本·海耶斯基（Ben Hayes）、亚当·奥斯塔谢夫斯基（Adam Ostaszewski）、玛格丽特·沙巴斯（Margaret Schabas）和理查德·托耶（Richard Toye）。此外，我还要向阿拉斯泰尔·佩恩特（Alastair Paynter）致敬，感谢他为准备投稿所做的辛勤工作。

马里奥·格拉萨·穆拉

我感谢乔纳森·康林、迪奥戈·洛伦科（Diogo Lourenco）和弗朗西斯科·努内斯·佩雷拉（Francisco Nunes Pereira）的评论和建议。

海伦·保罗

我要感谢约翰·奥尔德里奇（John Aldrich）和艾玛·克莱里（Emma Clery）给予我的宝贵帮助。

保罗·普鲁

我要感谢约翰·贝拉米·福斯特（John Aldrich）、布雷特·克拉克（Brett Clark）、马特·维达尔（Matt Vidal）、乔纳森·康林和托马斯·霍伯（Thomas Hoerber）对我的草案提出的有益意见。感谢威尔玛·唐纳薇（Wilma Dunaway）和唐纳德·克莱兰（Donald Clelland）激发了我对马克思的兴趣。他们提供了他们的家和图书馆，这样我就可以学习，这样我们就可以彻夜讨论马克思的著作和马克思主义学术的广度。

斯科特·谢尔

非常感谢这本书的编辑乔纳森·康林给了我投稿的机会，也非常感谢布鲁斯·考德威尔（Bruce Caldwell）推荐我作为哈耶克章节的作者。